CB138999

MULTA CONTRATUAL

Diretora Responsável
Giselle Tapai

Diretora de Operações de Conteúdo
Juliana Mayumi Ono

Editores: Danielle Oliveira, Elisabeth Bianchi, Flávio Viana Filho, Henderson Fiirst e Iviê A. M. Loureiro Gomes

Editorial

Coordenação
Juliana De Cicco Bianco

Analistas Editoriais: Amanda Queiroz de Oliveira, Andréia Regina Schneider Nunes, Danielle Castro de Morais, Flávia Campos Marcelino Martines, George Silva Melo, Georgia Renata Dias, Ivo Shigueru Tomita e Luara Coentro dos Santos.

Técnicos de Processos Editoriais: Maria Angélica Leite e Paulo Alexandre Teixeira

Assistente Documental: Roberta Alves Soares e Samanta Fernandes Silva

Capa: Andrea Zanardi

Coordenação Administrativa
Renata Costa Palma e Rosangela Maria dos Santos

Assistente: Karla Capelas

Editoração Eletrônica

Coordenação
Roseli Campos de Carvalho

Equipe de Editoração: Adriana Martins, Carolina do Prado Fatel, Gabriel Bratti Costa, Ladislau Francisco de Lima Neto, Luciana Pereira dos Santos, Luiz Fernando Romeu e Vera Lúcia Cirino

Produção Gráfica

Coordenação
Caio Henrique Andrade

Auxiliar: Rafael da Costa Brito

Dados Internacionais de Catalogação na Publicação (CIP)
(Câmara Brasileira do Livro, SP, Brasil)

Cassettari, Christiano
Multa contratual : teoria e prática da cláusula penal / Christiano Cassettari -- 4. ed. rev., atual. e ampl. -- São Paulo : Editora Revista dos Tribunais, 2013.

Bibliografia.
ISBN 978-85-203-4945-8

1. Contratos (Direito civil) - Brasil - Aspectos sociais 2. Direito civil 3. Direito civil - Brasil 4. Penalidades contratuais - Brasil I. Título.

13-09833 CDU-347

Índices para catálogo sistemático: **1.** Multa contratual : Direito civil 347

CHRISTIANO CASSETTARI

MULTA CONTRATUAL

Teoria e prática da cláusula penal

4.ª edição

revista, atualizada e ampliada

THOMSON REUTERS
REVISTA DOS TRIBUNAIS™

MULTA CONTRATUAL

Teoria e prática da cláusula penal

CHRISTIANO CASSETTARI

4.ª edição revista, atualizada e ampliada

1.ª edição: 2009 – *2.ª edição:* 2010 – *3.ª edição:* 2012

© desta edição [2013]

EDITORA REVISTA DOS TRIBUNAIS LTDA.

GISELLE TAPAI
Diretora responsável

0094

Rua do Bosque, 820 – Barra Funda
Tel. 11 3613.8400 – Fax 11 3613.8450
CEP 01136-000 – São Paulo, SP, Brasil

TODOS OS DIREITOS RESERVADOS. Proibida a reprodução total ou parcial, por qualquer meio ou processo, especialmente por sistemas gráficos, microfílmicos, fotográficos, reprográficos, fonográficos, videográficos. Vedada a memorização e/ou a recuperação total ou parcial, bem como a inclusão de qualquer parte desta obra em qualquer sistema de processamento de dados. Essas proibições aplicam-se também às características gráficas da obra e à sua editoração. A violação dos direitos autorais é punível como crime (art. 184 e parágrafos do Código Penal) com pena de prisão e multa, busca e apreensão e indenizações diversas (arts. 101 a 110 da Lei 9.610, de 19.02.1998, Lei dos Direitos Autorais).

CENTRAL DE RELACIONAMENTO RT
(atendimento, em dias úteis, das 8 às 17 horas)

Tel. 0800.702.2433

e-mail de atendimento ao consumidor: sac@rt.com.br

Visite nosso *site:* www.rt.com.br

Profissional

Impresso no Brasil
[09-2013]

Fechamento desta edição
[30.08.2013]

CÓPIA NÃO AUTORIZADA É CRIME
ABDR
ASSOCIAÇÃO BRASILEIRA DE DIREITOS REPROGRÁFICOS
RESPEITE O DIREITO AUTORAL
EDITORA AFILIADA

ISBN 978-85-203-4945-8

A Deus, pois sem Ele nada é possível.

À minha avó Antonieta, pela conclusão do meu bacharelado, que me permitiu chegar ao mestrado.

À minha mãe, Norma, pela dedicação na minha criação e por ter, brilhantemente, exercido conjuntamente a função de pai e mãe.

À minha tia Nanci, pelo carinho e afeto durante toda a minha vida.

À minha mulher, Cristina, pelo amor, paciência, compreensão e incentivo durante a elaboração deste trabalho. Te amo!

Aos meus filhos, Júlia e João Vítor, por terem me dado a maior emoção que pude sentir na vida: a paternidade.

Agradecimentos

Inicialmente, quero agradecer a Deus pelo dom da vida e aos meus familiares pelo amor e pelo carinho ofertados durante todas as etapas da minha vida.

A todos os meus familiares, consanguíneos e por afinidade, pela carinhosa convivência em família.

Agradeço ao professor Arruda Alvim por me ter aberto as portas do mestrado na Pontifícia Universidade Católica de São Paulo – PUC-SP, bem como por me ter dado a honra de ser seu aluno durante o curso. A ele devo a possibilidade de seguir na carreira docente, em que poderei levar comigo seus brilhantes ensinamentos.

Registro meu agradecimento à professora Thereza Arruda Alvim, pela generosidade com que fui recebido em sua faculdade (FADISP) durante meus estudos, bem como ao professor Everaldo Augusto Cambler, com quem obtive importantes aprendizados.

Ao professor Francisco José Cahali, agradeço por prontamente ter aceitado meu pedido de orientação na Pontifícia Universidade Católica de São Paulo – PUC-SP. Pessoa sensível e sempre pronta a ensinar, é um exímio professor e advogado, com quem pude aprender muito não só na esfera jurídica, mas também na profissional e docente, pois dele recebi lições que carregarei comigo para sempre.

À professora Giselda Maria Fernandes Novaes Hironaka, agradeço por ter me acolhido carinhosamente em seu grupo de estudos, em que pude conviver com grandes professores e estudiosos do Direito Civil que compartilharam comigo ricas experiências.

Agradeço, ainda, ao professor Lucas Abreu Barroso, que viu este trabalho nascer e ser desenvolvido, por me atender, pacientemente, sempre que necessitei, pela valorosa indicação bibliográfica que me fez e pelo auxílio na adequação metodológica do presente estudo.

Não poderia deixar de externar o meu agradecimento à professora Dra. Maria Helena Diniz, por ter me dado a felicidade de me aceitar como seu aluno e comigo compartilhar seus ensinamentos jurídicos, éticos e humanos, além de me ensinar uma das maiores virtudes dos sábios: a humildade.

À professora Dra. Suzana Maria Catta Preta Federighi, que me guiou no Direito do Consumidor, dando-me subsídios para a realização deste trabalho.

Durante a elaboração deste trabalho nunca estive sozinho, pois tive ao meu lado grandes amigos, que sempre com a palavra certa – jurídica ou não – me auxiliaram a concluí-lo. Todos foram importantes, mas alguns deles foram fundamentais para desenvolver este trabalho, já que se dispuseram a debater comigo o tema que escolhi, permitindo-me partilhar de seus conhecimentos jurídicos a qualquer hora do dia ou da noite, motivo pelo qual externo minha gratidão a Flávio Tartuce, José Fernando Simão, Marcos Jorge Catalan, Mário Delgado e Zeno Veloso.

À minha amiga Águida Arruda Barbosa, pela valiosa ajuda, colaboração e torcida nos dias que antecederam a defesa da minha dissertação perante a banca examinadora.

A todos os amigos que fiz durante o mestrado, que não citarei nominalmente para não cometer injustiças, fica o meu agradecimento por tudo o que pude aprender com vocês, bem como pelos momentos que passamos juntos, que ficarão eternizados em minha memória.

Jamais me esquecerei de Fredie Didier Jr., Pablo Stolze Gagliano, Mônica Bonetti Couto, Francisco José do Nascimento e Roberto Moreira Dias, pelo apoio e incentivo durante o processo seletivo do mestrado, muito obrigado.

Ao professor Paulo Hamilton Siqueira Jr. agradeço por ter sido, desde o momento em que obtive o título de mestre, um dos grandes incentivadores da publicação deste trabalho, pois sua ajuda foi decisiva para que isso se tornasse uma realidade.

Ao professor Carlos Alberto Dabus Maluf, professor titular da Faculdade de Direito da Universidade de São Paulo, o meu agradecimento pela valiosa amizade e por ser um grande incentivador da minha carreira acadêmica. Minha gratidão eterna por ter me guiado no doutoramento das Arcadas do Largo de São Francisco.

A alguns amigos das diversas instituições em que leciono devo, também, render um agradecimento pela valiosa amizade. São eles: Fernando Herren Aguillar, da Universidade São Judas Tadeu; Márcio Chaib e Marcelo Veras, do Curso Proordem ESAMC, Cláudia Panziera Moraes e Douglas Moraes, do Curso Êxito; Ana Márcia de Matos Arraes, do IBEST; Ana Vieira, Zenilda, Maria Fernanda, Fernanda Gaeta e Arleide Felipe, da Escola Superior da Advocacia da OAB-SP (ESA), César Tavolieri, do Cejus; Pedro Barrêtto e Carlos Motta Vinha e Bruno Zampier, do Curso Fórum; e Roger Morcelli e Eduardo Viveiros, da AASP.

Aos amigos que compõem a diretoria do Instituto Brasileiro de Direito de Família – IBDFAM, agradeço pelas valiosas demonstrações de afeto.

A todos os meus alunos de todo o País, que muito me ajudaram, com suas dúvidas, a amadurecer muitos questionamentos sobre o tema deste trabalho.

Aos amigos Alexandre Gialluca, Cibele Costa, Daniel Amorim Assumpção Neves, Edirleu Ximenes de Amorim Jr., Maria Berenice Dias, Renato Cardenali Martines, Roberto Navarro, Rodrigo Azevedo Toscano de Brito, Rogério Cury, Válber de Azevedo Miranda Cavalcanti, Vanessa Puk e Wladimir Alcibíades Marinho Falcão Cunha.

Ao Dr. Antonio Belinelo, por ter acreditado neste projeto, e a toda a equipe RT, pelo carinho e esmero com que se empenharam para a publicação dessa obra.

Por fim, gostaria de homenagear o Professor Rubens Limongi França, que publicou valiosa obra sobre a cláusula penal em 1988, fruto da tese defendida perante banca examinadora do concurso de professor titular em Direito Civil na Faculdade de Direito da USP no ano de 1987, e que recebeu o nome de Raízes e Dogmática da Cláusula Penal. Essa obra me inspirou a escrever o presente trabalho, uma vez que, desde então nenhuma outra havia sido publicada sobre o tema no Brasil.

Prefácio

Francisco José Cahali
Professor Doutor na Pontifícia Universidade
Católica de São Paulo – PUC-SP

O Professor Christiano Cassettari tem, hoje, consolidada sua reputação jurídica no cenário nacional.

Dedicado intensamente à vida acadêmica, o produtivo estudioso encontra a oportunidade para criar e modificar teses, valores e dogmas, objetivando alcançar o ideal na interpretação de nosso sistema jurídico, tão conturbado recentemente por inovações legislativas de trabalhosa análise.

Coleciona, hoje, diversos artigos publicados em revistas especializadas, além de capítulos em obras clássicas, e até mesmo coordenação de livros, tudo acrescido a trabalhos individuais consagrados, como, por exemplo, seu livro *Separação, divórcio e inventário por escritura pública: teoria e prática*, que se encontra na 3.ª edição.

Além das aulas regulares, é presença marcante como expositor em vários congressos, palestras, simpósios, cursos e mesas de debates por todo o Brasil.

Proveitosas suas intervenções, teve acolhidas suas propostas, por grupo seleto de juristas na IV Jornada de Direito Civil, promovida pelo Conselho da Justiça Federal em outubro de 2006,[1] que levaram aos Enunciados 355 e 356, dando origem, inclusive, à expressão "função social da cláusula penal".[2]

1. Coordenação Geral: Ministro Fernando Gonçalves; Coordenação Científica: Ministro Ruy Rosado de Aguiar Jr.; fonte: http://www.justicafederal.gov.br, em "publicações".
2. Enunciado 355: "Art. 413. Não podem as partes renunciar à possibilidade de redução da cláusula penal se ocorrer qualquer das hipóteses previstas no art. 413 do CC, por se tratar de preceito de ordem pública".

   Enunciado 356: "Art. 413. Nas hipóteses previstas no art. 413 do CC, o juiz deverá reduzir a cláusula penal de ofício".

E, assim, na sua já conhecida trajetória acadêmica e de criação científica, orienta julgados, influencia tribunais, e faz seguidores de sua doutrina, como respeitado formador de opinião.

Percorrendo os caminhos de seu amadurecimento, concluiu com brilhantismo seu mestrado na Faculdade Paulista de Direito da Pontifícia Universidade Católica de São Paulo, e dedicou-se à sua dissertação, quando então fomos honrados para acompanhar seu desenvolvimento, na qualidade de orientador.

Com maestria, confirmou suas qualidades na defesa perante a banca examinadora, composta pelos ilustres Professores Giselda Maria Fernandes Novaes Hironaka e Lucas Abreu Barroso, além de nossa participação, quando então foi consagrado mestre.

Entre amigos, registro que o Professor Christiano nos brindou com o privilégio de, por primeiro, conhecer e desfrutar de seus proveitosos estudos sobre a *Multa contratual: teoria e prática*, que agora são apresentados ao cenário jurídico como livro, para que todos possam se valer, uma vez mais, de seus alentados conhecimentos.

A exemplo de seus outros escritos, este livro representa obra de leitura obrigatória ao profissional ou estudioso, e certamente receberá a acolhida de nossos tribunas. É um trabalho amplo, proveitoso e de agradável leitura, que nos convida a pensar a respeito do instituto jurídico detalhadamente investigado.

Dispensável seria qualquer referência ao autor e sua criação, mas enaltecidos pelo honroso convite para prefaciar o livro, nosso encanto pelo trabalho nos induziu a estas despretensiosas palavras.

E, assim, só nos resta render homenagens ao Professor Christiano Cassettari e sua prestigiosa obra por ultrapassar com louvor mais esta etapa de seu caminho no cenário jurídico.

São Paulo, junho de 2009.

Apresentações

Arruda Alvim

Professor Livre-docente e Titular da Pontifícia
Universidade Católica de São Paulo – PUC-SP.
Coordenador Acadêmico e Professor da Faculdade
Autônoma de Direito de São Paulo – FADISP

É sempre uma honra apresentar à comunidade jurídica obras que, como esta, são fruto de primorosa pesquisa acadêmica. No caso deste trabalho do estimado amigo Christiano Cassettari, essa tarefa ganhou um colorido especial, por termos a nítida percepção de ser a *multa contratual* tema que carecia, há muito, de uma abordagem aprofundada de qualidade, à luz das transformações em curso no direito civil.

Mas é preciso frisar que a excelência da obra, com a qual Christiano logrou obter o título de Mestre sob a orientação do Prof. Francisco José Cahali, não se deve apenas à escolha adequada do tema.

Quando nos deparamos com o refinamento da pesquisa empreendida e a firmeza dos argumentos e posições defendidos, tivemos a convicção de que o assunto *multa contratual* não poderia ter sido mais bem explorado.

A partir da compreensão do novo direito civil, ainda em construção, o autor aborda as diversas nuances da multa contratual, sempre numa perspectiva teleológica do instituto, com vistas a conferir aplicabilidade prática à tão decantada "função social do contrato". Os questionamentos propostos pelo autor fornecem a medida da importância da cláusula penal no contexto da transformação por que passa o direito obrigacional.

Após analisar a evolução e o conceito da cláusula penal, situando-a no panorama do direito civil em evolução, o autor passa a investigar a verdadeira função do instituto, para, em seguida, explorar temáticas como: a possibilidade de redução equitativa da cláusula penal em casos de abuso na relação contratual; o problema da responsabilidade civil contratual face à insuficiência do valor da cláusula penal; o problema da cláusula penal irrisória em contratos de adesão e os conflitos entre a cláusula penal estipulada no condomínio edilício e as disposições contratuais que regem a locação de imóveis urbanos.

As proposições que resultaram das indagações trazidas pelo autor no bojo deste trabalho são fruto da pesquisa bibliográfica impecável e da prudente reflexão do autor, que coerentemente aliou os ensinamentos doutrinários à realidade cotidiana.

E a repercussão disso pode ser verificada nos Enunciados 355 e 356, aprovados na IV Jornada do Conselho da Justiça Federal, cujos conteúdos refletem propostas contidas neste trabalho. São estes enunciados exemplos significativos da atualidade e relevância do trabalho realizado por Christiano Cassettari.

A obra representa a demonstração clara de que a função social do contrato merece ser estudada sob todos os ângulos possíveis, em especial, a partir do exame de institutos específicos, de maneira a torná-lo aplicável na prática. Daí falar o autor em "função social da cláusula penal", que sinaliza a concretização de preceitos fundamentais no âmbito das relações contratuais privadas e expressa uma importante parcela de tudo o que ainda há "por explorar" no novo direito civil.

O lançamento do livro *Multa contratual* demonstra o verdadeiro comprometimento do autor e da Editora RT com os estudantes e profissionais do direito, por suprir, com superlativa qualidade, a carência de estudos bibliográficos sobre o tema no direito contemporâneo.

São Paulo, abril de 2009.

PAULO HAMILTON SIQUEIRA JR.
Doutor pela Pontifícia Universidade Católica de São Paulo – PUC-SP. Diretor do Núcleo de Ciências Jurídicas e Sociais do Centro Universitário das Faculdades Metropolitanas Unidas – FMU

Honra-me apresentar o Prof. Christiano Cassettari, que pertence à nova safra de juristas e professores de direito e que traz a lume importante obra denominada *Multa contratual: teoria e prática*.

Com efeito, colegas que somos nos cursos de graduação e pós-graduação do Centro Universitário das Faculdades Metropolitanas Unidas, em São Paulo, tive a oportunidade de verificar o ideal do autor que desempenha verdadeiro sacerdócio no exercício da docência.

Ao lado do Professor Luiz Accácio Pereira, outro civilista de escol, assumimos a coordenação do Curso de Direito no início de 2006 e, de pronto, nos chamou a atenção o espírito erudito do autor que na FMU exerce com maestria a pesquisa, o ensino e a extensão, pressupostos da diuturna atividade acadêmica. Nas reuniões de colegiado, suas manifestações são sempre oportunas e seguras.

Em recente reforma curricular proposta pela Faculdade de Direito, a participação ativa do autor fez com que o Projeto Pedagógico de 2008 trouxesse adaptações e atualizações importantes no campo do direito civil.

O brilhantismo e a mente privilegiada de Christiano Cassettari ultrapassaram os limites da nossa instituição, sendo certo que seu nome ressoa no mundo jurídico com merecido destaque.

Ponto relevante em sua carreira guarda relação direta com esta obra, que foi a defesa de dissertação do mestrado na Pontifícia Universidade Católica de São Paulo, perante a banca examinadora composta pelos professores Francisco José Cahali, Giselda Maria Fernandes Novaes Hironaka e Lucas Abreu Barroso.

Da leitura desta pesquisa de mestrado verifica-se a construção de verdadeira tese demonstrada pela proposição "função social da cláusula penal", expressão esta criada pelo autor e difundida pela comunidade jurídica. Essa assertiva é confirmada pela aprovação de dois enunciados (de números 355 e 356) na IV Jornada de Direito Civil do CJF (Conselho da Justiça Federal), realizada no final de 2006 em Brasília, e que tinha na presidência da comissão de obrigações os professores Nelson Nery Jr. e Claudia Lima Marques.

O trabalho do autor atingiu o objetivo proposto de estabelecer a releitura crítica em torno do instituto da cláusula penal, adequando-o à realidade social em que vivemos, para que se alcance a sistematização de suas normas na perspectiva dos princípios constitucionais e dos princípios informadores do Código Civil vigente.

A época em que vivemos, consubstanciada na sociedade da informação, pós-modernidade e pós-positivismo, exige do jurista nova postura e olhar para enfrentar os temas tradicionais do direito e adequá-los à realidade contemporânea. Pois bem, o autor conseguiu atingir este desiderato apontando para uma verdadeira teoria da cláusula penal, se valendo para tanto da interpretação civil constitucional, estabelecendo conexões que demonstram a profundidade da pesquisa, e tendo como resultado o presente livro.

Esses fatos evidenciam a solidez da formação jurídica e intelectual de Cassettari, com quem tenho a honra de conviver na FMU e usufruir de sua prestigiosa sabedoria.

Mercê da experiência haurida da constante atividade docente na FMU e em outros centros de excelência, o autor presenteia a comunidade jurídica com este precioso livro, que traduz a essência de sua tese e agora chega às livrarias para auxiliar alunos e profissionais que necessitam do conhecimento específico da cláusula penal.

São Paulo, março de 2009.

Sumário

Introdução

O direito obrigacional possui uma destacada importância em nossa sociedade, já que o mundo globalizado em que vivemos ampliou o acesso à contratação, permitindo que qualquer pessoa, independentemente do seu poder aquisitivo, possa assumir obrigações e celebrar contratos, seja para adquirir bens que sirvam para viver ou sobreviver. Essa facilidade na assunção de obrigações se deu em decorrência da massificação dos contratos (*mass consumption society*).

Com isso, os mais ricos, que sempre assumiram obrigações contratuais, agora fazem-nas de forma mais sofisticada, já que o acesso à internet permite que estabeleçam relações jurídicas em países que ficam do outro lado do mundo, enquanto os mais pobres passam a ter acesso à contratação, pois a facilitação do crédito permite que os sonhos sejam realizados e pagos em prestações de trato sucessivo, ou seja, aquelas que se cumprem no tempo, de forma gradativa.

A obrigação jurídica mantém íntima relação com as relações contratuais, já que estas são uma das formas de criá-la. Assim, estudar o direito obrigacional é também analisar o instituto do contrato, pois se aplica a este todos os institutos inerentes à obrigação.

Essa massificação do contrato e, por consequência, da obrigação fez com que aquele perdesse o rigor formal que imperava à época do Império Romano, pois o próprio Código Civil de 2002 estabelece, no art. 107, que o negócio jurídico, em regra, independe da formalidade notarial, que é exigida para alguns em razão da sua importância, salvo previsão legal específica.

Por esse motivo, cresce o número de contratos celebrados diariamente, em sua grande maioria, com cláusulas predispostas, em que o conteúdo não pode ser alterado já que o mesmo é imposto pela parte economicamente mais forte.

O "império dos contratos padronizados" sob o qual vivemos faz com que se criem obrigações demasiadamente injustas, ao arrepio da lei, que serão refletidas em cláusulas flagrantemente abusivas, cujo objetivo será de sempre vincular as pessoas de maneira imprópria, prendendo-as perpetuamente, para que se aufiram lucros indevidos, ilícitos, sem causa alguma. Assim, verifica-se que a massificação dos contratos contrasta com a justiça contratual, já que o acesso à contratação não significa que o seu conteúdo refletirá o desejo de ambas as partes nem a busca pela equidade.

Com isso, verifica-se que a evolução da nossa sociedade obriga a uma evolução do direito, que exige uma releitura da nossa codificação civil, vigente desde 2003, já que o direito civil abarca todas as relações jurídicas do nosso cotidiano, e deverá estar pronto para reparar as injustiças que podem ser cometidas na elaboração de um contrato.

Assim, aproveita-se a mudança da codificação civil para uma reflexão necessária, já que o momento é muito oportuno para que ela ocorra, na qual se pretende descobrir se o atual Código apenas modificou a numeração dos artigos das normas existentes no ordenamento antigo, ou se, mais do que isso, pretende inaugurar uma nova fase na nossa sociedade de mudança de paradigma.

É isso que se pretende fazer neste trabalho, sistematizando um dos institutos de direito civil, que é a cláusula penal, muito utilizada nas relações obrigacionais pelo caráter intimidativo que estabelece no devedor para que cumpra com a obrigação, bem como por também prefixar as perdas e danos pelo inadimplemento.

Em razão da sua importância prática, o instituto da cláusula penal exige uma análise profunda, sistêmica, com o objetivo de se evitar sua utilização de forma abusiva e indevida.

Em razão disso, pretende-se, neste trabalho, efetuar uma nova leitura do instituto da cláusula penal, de acordo com as modificações introduzidas pelo Código Civil vigente, e com os princípios constitucionais da dignidade da pessoa humana, da igualdade e, principalmente, da solidariedade social.

A escolha do tema justifica-se pela necessidade de se analisar a normatização da cláusula penal, para, relendo-a, em virtude da alteração da codificação civil, ser possível mostrar para a comunidade jurídica a sua grande importância para o direito obrigacional, contratual, condominial, testamentário, consumerista, trabalhista, processual, dentre outros.

Outro fator que também me estimulou a escrever sobre o tema foi a ausência de literatura a ele dedicada, o que forma uma imensa lacuna na doutrina nacional, que, às vezes, impede que se possa estudá-lo de forma mais profunda.

Ressalte-se que a última literatura específica publicada no Brasil sobre cláusula penal, que foi de autoria de Rubens Limongi França, defendida como tese para o concurso de professor titular na Faculdade de Direito da Universidade de São Paulo, data de 1988, ou seja, catorze anos antes da publicação do Código Civil vigente, motivo pelo qual é necessário se efetuar uma releitura do referido instituto.

Dessa forma, verifica-se que o tema do presente trabalho possui uma grande relevância didática e prática, cujo objetivo é dar uma contribuição à sociedade, por meio da comunidade jurídica, provocando o debate para a criação de uma doutrina coerente com a realidade de nosso País, para que tal instituto seja utilizado de forma justa.

Para demonstrar a importância do tema, o primeiro capítulo fará uma análise do direito obrigacional, destacando sua importância dentro da nossa sociedade, bem como a necessidade de utilizar adequadamente as obrigações no nosso dia a dia, buscando-se evitar que cláusula penal seja utilizada de forma a estabelecer a ruína das pessoas que se obrigam.

Ao ressaltar esta importância, será analisada qual a melhor forma para reler a cláusula penal: se de maneira individual ou sistêmica, pois se estudará a possibilidade de aplicação dos direitos fundamentais como alicerce na interpretação do referido instituto, efetuando-se uma aproximação do direito privado com o direito público.

Feito isso, será apresentada a evolução histórica da cláusula penal no segundo capítulo, não só em outros países, mas, principalmente, em nosso País, para que seja possível concluir acerca da correta alocação do instituto na codificação civil: se na parte das modalidades obrigacionais, de inexecução das obrigações, ou na parte em que se estabelecem as normas contratuais.

Dessa forma, poder-se-á, no capítulo terceiro, analisar o conceito de cláusula penal vigente na doutrina, para que se verifique se ele tem lugar na nossa atual realidade jurídica, econômica e social. Pretendem-se analisar todas as possibilidades de criação do referido instituto, para que seja possível propor um conceito novo, que permita entender se a cláusula penal pode ser utilizada somente em relações contratuais, já que nestas predominam, ou em outros tipos de negócios jurídicos.

Será o conceito que permitirá estudar a natureza jurídica da cláusula penal, para que, percorrendo a doutrina nacional e estrangeira, principalmente a italiana, seja analisado qual é o seu real objetivo: se apenas intimidar o devedor a cumprir com a obrigação; ou somente prefixar as perdas e danos decorrentes do inadimplemento; ou o de estabelecer uma pena; ou se todos eles possam ser encontrados, conjuntamente, no referido instituto.

Estabelecido o conceito, no quarto capítulo poderão ser analisadas quais as espécies de cláusulas penais, as suas consequências e os seus limites de fixação. Há muitas dúvidas se a classificação estabelecida na codificação é ou não coerente, ou se outra não seria necessária, para que se possa averiguar a existência de limites distintos para fixá-la, de acordo com a modalidade, e se é possível cumular mais de uma espécie em uma mesma relação jurídica.

O quinto capítulo será dedicado ao estudo da redução equitativa da cláusula penal, um dos grandes marcos do referido instituto, que o adéqua à nova realidade social e econômica. Será analisado quando e de que forma a redução deverá ocorrer, aproveitando os dois enunciados que aprovamos, e outros que foram aprovados, na IV Jornada de Direto Civil do Conselho da Justiça Federal, em outubro de 2006.

A conceituação, a classificação e a redução equitativa da cláusula penal terão um papel importantíssimo para se analisar sua ligação com a responsabilidade civil, para saber se sua teoria geral aplica-se ou não ao instituto em estudo e de que forma isso ocorre. É o que será investigado no sexto capítulo.

Ainda na esteira da responsabilidade civil contratual, o sétimo capítulo versará sobre a possibilidade de se pleitear indenização suplementar, caso o valor do prejuízo seja maior do que o montante convencionado a título de cláusula penal, bem como as condições para que isso ocorra, de modo que não seja de forma abusiva.

No oitavo capítulo, é também importante analisar o referido instituto com algumas figuras afins, como as arras, o enriquecimento sem causa, a cláusula penal em favor de terceiro, assumida por terceiro e fixada por terceiro, os honorários advocatícios, as *astreintes* e a multa prevista no art. 475-J do CPC.

O nono capítulo será dedicado a alguns aspectos relevantes da cláusula penal. Nele, pretende-se estudar como ela se origina, como adequá-la a obrigações com pluralidade de devedores, quais são os requisitos que a tornam exigível, se é possível renunciá-la ou não, e como aplicá-la em caso de comportamento contraditório do devedor.

Por fim, no último capítulo, o estudo será dedicado à casuística, para dar um enfoque prático à cláusula penal, analisando questões pontuais, relevantes e polêmicas da sua aplicação no condomínio edilício e na relação imobiliária.

Ainda no enfoque prático da cláusula penal, não se pode deixar de analisá-la em legislações especiais, tais como o Código de Defesa do Consumidor, a Lei de Parcelamento de Solo Urbano e a legislação trabalhista, investigando, mais uma vez, os pontos relevantes e polêmicos, bem como a aplicação subsidiária do Código Civil, em um moderno "diálogo de fontes". Isso será feito no décimo capítulo.

Esperamos conseguir apresentar, neste trabalho, inúmeros aspectos do instituto da cláusula penal, às vezes desconhecidos e às vezes mal interpretados, não só no aspecto teórico, mas também no prático, sistematizando-a e adequando-a à nova realidade social e econômica, para que possa este escrito ser uma referência útil para toda a comunidade jurídica.

1
A importância do direito obrigacional e a influência dos direitos fundamentais: uma simbiose entre o direito civil e o direito constitucional

A obrigação é um instituto muito complexo do direito civil, que chegou a ser conceituada por Clóvis V. do Couto e Silva[1] como um processo que se dirige ao adimplemento para satisfazer o interesse do credor, que nasce, se desenvolve e se extingue com o pagamento. No entanto, ela possui uma importante função econômica e social, haja vista que é um mecanismo de fomento da economia de um país, permitindo a circulação de riquezas e o desenvolvimento financeiro e produtivo.

Para Orlando Gomes,[2] o direito das obrigações exerce grande influência na vida econômica, uma vez que regula relações de infraestrutura social, dentre as quais se salientam, por sua relevância política, as de produção e as de troca. É por meio de relações obrigacionais que se estrutura o regime econômico, sob formas definidas de atividade produtiva e permuta de bens.

A massificação dos contratos de consumo (*mass consumption society* ou *Konsumgesellschaft*), que passa a atingir toda a sociedade, independentemente de sua condição social e econômica, dá à obrigação uma maior importância desenvolvimentista.

Explica Maria Helena Diniz[3] que o homem moderno vive numa "sociedade de consumo", na qual os bens ou novos produtos da tecnologia moderna lhe são apresentados mediante uma propaganda tão bem

1. Silva, Clóvis V. do Couto e. *A obrigação como processo*, p. 44-45.
2. Gomes, Orlando. *Obrigações*, p. 4.
3. Diniz, Maria Helena. *Curso de direito civil brasileiro – Teoria geral das obrigações*, vol. 2, p. 4.

elaborada, que o leva a sentir necessidades primárias ou voluptuárias nunca antes experimentadas.

Isso poderá, ainda, se agravar, caso uma determinada sociedade passe por uma grave crise econômica, como as inúmeras que já ocorreram no Brasil, fazendo com que escassez de dinheiro no mercado aumente, substancialmente, o inadimplemento das obrigações.

Esta tese é ressaltada por Arnaldo Rizzardo,[4] para quem quanto maiores as instabilidades de uma economia, e mais fortes as crises que assolam os povos ou menos evoluída a consciência moral das pessoas, geralmente mais cresce a inadimplência das obrigações, ensejando mecanismos de defesa e proteção dos direitos e créditos emanados das convenções e contratos.

Por essa razão é que a doutrina e, principalmente, o nosso legislador estão preocupados em operacionalizar ferramentas legais que garantam o cumprimento das obrigações assumidas, para que não se quebre o elo negocial do desenvolvimento econômico, que pode ser afetado com um excessivo percentual de inadimplência dentro dos atos negociais.

Estas ferramentas legais não podem permitir que alguns institutos jurídicos sejam utilizados como um instrumento de "tortura" do devedor, uma vez que se deve respeitar o sistema jurídico nacional, bem como a legislação hierarquicamente superior, ou seja, a Constituição Federal, que estabelece dentre o rol dos direitos fundamentais a dignidade da pessoa humana do devedor.

Tal advertência já era feita por Antunes Varela,[5] pois a concepção savigniana do direito de crédito pode ser explicada como uma reação (destinada a manter o caráter *pessoal* do vínculo) contra as teorias que, rompendo com a orientação clássica, pretendiam deslocar o centro da gravidade da obrigação para o *patrimônio* do devedor. Entretanto, essa advertência não pode hoje ser tomada ao pé da letra. O credor não pode, quando o devedor não cumpre espontaneamente a obrigação, atuar sobre a pessoa física do obrigado, para forçá-lo a realizar a prestação

4. Rizzardo, Arnaldo. *Direito das obrigações*, p. 535.

5. Varela, João de Matos Antunes. *Das obrigações em geral*, vol. 1, p. 134.

devida. Conclui o referido autor que já não será muito próprio falar de um poder (do credor) sobre a pessoa do devedor, depois que a famosa *Lex Poetelia Papiria* transferiu o acento tônico da responsabilidade pelo não cumprimento para o patrimônio do obrigado.

Para se evitar a ocorrência de abusos nas reações obrigacionais, é necessária, e possível, a aplicação dos direitos fundamentais constitucionais no âmbito do direito privado. Sobre o tema, afirma Pietro Perlingieri[6] que o direito civil não se apresenta em antítese ao direito público, mas é apenas um ramo que se justifica por razões didáticas e sistemáticas, e que recolhe e evidencia os institutos atinentes com a estrutura da sociedade, com a vida dos cidadãos como titulares de direitos civis. Retorna-se às origens do direito civil como direito dos cidadãos, titulares de direitos frente ao Estado. Neste enfoque, não existe contraposição entre direito privado e direito público, na medida em que o próprio direito civil faz parte de um ordenamento unitário.

O que deve ocorrer é uma interpretação conjunta das leis, sejam elas públicas ou privadas, principalmente entre as hierarquicamente superiores e as inferiores, pois a norma pública superior não pode ser contrariada pela privada inferior, o que demonstra a necessidade de colocar o ordenamento civil brasileiro em harmonia com as normas constitucionais.

Para Daniel Sarmento,[7] a ideia é romper com o catecismo do constitucionalismo liberal, manifestado nas nossas Constituições de 1824 e 1891, nas quais o *locus* exclusivo de regulamentação das relações privadas era o Código Civil, que, tendo como pilares a propriedade e o contrato, buscava assegurar a segurança e a previsibilidade das regras do jogo para os sujeitos de direito nas suas relações recíprocas, com uma perspectiva (falsa) de asséptica neutralidade diante dos conflitos distributivos.

Explica o citado autor que surge na virada do século XX, nas constituições mexicana de 1917 e de Weimar, de 1919, o Estado do bem-estar social e com ele a consagração constitucional de uma nova

---

6. Perlingieri, Pietro. *Perfis do direito civil – Introdução ao direito civil constitucional*, p. 55.

7. Sarmento, Daniel. *Direitos fundamentais e relações privadas*, p. 14-15.

constelação de direitos, que demandam prestações estatais destinadas à garantia de condições mínimas de vida para a população (direito à saúde, à previdência, à educação etc.). Com isso, o Estado liberal transforma-se no Estado social, preocupando-se agora não apenas com a liberdade, mas também com o bem-estar do cidadão. Assim, multiplicam-se, no direito privado, as normas de ordem pública, ampliando-se as hipóteses de limitação à autonomia da vontade das partes em prol da coletividade.[8]

Hoje, a constituição terá papel fundamental na interpretação do direito civil, que tem por objetivo disciplinar as regras do cotidiano dos particulares, uma vez que o Texto Maior está calcado na busca pelo Estado social, que se opõe ao movimento econômico-político que tem como base social a burguesia, classe que fornecia substrato ao estado constitucional para que este a protegesse por meio de regras individualistas. Este Estado social encontrará guarida nos diretos fundamentais, previstos em nossa Constituição, que terá como objetivo promover a distinção entre Estado, pessoa, liberdade e autoridade.

É cada vez maior o número de estudos dedicados às relações entre o direito constitucional e o direito civil, que retratam a convergência de importantes problemas dogmáticos entre esses dois ramos do direito.

Afirma Mário Lúcio Quintão Soares,[9] citando José Joaquim Gomes Canotilho, que a constituição no Estado Social é a medida material da sociedade, é um estatuto jurídico-fundamental do Estado e da sociedade, organizando e limitando os poderes estatais, fixando programas políticos e definindo procedimentos, estruturas e competências.

Dessa forma, o direito civil e o direito constitucional são interpretados conjuntamente para se promover uma integração simbiótica entre a Lei Maior e a legislação civilista, objetivando-se um desenvolvimento econômico, social e político neste novo Estado social. Isso se deve às mudanças ocorridas nos últimos tempos na nossa sociedade, que exigiram dos civilistas uma nova postura metodológica, que acabou por

8. Idem, p. 18-19.
9. Soares, Mário Lúcio Quintão. *Teoria do estado – Introdução*. 2. ed. Belo Horizonte: Del Rey, 2004. p. 208.

tornar imprescindível que toda e qualquer (re)leitura do direito civil seja feita em uma perspectiva dialética com a Constituição Federal.

Assim, verifica-se que a Constituição Federal de 1988 estabeleceu uma verdadeira reconstrução da dogmática jurídica, já que ela possui a cidadania e a personificação do direito como seus elementos centrais.

Na opinião de Paulo Luiz Netto Lôbo,[10] antes havia a disjunção; hoje, há a unidade hermenêutica, tendo a Constituição como ápice conformador da elaboração e aplicação da legislação civil. "A mudança de atitude é substancial: deve o jurista interpretar o Código Civil segundo a Constituição, e não a Constituição segundo o Código, como ocorria com frequência (e ainda ocorre)". A esse fenômeno se convencionou denominar constitucionalização do direito privado.

Para Gustavo Tepedino[11] trata-se, em uma palavra, de estabelecer novos parâmetros para a definição da ordem pública, relendo o direito civil na perspectiva da Constituição, de maneira a privilegiar, insista-se ainda mais uma vez, os valores não patrimoniais e, em particular, a dignidade da pessoa humana, o desenvolvimento da sua personalidade, os direitos sociais e a justiça distributiva, para cujo atendimento deve se voltar a iniciativa econômica privada e as situações jurídicas patrimoniais.

Tal corrente de pensamento foi muito bem defendida por Ricardo Luis Lorenzetti,[12] para quem o direito privado é direito constitucional aplicado, pois nele se detecta o projeto de vida comum que a Constituição tenta impor. O direito privado representa os valores sociais de vigência efetiva, por isso é que se vê modificado por normas constitucionais. Por sua vez, o direito civil ascende progressivamente, preten-

---

10. Lôbo, Paulo Luiz Netto. Constitucionalização do direito civil. In: Fiúza, César; Sá, Maria de Fátima Freire de; Naves, Bruno Torquato de Oliveira. *Direito civil – Atualidades*. Belo Horizonte: Del Rey, 2003. p. 198.

11. Tepedino, Gustavo. Premissas metodológicas para constitucionalização do direito civil. *Temas de direito civil*. 3. ed. Rio de Janeiro: Renovar, 2004. p. 22.

12. Lorenzetti, Ricardo Luis. *Fundamentos do direito privado*. Trad. Vera Maria Jacob de Fradera. São Paulo: Ed. RT, 1998. p. 253.

dendo dar caráter fundamental a muitas de suas regras, produzindo-se então a sua constitucionalização.

Não se pode esquecer que o movimento de codificação floresce concomitantemente ao advento do Estado liberal, estimulando o individualismo jurídico, já que o centro do ordenamento seria o cidadão burguês dotado de patrimônio.

Para melhor definir a constitucionalização do direito privado, o próprio Ricardo Luis Lorenzetti,[13] utilizando-se de metáfora, explica que a explosão do Código produziu um fracionamento da ordem jurídica semelhante ao sistema planetário. Criaram-se microssistemas jurídicos que, da mesma forma como os planetas, giram com autonomia própria, sua vida é independente; o Código é como o sol, ilumina-os, colabora em suas vidas, mas já não pode incidir diretamente sobre eles.

Verifica-se, portanto, que o *Big Bang* legislativo[14] fez com que a Constituição devesse ser como o sol dentro do sistema solar, que irá irradiar luz para todos os outros planetas, simbolizados pelo Código Civil, e para seus satélites, que seriam os microssistemas ou Estatutos – como o Código de Defesa do Consumidor, a Lei de Locação, o Estatuto da Criança e do Adolescente, dentre outros.

Para Francisco Amaral,[15] o início do terceiro milênio apresenta dois paradigmas aos juristas: o da modernidade e o da pós-modernidade. No primeiro, temos o racionalismo, que defendia a razão, o individualismo e a subjetividade jurídica, na qual a segurança jurídica é um valor fundamental e o formalismo reduzindo o direito à norma e à lei. Já para o segundo, temos a substituição do Código Civil pela Constituição, vista como centro da sociedade civil e como ícone da personalização e humanização do direito.

No entanto, explica-nos, com muita propriedade, Paulo Luiz Netto Lôbo[16] que, quando a legislação civil for claramente incompatível

---

13. Idem, p. 45.

14. Idem, p. 44.

15. Amaral, Francisco. O direito civil na pós-modernidade. In: Fiúza, César; Sá, Maria de Fátima Freire de; Naves, Bruno Torquato de Oliveira. *Direito civil – Atualidades*. Belo Horizonte: Del Rey, 2003. p. 76-77.

16. Lôbo, Paulo Luiz Netto. Constitucionalização do direito civil cit., p. 216-217.

com os princípios e regras constitucionais, deve ser considerada revogada, se anterior à Constituição, ou inconstitucional, se posterior a ela. Quando for possível o aproveitamento, observar-se-á a interpretação conforme a Constituição. Em nenhuma hipótese deverá ser adotada a disfarçada resistência conservadora, na conduta frequente de se ler a Constituição a partir do Código Civil.

Dessa forma, verifica-se que a constitucionalização do direito civil é a etapa mais importante do processo de transição entre o Estado liberal e o Estado social, principalmente se considerarmos que os princípios informadores do Código Civil de 2002 têm fundamento na nossa Carta Magna, uma vez que a constitucionalização do direito civil, que cria o chamado direito civil constitucional, estará baseada em uma tríade de princípios, como afirma Flávio Tartuce:[17] a) dignidade da pessoa humana, um dos fundamentos da República Federativa do Brasil, prevista no art. 1.º, III, da CF; b) solidariedade social, que origina a socialização do direito privado brasileiro, dando, por exemplo, uma função social ao contrato e à propriedade, prevista no art. 170 da CF como justiça social, e no art. 3.º, I, como objetivo da República; c) isonomia ou igualdade, donde, segundo Rui Barbosa,[18] devemos tratar igualmente os iguais e desigualmente os desiguais. Tal princípio está descrito no art. 5.º, *caput*, da CF.

Destarte, não mais se poderá admitir uma interpretação rasa da codificação civil, senão à luz da nossa Carta Magna.

Para Pietro Perlingieri,[19] o Código Civil certamente perdeu a centralidade de outrora, já que o papel unificador do sistema, tanto nos seus aspectos mais tradicionalmente civilísticos quanto naqueles de relevância publicista, é desempenhado de maneira cada vez mais incisiva pelo Texto Constitucional.

Esta necessária constitucionalização, haja vista que por uma questão de hierarquia toda a legislação infraconstitucional deverá estar alicerçada na Lei Maior, trouxe uma emblemática discussão sobre a aplicabilidade ou não dos direitos fundamentais nas relações privadas.

---

17. Tartuce, Flávio. *A função social dos contratos do Código de Defesa do Consumidor ao novo Código Civil*. São Paulo: Método, 2005. p. 65-66.

18. Barbosa, Rui. *Oração aos moços*. Rio de Janeiro: Ediouro, 2002. p. 55.

19. Perlingieri, Pietro. *Perfis do direito civil* cit., p. 6.

Alerta-nos, quanto a isso, José Joaquim Gomes Canotilho[20] que hoje um dos temas mais nobres da dogmática jurídica diz respeito às imbricações complexas da irradiação dos direitos fundamentais constitucionalmente protegidos (*Drittwirkung*) e do dever de proteção de direitos fundamentais por parte do poder público em relação a terceiros (*Schutzpflicht*) na ordem jurídico-privada dos contratos.

Os referidos estudos citados por Canotilho questionam se é possível ser transferida para o direito civil a dogmática das restrições dos direitos fundamentais constitucionalmente protegidos.

Ressalta Ingo Wolfgang Sarlet[21] que, no tocante à eficácia dos direitos fundamentais propriamente dita, deve-se ressaltar o cunho eminentemente principiológico da norma contida no art. 5.º, § 1.º, da nossa Constituição, impondo aos órgãos estatais e aos particulares (ainda que não exatamente da mesma forma), que outorguem a máxima eficácia e efetividade aos direitos fundamentais, em favor dos quais milita uma presunção de imediata aplicabilidade e plenitude eficacial.

Gustavo Tepedino e Anderson Schreiber[22] apontam um aspecto interessante da tutela dos direitos fundamentais nas relações entre particulares: a natureza sancionatória de mecanismos adotados pela autonomia privada, denominados *penas privadas*.

A polêmica da incidência e eficácia dos direitos fundamentais aplicados nas relações com particulares é discutida pelas doutrinas da *Drittwirkung der Grundrechte*, como é denominada na Alemanha, nas décadas de 1950 e 1960, e da *State Action Doctrine*, na América do Norte.[23]

Explica Daniel Sarmento[24] que são três as correntes doutrinárias que abordam a eficácia horizontal dos direitos fundamentais. Com base no magistério do referido autor, essas correntes são explicadas a seguir.

---

20. Canotilho, José Joaquim Gomes. *Estudos sobre direitos fundamentais*. Coimbra: Coimbra Ed., 2004. p. 192.

21. Sarlet, Ingo Wolfgang. *A eficácia dos direitos fundamentais*. 6. ed. Porto Alegre: Livraria do Advogado, 2006. p. 463-464.

22. Tepedino, Gustavo; Schreiber, Anderson. As penas privadas no direito brasileiro. In: Sarmento, Daniel; Galdino, Flávio. *Direitos fundamentais – Estudos em homenagem ao professor Ricardo Lobo Torres*. Rio de Janeiro: Renovar, 2006. p. 500.

23. Idem, p. 188.

24. Sarmento, Daniel. *Direitos fundamentais e relações privadas* cit., p. 187-233.

A primeira corrente, conhecida como *state action*, e que é adotada na Suíça e nos Estados Unidos da América, nega a oponibilidade dos direitos fundamentais entre particulares, já que dispõe que apenas o Estado está sujeito à observância das garantias fundamentais, que estão vinculadas somente ao Poder Público. Apesar de sua aparente rigidez, esta corrente tolera a oponibilidade dos direitos fundamentais entre particulares se um deles estiver no exercício de atividades de natureza tipicamente estatal, assim como vincula à sua observância aos particulares que recebem benefícios fiscais e subsídios do Estado.

A doutrina tradicional dominante no século XIX, e mesmo ao tempo da República de Weimar, sustenta orientação segundo a qual os direitos fundamentais destinam-se a proteger o indivíduo contra eventuais ações do Estado, não assumindo maior relevância para as relações de caráter privado.

O entendimento de que os direitos fundamentais atuam de forma unilateral na relação entre o particular e o Estado acaba por legitimar a ideia de que haveria para o cidadão sempre um espaço livre de qualquer ingerência estatal.

Para a *teoria da eficácia indireta ou mediata dos direitos fundamentais na esfera privada*, os direitos fundamentais não podem ser tidos como direitos subjetivos invocados diretamente da Constituição.

Esta teoria permite que os direitos fundamentais entre particulares possam ser renunciados, prevalecendo a autonomia de vontade das partes, fazendo com que eles recebam tratamento específico das normas de direito privado para que se tornem oponíveis entre os particulares.

Já a terceira corrente, denominada *teoria da eficácia imediata ou direta dos direitos fundamentais*, que tem como principal defensora a doutrina alemã, reconhece a sua ampla oponibilidade nas relações privadas, eis que não é apenas o Estado o agente capaz de comprometê-las. Além disso, admite a referida teoria a unidade do ordenamento jurídico e a impossibilidade de se conceber o direito privado como um gueto, à margem da Constituição e dos direitos fundamentais.

Verifica-se, então, que as duas primeiras correntes, já rejeitadas por boa parte da doutrina, especialmente a alemã, acabam por não respeitar a supremacia da Constituição. Isso porque criam uma esfera de relações sobre a qual a Lei Maior não incide, não impera como norma superior, ficando seu comando subordinado à mera vontade das partes, ou a ato do legislador ordinário, motivo pelo qual elas não podem ser aceitas em nosso ordenamento, haja vista que nossa Carta Magna tratou de declarar: a) a autoaplicabilidade dos direitos fundamentais; b) o controle de constitucionalidade das normas; c) a impossibilidade de emenda constitucional tendente à abolição dos direitos e das garantias fundamentais.

Ainda de acordo com Daniel Sarmento,[25] observa-se que o conceito de vinculação das entidades privadas aos direitos fundamentais foi introduzido pela doutrina alemã, como: a) eficácia externa dos direitos fundamentais (*Drittwirkung der Grundrechte*); b) eficácia horizontal dos direitos fundamentais (*Horizontalwirkung der Grundrechte*).

A eficácia externa dos direitos fundamentais baseia-se na ideia de que os particulares regem suas relações com o Estado.

Quanto à eficácia externa perante terceiros, esta se implicaria somente nas relações interprivadas dos particulares para que respeitassem os direitos de outrem, limitando a autonomia privada pela imposição de um dever geral de respeito, que os obrigam a ficar vinculados a ter a uma atitude negativa.

Já a eficácia horizontal dos direitos fundamentais aumenta o espectro da eficácia externa, pois não se trata, apenas, de atribuir um efeito externo aos respectivos direitos, mas, sim, de determinar que estes tenham aplicação não só nas relações verticais (*Mittelbare, indirekte Drittwinkung*), estabelecidas entre o Estado e os particulares, mas também nas próprias relações interprivadas, isto é, ao nível das relações bilaterais e horizontais (*Unmittelbare, direkte Drittwirkung*) estabelecidas entre as pessoas. A sua atuação seria, pois, mais marcante e, porventura, excessivamente limitadora da autonomia privada e da respectiva liberdade negocial.

Já há manifestações de aplicação desta eficácia horizontal dos direitos fundamentais na jurisprudência brasileira. No RE 201.819/RJ,

25. Idem, ibidem.

a 2.ª Turma do STF decidiu, em 11.10.2005, em decisão publicada em 27.10.2006, por maioria de votos, que deve ser aplicada a eficácia horizontal dos direitos fundamentais ao direito privado.[26]

O debate no referido processo versou sobre o problema das normas constitucionais que consagram direitos, liberdades e garantias a serem ou não observadas e cumpridas pelos particulares quando celebram relações jurídicas privadas.

O julgado assinala que o estatuto das liberdades públicas (enquanto complexo de poderes, direitos e garantias) não se restringe à esfera das relações verticais entre o Estado e o indivíduo, mas também incide sobre o domínio em que se processam as relações de caráter meramente privado, ao reconhecer que os direitos fundamentais projetam-se, por igual, numa perspectiva de ordem estritamente horizontal.

O debate doutrinário em torno do reconhecimento, ou não, de uma eficácia direta dos direitos e garantias fundamentais, com projeção imediata sobre as relações jurídicas entre particulares, assume um nítido caráter político-ideológico. Caracterizado como a opção pela eficácia direta, esse debate traduz uma decisão política em prol de um constitucionalismo da igualdade, objetivando a efetividade do sistema de direitos e garantias fundamentais no âmbito do Estado Social de Direito, ao passo que a concepção defensora de uma eficácia apenas indireta encontra-se atrelada ao constitucionalismo de inspiração liberal-burguesa.

A ideia de *Drittwirkung* ou de eficácia direta dos direitos fundamentais na ordem jurídica privada continua, de certo modo, o projeto da modernidade: modelar a sociedade civil segundo os valores da razão, da justiça e do progresso.

---

26. "Sociedade civil – União Brasileira de Compositores – Exclusão de sócio – Alegado descumprimento de resoluções da sociedade e propositura de ações que acarretaram prejuízos morais e financeiros à entidade – Direito constitucional de ampla defesa desrespeitado. Antes de concluir pela punição, a comissão especial tinha de dar oportunidade ao sócio de se defender e realizar possíveis provas em seu favor. Infringência ao art. 5.º, LV, da CF. Punição anulada. Pedido de reintegração procedente. Recurso desprovido" (STF, 2.ª T., RE 201.819-8/RJ, rel. Min. Ellen Gracie).

A fixação de uma cláusula penal pelas partes negociantes é um direito conferido por lei que deverá, portanto, ser utilizado com muita parcimônia, a fim de se evitar abusos. Em razão da grande maioria dos contratos serem celebrados com cláusulas predispostas, o legislador tem que sempre estar atento em criar mecanismos de combate ao abuso do direito de fixação da cláusula penal, sob pena de redução sumária pelo magistrado.

Dessa forma, as partes poderão, com certos limites, pactuar expressamente a cláusula penal numa relação obrigacional. Ela não poderá, entretanto, ser utilizada de forma indiscriminada, ou seja, na releitura que deverá ser feita do instituto estudado, deve-se estabelecer uma nova teoria para ela que não colida com a constitucionalização do direito privado, bem como com a eficácia externa e horizontal dos direitos fundamentais. Isso é o que se pretende desenvolver daqui por diante.

2
A evolução histórica da cláusula penal

Sumário: 2.1 Do direito romano ao direito civil contemporâneo – 2.2 A cláusula penal no Brasil.

2.1 Do direito romano ao direito civil contemporâneo

Nas Institutas do Imperador Justiniano[1] já se verificava a possibilidade de se criar uma cláusula penal, pois o Livro 3.º, Título XV, § 7.º, estabelecia que, na estipulação de coisas e fatos, convém acrescentar uma pena, a fim de que a importância de interesse do estipulante não fique incerta e que este não se veja obrigado a provar qual seja ela.

Noticia José Carlos Moreira Alves[2] que a cláusula penal é uma das formas de reforço da obrigação. As formas existentes no direito romano eram a cláusula penal, as arras, a *constituto debiti proprii* e o *iusiurandum promissorium*. Quanto à cláusula penal ela se originou da *stipulatio poenae*, uma estipulação ou um simples pacto, depois de certa época, inserido em contratos ditos de *boa-fé*, já que os pactos que se apõem a tais contratos são tutelados pela ação que decorre do contrato principal.

Silvio Meira[3] lembrou que a *stipulatio poenae* era instituída se alguém se comprometesse a transferir para outrem a propriedade de um escravo e, se não o fizesse, deveria pagar a pena estabelecida: *Si Stichum non dederit spondesne mihi centum dare? Spondeo*. Era uma *sponsio* pela qual o devedor se comprometia a entregar o escravo *Sticho* ou pagar cem moedas.

---

1. Justinianus, Flavius Petrus Sabbatius. *Institutas do imperador Justiniano*. Trad. J. Cretella Jr. e Agnes Cretella, p. 189-190.
2. Alves, José Carlos Moreira. *Direito romano*, vol. 2, p. 55.
3. Meira, Silvio A. B. *Instituições de direito romano*, vol. 2, p. 419.

Rubens Limongi França[4] explicava que no direito romano este instituto recebia o nome de *stipulatio poenae, poenae stipulatio* ou *stipulationis poena*, mas para Coelho da Rocha[5] não poderia ser chamada de *poena conventionalis*.

Orozimbo Nonato[6] esclareceu que a cláusula penal também era denominada de *de-vedro*, em que se tornava sanção única e possível nas *nudas pactiones*.

O termo *poena conventionalis* foi utilizado por Thomas Marky[7] como sinônimo de multa contratual. Como a cláusula penal pode ser utilizada em outros negócios jurídicos, por exemplo, no testamento, para estimular o herdeiro a entregar o legado ao legatário, não seria prudente restringir sua abrangência ao contrato.[8]

Quanto às ações judiciais admitidas no direito romano para se executar a cláusula penal, afirma José Carlos Moreira Alves[9] que no caso de inadimplemento da obrigação principal, o credor pode intentar contra o devedor a ação decorrente do contrato principal, ou a resultante cláusula penal (*actio ex stipulatu*). No direito clássico, quando o contrato principal não era de *boa-fé*, o credor, conforme o convencionado com o devedor, ou tinha direito de intentar contra este as duas ações cumulativamente (recebendo, em consequência, o valor das perdas e danos pelo inadimplemento da obrigação principal e mais o valor da pena), ou tinha, apenas, de optar por uma das duas ações. Se, porém, o contrato principal fosse de *boa-fé*, não se admitia essa acumulação, devendo, pois, o credor escolher uma das ações. No direito justinianeu, surgiu a seguinte inovação: quando se tratava de cláusula penal aposta a contrato de *boa-fé*, admitia-se que o credor, depois de ter movido uma as duas ações de que dispunha, pudesse

---

4. França, Rubens Limongi. *Teoria e prática da cláusula penal*, p. 18.
5. Rocha, M. A. Coelho da. *Instituições de direito civil portuguez*. Apud França, Rubens Limongi. *Teoria e prática da cláusula penal* cit., p. 18.
6. Nonato, Orozimbo. *Curso de obrigações*, vol. 2, p. 310.
7. Marky, Thomas. *Curso elementar de direito romano*, p. 140.
8. Beviláqua, Clóvis. *Código Civil dos Estados Unidos do Brasil comentado*, vol. 2, p. 54.
9. Alves, José Carlos Moreira. *Direito romano* cit., p. 55.

intentar a outra ação para haver a diferença a mais que teria obtido se, ao invés da ação que escolhera, tivesse movido esta outra.

Rubens Limongi França[10] salientava que a cláusula penal no direito romano tinha tríplice finalidade: a) reforçar o vínculo de outra obrigação; b) estimular o cumprimento dessa obrigação, com a ameaça de uma pena; c) proporcionar ao credor a pré-avaliação das perdas e danos.

Verifica-se, dessa forma, que desde o direito romano a cláusula penal tinha natureza acessória (*stipulatio acessoria*), pela qual sua nulidade não invalidava a obrigação principal, mas a nulidade da obrigação principal a invalidava.

O referido autor cita que Savigny entendia não haver dúvida de que a cláusula penal não se confundia com a cláusula de arrependimento (*le sens de dédit*) à época do direito romano.

Ante o exposto, vê-se que a cláusula penal fazia parte do *ius civile romanorum*, por estar prevista no Digesto, nas Institutas de Gaio, na legislação justianeia, dentre outros.

Explicou Rubens Limongi França[11] que, no direito medieval, a cláusula penal era tratada com grande desenvolvimento nas Sete Partidas, em especial na 5.ª partida. Para o mencionado autor, o estudo da cláusula penal na Idade Média faria jus a um trabalho à parte, tal a sua importância e disseminação nessa quadra da História. Segundo Fliniaux, baseado em Glasson, a prática da cláusula penal da Idade Média, com o seu caráter cominatório, se generalizou a tal ponto, que se pode dizer que nenhum contrato (*aucun contract*), nenhum ato da vida civil (*aucun acte de la vie civile*), tais como empréstimos, testamentos, adoção, se formava sem que uma cláusula penal lhe garantisse a execução.[12] Assim, verifica-se, portanto, a importância da cláusula penal no direito medieval, como forma de auxiliar o cumprimento das obrigações.

---

10. França, Rubens Limongi. *Teoria e prática da cláusula penal* cit., p. 19.

11. Idem, p. 27.

12. Fliniaux. L'évolution du concept de clause pénale chez les Canonistes du Moyen Age. Mélanges Fournier. Paris, 1929. p. 236. Apud Gorla, Gino. *Il contratto – Problemi fondamentali trattati con il metodo comparativo e casistico*. Milano: Giuffrè, 1954. vol. 1, p. 241, n. 3.

Após a Revolução Francesa, em 21 de março de 1804, entra em vigor na França o Código Civil francês, conhecido como *Code Napoléon*, que trará referências à cláusula penal, tais como: seu conceito, questões relativas à nulidade, direito do credor de demandar a obrigação principal em lugar da pena, sua natureza jurídica de prefixar as perdas e danos, os efeitos da *commissio poenae*,[13] revisão judicial em caso de cumprimento parcial, responsabilidade pela cláusula penal dos coherdeiros do devedor de coisa indivisível e divisível.

Mais de cinquenta anos depois, em 14 de dezembro de 1855, é promulgado o Código Civil chileno, que, em 10 artigos (do 1.535 ao 1.544), regulamenta vários temas sobre a cláusula penal, todos eles muito assemelhados aos que são tratados pelo *Code Napoléon*.

Em 29 de setembro de 1869 foi promulgado o Código Civil argentino, redigido por Dalmacio Vélez Sarsfield, e que, segundo Rubens Limongi França,[14] é o mais rico em matéria de cláusula penal, já que encontra fundamento no Código Civil chileno, no *Code Napoléon*, da Sardenha, de Nápoles, da Holanda, nos textos do Digesto, nas Sete Partidas e no *Esboço* de Augusto Teixeira de Freitas.

Explicou Haroldo Valladão[15] que o *Esboço* de Teixeira de Freitas não influenciou somente a legislação civil argentina, mas também a uruguaia, a paraguaia (que adotou o Código Civil da Argentina) e a nicaraguense, motivo pelo qual o inesquecível jurista baiano foi reconhecido mundialmente como grande jurista, sendo chamado pelos uruguaios de "Savigny americano".

O Código Civil argentino trata do assunto em 15 artigos (652 a 666), dentre os quais 10 são extraídos *ipsis litteris* do *Esboço* de Teixeira de Freitas que trata do assunto nos arts. 990 a 1.003.

Explicou Rubens Limongi França[16] que na segunda versão oficial do Código Civil uruguaio, de autoria de Tristán Narvaja, datado de

---

13. Significa incidência da cláusula penal (tradução livre).

14. França, Rubens Limongi. *Teoria e prática da cláusula penal* cit., p. 38-39.

15. Valladão, Haroldo. Teixeira de Freitas, jurista excelso do Brasil, da América, do mundo. In: Freitas, Augusto Teixeira de. *Código Civil – Esboço*. Brasília: Ministério da Justiça / Fundação Universidade de Brasília, 1983. vol. 1, p. LII e LII.

16. França, Rubens Limongi. *Teoria e prática da cláusula penal* cit., p. 45.

1893, há referência à cláusula penal nos arts. 1.337 a 1.348, que retira inspiração do *Code Napoléon*, do Código de Nápoles, do Projeto Goyena, do Código do Chile e do Código argentino. Atualmente o Código Civil uruguaio trata da cláusula penal nos arts. 1.363 a 1.374.

Mas será que todas as codificações alienígenas se inspiraram no modelo francês no que tange à cláusula penal?

Para o referido autor, o Código Civil espanhol foi um dos que se distanciou do *Code Napoléon*. O Código da Espanha, elaborado por Garcia Goyena em 1852, que passou a vigorar em 1889, em substituição ao Código Visigótico e às Sete Partidas, trazia duas importantes diferenciações com relação ao *Code Napoléon*, que, curiosamente, foram incorporadas na legislação brasileira, quais sejam: a) a possibilidade de se propor ação indenizatória para se buscar suplementação da cláusula penal, se esta for insuficiente para ressarcir os prejuízos, desde que exista celebração expressa neste sentido; b) estabelecer como critério para reduzir a cláusula penal a equidade, e não a proporcionalidade (que dotava cláusula geral que será comentada mais adiante).[17]

José Roberto de Castro Neves[18] explica que o Código Civil francês admitia duas figuras distintas: a *clause de dommages-intérêts* (art. 152), que funciona como forma de pré-avaliar o dano, e a *clause pénale* (arts. 1.226 a 1.233), que, além de estipular os danos de antemão, serve como meio de pressão ao devedor.

O mencionado autor cita que o direito italiano se depara com a mesma situação: encontra-se a *clausola penale* e a *liquidazione convenzionale del danno*, não tendo esta última, também, o caráter de coação, já que se prestava a prefixar as eventuais perdas e danos, que deveriam ser provadas.

Já no sistema do *common law*, a cláusula penal se distancia da construção dos direitos continentais, como explica Antonio Joaquim de Matos Pinto Monteiro,[19] pois se admite que as partes estipulem

---

17. Idem, p. 49.

18. Neves, José Roberto de Castro. *O Código do Consumidor e as cláusulas penais*. 2. ed. Rio de Janeiro: Forense, 2006. p. 185.

19. Monteiro, Antonio Joaquim de Matos Pinto. *Cláusula penal e indemnização*. Coimbra: Almedina, 1990. p. 396.

uma *liquidated damages clause*, que é uma cláusula que possui índole indenizatória, já que objetiva pré-avaliar a indenização, mas se proíbe a convenção da *penalty clause*, que é uma cláusula de índole exclusivamente compulsória, por se entender que não cabe às partes criarem instrumentos que permitam ao credor aterrorizar o devedor no sentido de cumprir a obrigação.

2.2 A cláusula penal no Brasil

No Brasil, as leis que inicialmente vigeram vieram de Portugal. A primeira, datada de 1446, ficou conhecida como Ordenações Afonsinas, por ter sido promulgada durante o reinado de D. Afonso V. A doutrina das Ordenações Afonsinas sobre a cláusula penal foi recebida pelas Ordenações Manuelinas, que D. Manuel I promulgou em 1521. Entretanto, foram as Ordenações Filipinas que vigeram por mais tempo no nosso País: promulgadas em 1603, quando reinava Filipe II – substituindo as Ordenações Manuelinas –, vigoraram entre nós até 1.º de janeiro de 1917, quando entrou em vigor o Código Beviláqua.[20]

Nas Ordenações Filipinas, a cláusula penal é tratada especificamente no título 70 do quarto livro, "Das penas convencionaes, e judiciaes, e interesses, em que casos se podem levar", que cuida dos seus limites nas obrigações de dar e de fazer, além de dar tratamento específico à pena nos contratos de mútuo e de pagamento e coisa fungível, nos arrendamentos e locações e nos contratos ilícitos. [21]

Foram as Ordenações do Reino de Portugal que também inspiraram Augusto Teixeira de Freitas na *Consolidação das Leis Civis*. Em dois tímidos artigos[22] (391[23] e 392[24]), era retratada a permissão para se pactuar a cláusula penal, seu limite, a diferenciação com os juros, bem

---

20. Idem, p. 407, 411-412.

21. França, Rubens Limongi. *Teoria e prática da cláusula penal* cit., p. 71.

22. Freitas, Augusto Teixeira de. *Consolidação das leis civis*. Rio de Janeiro: Garnier, 1876. vol. 1, p. 274.

23. "Art. 391. As *penas convencionaes* são permittidas, mas não podem exceder o valor da obrigação principal; ou esta seja de dar, ou seja de fazer."

24. "Art. 392. Se o contracto fôr nullo, ou torpe, e reprovado, a *pena convencional* será tambem nulla."

como o reconhecimento de que se tratava de pacto acessório, uma vez que a nulidade da obrigação principal também a afetava.

No entanto, o então Ministro da Justiça, José Tomás Nabuco de Araújo, contratou Teixeira de Freitas para a elaboração de um Código Civil. Esperava-se que o Código trouxesse à baila, novamente, as Ordenações do Reino de Portugal, como fizera a *Consolidação das Leis Civis*, porém, sabiamente, não foi o que fez o futurista Teixeira de Freitas.

Sobre isso, apontou Silvio Meira[25] na biografia que escreveu sobre a vida e obra de Teixeira de Freitas que o prazo poderia ser suficiente para elaborar um projeto simples, com aproveitamento da Consolidação, de acordo com as necessidades da época. Os propósitos de Freitas, porém, mostravam-se mais ambiciosos.

Para o mencionado autor, em razão do *Esboço* de Teixeira de Freitas não ter sido aproveitado como Código Civil, Felício dos Santos, Coelho Rodrigues e Carlos de Carvalho tentaram dar suas contribuições ao projeto de Código Civil, mas elas não prosperaram. Vários foram os motivos, inclusive políticos, porém, não se nega que todos eles se distanciavam do *Esboço*, já que se pautavam nas arcaicas Ordenações portuguesas.

Em 25 de janeiro de 1899, o então Ministro da Justiça do governo de Campos Salles, Epitácio Pessoa, convidou o jovem jurista Clóvis Beviláqua para redigir o projeto de Código Civil.

Rubens Limongi França[26] explicou que, em razão das revisões que sofreu, o projeto de Beviláqua recebeu três denominações: *Projeto primitivo*, *Projeto revisto* e *Projeto final*. Houve modificações em todos os projetos no que tange à cláusula penal e a redação final sobre o tema foi a do *Projeto final*, com as correções propostas pelo senador Rui Barbosa.

No entanto, a cláusula penal foi inserida equivocadamente, segundo Mário Luiz Delgado,[27] no Código Civil de 1916, entre as

25. Meira, Silvio. *Teixeira de Freitas: o jurisconsulto do império – Vida e obra*. 2. ed. Brasília: Cegraf, 1983. p. 185.

26. França, Rubens Limongi. *Teoria e prática da cláusula penal* cit., p. 87.

27. Delgado, Mário Luiz et al. *Novo Código Civil comentado*. 5. ed. São Paulo: Método, 2006. p. 321.

modalidades de obrigações. Para resolver tal problema, o Código Civil de 2002 reposicionou o referido instituto no título que trata do inadimplemento das obrigações.

Explicou Caio Mário da Silva Pereira[28] que o Anteprojeto de Código de Obrigações de 1941 considerou a cláusula penal no seu aspecto de sucedâneo da liquidação de prejuízos, assim como o fizeram o projeto do Código de Obrigações, por aquele autor elaborado, e o Código Civil de 2002.

Correta a atitude deste doutrinador, à época convidado para elaborar o texto de lei, inspirado pelo posicionamento de Roger Sécretan,[29] já que uma das funções da cláusula penal é a de prever o inadimplemento.

No Código Civil de 1916, havia 12 artigos que normatizavam a cláusula penal, do 916 ao 927. Alguns foram retirados, o 922, 923 e o parágrafo único do 925; outros foram remodelados de acordo com as necessidades atuais, para se atender aos princípios constitucionais da dignidade da pessoa humana, da solidariedade social e da isonomia e aos direitos fundamentais.

---

28. Pereira, Caio Mário da Silva. *Instituições de direito civil – Teoria geral das obrigações*. 20. ed. Rio de Janeiro: Forense, 2004. vol. 2, p. 149.

29. Sécretan, Roger. *Étude sur la clause penal em droit suisse*. Lausanne: Faculté de Droit de L'Université de Lausanne, 1917. p. 33.

3
O conceito e a natureza jurídica da cláusula penal

SUMÁRIO: 3.1 O conceito de cláusula penal – 3.2 A natureza jurídica da cláusula penal.

3.1 O conceito de cláusula penal

Não há na lei brasileira, como existe na francesa (em razão do art. 1.226 do Código Civil francês),[1] um conceito de cláusula penal, motivo pelo qual, para resolver tal questão, é necessário recorrer à doutrina.

Lourenço Trigo de Loureiro[2] conceituou a cláusula penal como a pena civil imposta para a parte que se sujeitou a uma obrigação lícita, honesta e não reprovada pelo direito, mas que não a cumpriu.

Nessa linha, complementa Antonio Joaquim Ribas[3] que a cláusula penal, ou pena convencional, é a convenção acessória do contrato, pela qual as partes se obrigarão a certa prestação no caso de não execução, total ou parcial, da convenção principal.

Verifica-se, desde os tempos do Império, que a cláusula penal é fixada com o propósito de reforçar o cumprimento da obrigação principal, já que sujeita o devedor inadimplente ao pagamento de certa prestação com repercussão econômica, reforçando assim sua condição acessória.

---

1. "A cláusula penal é aquela pela qual uma pessoa, para assegurar a execução de uma convenção, se compromete a dar alguma coisa, em caso de inexecução" (tradução livre).
2. LOUREIRO, Lourenço Trigo de. *Instituições de direito civil brasileiro*, t. II, p. 224.
3. RIBAS, Antonio Joaquim. *Curso de direito civil brasileiro – Parte geral*. Rio de Janeiro: Garnier, 1880. t. II, p. 415-416.

Entendia existir acessoriedade na cláusula penal Eduardo Espínola,[4] que a conceituava como a estipulação de uma prestação acessória a que se obriga o devedor da prestação principal, que se efetuará no caso de inadimplemento desta.

J. M. Carvalho Santos[5] conceitua a cláusula penal como aquela em que se estipula uma prestação para o caso de inexecução completa da obrigação, de inexecução de alguma cláusula especial ou simplesmente de mora.

Já Clóvis Beviláqua[6] engloba em seu conceito todas essas características, além de ampliá-lo, ao informar ser possível a existência da cláusula penal em testamento, não a restringindo somente aos contratos. Para ele, a cláusula penal é um pacto acessório, em que se estipulam penas ou multas, contra aquele que deixa de cumprir o ato ou fato a que se obrigou, ou, apenas, o retardou. Ainda que ela seja mais comum nos contratos, de onde surge o nome de *pena convencional*, também é possível nos testamentos, para reforçar a obrigação do herdeiro de pagar o legado. Por essa razão, o seu lugar é na parte da teoria geral das obrigações, e não na parte da teoria geral dos contratos.

Por esse motivo é que Robert Joseph Pothier[7] foi cuidadoso ao conceituar a cláusula penal como aquela que nasce da cláusula ou de uma convenção, em virtude da qual, para garantir a execução de um primeiro compromisso, uma pessoa se obriga a alguma coisa sob forma de pena, para a eventualidade de inexecução deste compromisso.

Entretanto, a posição de Clóvis Beviláqua, de que a cláusula penal deveria ser normatizada na parte geral das obrigações, foi duramente criticada por Miguel Maria de Serpa Lopes,[8] que, mesmo reconhecendo

---

4. Espínola, Eduardo. *Garantia e extinção das obrigações*. Atual. Francisco José Galvão Bruno, p. 282.
5. Carvalho Santos, J. M. *Código Civil brasileiro interpretado – Direito das obrigações*,vol. 11, p. 300.
6. Beviláqua, Clóvis. *Código Civil dos Estados Unidos do Brasil comentado* cit., p. 54.
7. Pothier. Robert Joseph. *Tratado das obrigações*, 295.
8. Lopes, Miguel Maria de Serpa. *Curso de direito civil – Obrigações em geral*, vol. 2, p. 149-150.

que tal conduta também foi adotada pelo Código Civil francês, pelo BGB e pelo Código suíço de Obrigações, entendia que o melhor seria incluí-la na parte da inexecução das obrigações, já que seu objetivo seria de evitar o inadimplemento.

Dentre os doutrinadores modernos, podemos citar Álvaro Villaça Azevedo,[9] que apresenta mais uma importante contribuição ao conceito de cláusula penal, afirmando que se trata de cláusula fixada por escrito, nos limites da lei, de uma pena ou sanção, de natureza econômica, que pode consistir no pagamento de uma soma em dinheiro ou no cumprimento de qualquer outra obrigação, seja de dar um objeto (obrigação de dar) ou de realizar uma atividade (obrigação de fazer), desde que seja possível converter em dinheiro, em caso de descumprimento de uma obrigação assumida. Não menciona o referido autor, se é possível que a cláusula penal estabeleça uma obrigação de não fazer.

Os ensinamentos de Álvaro Villaça Azevedo têm origem no magistério de Robert Joseph Pothier,[10] que também explicava que a cláusula penal pode fixar uma obrigação de dar, fazer ou não fazer.

Augusto Teixeira de Freitas[11] tentou deixar isso claro no art. 991 do *Esboço* de Código Civil, ao estabelecer que a cláusula penal pode ter por objeto o pagamento de uma soma em dinheiro, ou outra prestação de dar ou fazer.

Por esse conceito podemos observar que a cláusula penal pode estabelecer uma obrigação de dar coisa, dar dinheiro ou de fazer algo.

Flávio Augusto Monteiro de Barros[12] explica que a cláusula penal também pode consistir na prestação de um serviço, embora o mais comum seja sua fixação em dinheiro. Quanto a isso podemos exemplificar com a cláusula penal que determina a confecção de mais um cômodo na casa, se a sua construção não for entregue na data combinada.

---

9. Azevedo, Álvaro Villaça. *Teoria geral das obrigações – Responsabilidade civil*, p. 256.
10. Pothier. Robert Joseph. *Tratado das obrigações* cit., p. 305 e 307.
11. Freitas, Augusto Teixeira de. *Código Civil – Esboço*, vol. 1, p. 238.
12. Barros, Flávio Augusto Monteiro de. *Manual de direito civil*, vol. 2, p. 184.

Washington de Barros Monteiro[13] afirmava que a cláusula penal também pode ser convencionada para estabelecer a perda de uma determinada vantagem, como uma benfeitoria ou melhoramento, o que acaba acrescendo mais um elemento ao seu conceito.

Carlos Roberto Gonçalves[14] entende que a perda de uma determinada vantagem pode ser a perda de um desconto, que era estipulado no negócio jurídico. Essa perda de um desconto, quando a obrigação é cumprida após o vencimento, é denominada *abono pontualidade*.

No entanto, o referido abono pontualidade, também denominado *sanção premial*, só é lícito se funcionar como cláusula penal, ao estabelecer como sanção única a perda do desconto. Mas será ilegal se cumulado com cláusula penal, pois se trataria de dupla sanção, em que o inadimplente, além de perder o desconto, está sujeito a uma outra multa. Aprofundaremos o tema no capítulo dedicado à cláusula penal e ao condomínio edilício.

Paulo Luiz Netto Lôbo[15] explica que a cláusula penal pode consistir em um bem móvel ou até mesmo imóvel.

Imaginemos um contrato de locação, que estabelece como cláusula penal a devolução do bem em caso de inadimplemento. Desta forma, podemos dizer que serão sinônimas de cláusula penal as expressões *multa convencional* e *pena convencional*, salientando que ela, sempre, deve ser fruto de convenção e nunca imposta por lei ou pelo juiz, como uma multa de trânsito ou a multa fixada pelo juiz para que a parte cumpra com determinada obrigação estipulada em decisão judicial, caso este que será estudado adiante.

Antunes Varela[16] nos explicou que a outra denominação sinonímica de cláusula penal, *pena convencional*, corresponde às expressões alemãs *Vertragsstrafe* ou *Konventionalstrafe*.

---

13. Monteiro, Washington de Barros. *Curso de direito civil – Direito das obrigações – 1.ª parte*, vol. 4, p. 200.
14. Gonçalves, Carlos Roberto. *Direito civil brasileiro – Teoria geral das obrigações*, vol. 2, p. 386.
15. Lôbo, Paulo Luiz Netto. *Teoria geral das obrigações*. São Paulo: Saraiva, 2005. p. 303.
16. Varela, João de Matos Antunes. *Das obrigações em geral*. 7. ed. Coimbra: Almedina, 1997. vol. 2, p. 140.

Entretanto, a cláusula penal não é qualquer multa existente no ordenamento, como a multa de trânsito, por ser esta fixada pela legislação e não pelas partes em um determinado negócio jurídico. Há necessidade de a cláusula penal ser fixada em negócio jurídico pelas partes, e não pela lei, pelo juiz ou pela Administração Pública.

Para Carlos Alberto Bittar,[17] a cláusula penal existente desde tempos antigos deveria ser inserida em contrato, testamento ou em outro negócio jurídico.

Em razão disso, ousamos discordar de Carlos Alberto Reis de Paula,[18] para quem as multas previstas no art. 467 da CLT, de 50% (cinquenta por cento) sobre as verbas rescisórias incontroversas não pagas pelo empregador na data do comparecimento à Justiça do Trabalho, e no § 8.º do art. 477, da CLT, devida se há atraso no pagamento das parcelas constantes do instrumento de rescisão ou recibo de quitação, possuem natureza de cláusula penal moratória.

Paulo Luiz Netto Lôbo[19] afirma que a cláusula penal tem caráter convencional e não pode ser imposta por lei.

Portanto, tanto a multa de trânsito quanto a que está prevista no art. 467 da CLT não podem ser cláusulas penais, primeiro por estarem estabelecidas em lei, e não em negócio jurídico, e segundo porque não poderão ser reduzidas pelo magistrado, como determina o art. 413 do CC/2002, pela necessidade de se aplicar tal percentual por vontade do legislador. Entendemos que a sanção imposta por lei é uma multa punitiva pela prática de certo ato nela proibido, ou pela inobservância de certo preceito, e que se assemelha à prevista no art. 475-J do CPC. Veremos mais adiante que o legislador, em várias leis, denomina-a como multa simples.

Assim sendo, o conceito mais completo de cláusula penal, pena convencional ou multa convencional, baseado em todos estes vistos an-

---

17. Bittar, Carlos Alberto. *Direito das obrigações*. 2. ed. Rio de Janeiro: Forense Universitária, 2004. p. 170.

18. Paula, Carlos Alberto Reis de. Do inadimplemento das obrigações. In: Franciulli Netto, Domingos; Mendes, Gilmar Ferreira; Martins Filho, Ives Gandra da Silva (coord.). *O novo Código Civil – Estudos em homenagem ao Prof. Miguel Reale*. São Paulo: LTr, 2003. p. 374.

19. Lôbo, Paulo Luiz Netto. *Teoria geral das obrigações* cit., p. 303.

teriormente, é de que se trata de uma convenção acessória inserida em negócio jurídico unilateral ou bilateral, em que o devedor da obrigação se compromete, para o caso de inexecução completa da obrigação, de inexecução de alguma cláusula especial, ou simplesmente de mora, a uma sanção de natureza econômica, que pode ser de dar, fazer ou não fazer, nos limites fixados em lei.

3.2 A natureza jurídica da cláusula penal

Explicava Rubens Limongi França,[20] que examinou a doutrina dos autores de várias épocas, que são quatro as posições firmadas na doutrina acerca da natureza jurídica da cláusula penal: a) *teoria do reforço*; b) *teoria da pré-avaliação*; c) *teoria da pena*; d) *teoria eclética*.

A *teoria do reforço*, seguida por autores de língua francesa (Pothier, Savatier, Laurent, Aubry e Rau), de língua alemã (Dernburg, Larenz, Hedemann e Enneccerus-Lehmann) e de língua espanhola (Diego Espín Canovas), descreve que a cláusula penal tem por objetivo reforçar, garantir o implemento da obrigação.

Já para a *teoria da pré-avaliação*, seguida pelos franceses Mourlon, Huc, Planiol, e pelos irmãos Mazeaud, pelo suíço Fritz Funk e pelo belga Henri De Page, o objetivo da cláusula penal é prefixar as perdas e os danos, avaliando-os antes de sua ocorrência.

Para a *teoria da pena*, seguida por Savigny, Windscheid, Trimarchi – que exerceu muita influência na Europa conquistando seguidores como Magazzù, na Itália, e Lobato, na Espanha –, Mosset Iturraspe, Trabucchi, Wendt e Sjoegren,[21] a cláusula penal funciona como sanção ao devedor pelo inadimplemento da obrigação.

Por fim, a *teoria eclética*, seguida pelos italianos Vittorio Polacco e Giorgio Giorgi, pelos franceses Saleilles e Demogue, pelos espanhois Borrell y Soler e Fausto Moreno, pelo russo Eliachevitch e pelo peruano José Leon Barandiran, reúne um duplo ponto de vista, o de meio de coação e uma estimação *a forfait* das perdas e danos, além de, no caso de

20. França, Rubens Limongi. *Teoria e prática da cláusula penal* cit., p. 142.

21. Diniz, Maria Helena. *Curso de direito civil brasileiro – Teoria geral das obrigações* cit., p. 406.

Demogue, uma projeção antecipada dos danos. Cumpre ressaltar, porém, que nem todos os doutrinadores adotavam uma teoria eclética, como os citados, mesclando as teorias do reforço e da pré-avaliação, como os italianos Ludovico Barassi e Francesco Messineo, que enveredavam o seu ecletismo pela mescla das teorias da pré-avaliação e da pena.

Neste diapasão, na doutrina brasileira, Fábio Maria de Mattia,[22] baseado na doutrina de Alberto Trabucchi, propõe a classificação da cláusula penal em pura e não pura. Seria pura a cláusula penal que tivesse função punitiva, de imposição de pena ao causador do descumprimento, bem como seria não pura se tivesse, além do caráter punitivo, o objetivo de indenizar os danos causados.

Nesse sentido, um bom exemplo é dado por Flávio Augusto Monteiro de Barros:[23] um clube pode convencionar com um atleta de futebol, no seu contrato de trabalho, uma multa para o caso do jogador não comparecer aos treinos.

Não podemos esquecer o exemplo de Clóvis Beviláqua, citado anteriormente, para quem a cláusula penal poderia ser fixada em testamento para compelir o herdeiro a entregar o bem deixado ao legatário. Trata-se de cláusula penal pura, já que não há prefixação de perdas e danos que o *de cujus* possa ter, mas tão somente estabelecer uma punição ao herdeiro que descumprir tal estipulação (*teoria da pena*), bem como garantir o cumprimento da obrigação (*teoria do reforço*).

Augusto Teixeira de Freitas[24] estabeleceu um indício desta classificação no art. 990 do *Esboço de Código Civil*, ao afirmar que é livre designar nos negócios jurídicos uma pena ou multa para o caso de inadimplemento.

Mas, afirmava Rubens Limongi França,[25] essa divisão não foi adotada no direito brasileiro, francês, alemão, espanhol e italiano, no qual surgiu tal teoria. Discorda-se, neste trabalho, do referido autor,

---

22. De Mattia, Fábio Maria. Cláusula penal pura e cláusula penal não pura. *RT* 383/35, São Paulo: Ed. RT, 1967.
23. Barros, Flávio Augusto Monteiro de. *Manual de direito civil* cit., p. 189.
24. Freitas, Augusto Teixeira de. *Código Civil – Esboço* cit., p. 238.
25. França, Rubens Limongi. *Teoria e prática da cláusula penal* cit., p. 134-135.

uma vez que, no exemplo citado por Flávio Augusto Monteiro de Barros, verifica-se que a cláusula penal não tem o condão de remunerar as perdas e danos.

Para José Fernando Simão,[26] um exemplo interessante de cláusula penal pura vem da literatura, especificamente do bardo inglês William Shakespeare, pois, em sua obra *O mercador de Veneza*, o comerciante Antonio toma emprestado de Shylock determinada soma em ducado (moeda veneziana da época), e, se esta não fosse paga até o vencimento, a multa seria o pagamento de uma libra de carne do próprio devedor, cabendo ao credor escolher de qual parte do corpo a quantia seria retirada. Como, evidentemente, o valor da carne não repararia os prejuízos de Shylock, a cláusula penal teria função exclusivamente punitiva.

A cláusula penal inserida em negócios jurídicos unilaterais, como o testamento e a promessa de recompensa, não possui o objetivo de pré-estimar as perdas e danos por ser estipulada unilateralmente, o que demonstra sua natureza punitiva, que a caracteriza como cláusula penal pura.

Outro caso de cláusula penal pura é aquela fixada em benefício de terceiro, na qual, se as partes a estipularem para o caso de inadimplemento, mas determinando que a mesma seja paga a uma instituição de caridade, verifica-se a existência somente do caráter punitivo.

Mais um exemplo de cláusula penal pura, que possui somente função punitiva, é a da multa prevista no § 2.º do art. 1.336 do CC/2002, que pode ser inserida na convenção de condomínio até o limite de cinco vezes o valor da contribuição mensal, caso o condômino não cumpra com os deveres de não realizar obra que comprometa a segurança da edificação e de não utilizar sua parte de modo que prejudique o sossego, a salubridade, a segurança dos possuidores, os bons costumes, nem tampouco dar a ela destinação diversa da que tem a edificação. Vê-se mais um exemplo de que a cláusula penal pode ser inserida em qualquer negócio jurídico, neste caso, a convenção de condomínio.

---

26. Filme adaptado de peça homônima de Shakespeare, William. *O mercador de Veneza*. Dir. Michael Radford, Sony Pictures, 2004 (exemplo enviado, gentilmente, via *e-mail*, por José Fernando Simão, em 15 jan. 2007).

Em razão disso Orlando Gomes[27] entendia que a cláusula penal pura não é cláusula penal, já que não tem por objetivo prefixar as perdas e danos, mas somente estabelecer uma punição pela infração de certos deveres contratuais, como no caso do exemplo anterior.

Não pode prevalecer tal entendimento, haja vista que a prefixação das perdas e danos é uma das funções da cláusula penal, assim como a de garantir o cumprimento da obrigação e a de estabelecer uma punição ao inadimplemento. As três não precisam estar presentes simultaneamente; a existência de apenas uma delas já é o suficiente para caracterizar a cláusula penal.

Para Karl Larenz,[28] a finalidade da cláusula penal é de, em primeiro lugar, estimular o devedor ao cumprimento do contrato, motivo pelo qual a prefixação das perdas e danos pode, ou não, ser uma finalidade da cláusula penal.

Entre nós, Orozimbo Nonato[29] era um dos que entendia que a cláusula penal tem caráter de simples reforço da obrigação, de pena pura e simples, sem representar pré-avaliação das perdas e danos.

Clóvis Beviláqua[30] afirmava que a pena convencional tem por fito principal reforçar a necessidade moral de cumprir a obrigação. Tese esta que também foi defendida por Caio Mário da Silva Pereira,[31] para quem a pré-liquidação do *id quod interest* aparece com finalidade subsidiária.

Alberto Trabucchi[32] explicava que, ainda quando entendida como liquidação prévia de prejuízos, a cláusula penal importa em reforço do vínculo, pois que o devedor, conhecendo o valor da sanção, será estimulado a cumprir o obrigado.

---

27. Gomes, Orlando. *Obrigações* cit., p. 189.
28. Larenz, Karl. *Derecho de obligaciones*. Trad. Jaime Santos Briz. Madrid: Revista de Derecho Privado, 1958. t. I, p. 369.
29. Nonato, Orozimbo. *Curso de obrigações* cit., p. 316.
30. Beviláqua, Clóvis. *Código Civil dos Estados Unidos do Brasil comentado* cit., p. 74.
31. Pereira, Caio Mário da Silva. *Instituições de direito civil – Teoria geral das obrigações* cit., p. 146.
32. Trabucchi, Alberto. *Istituizioni de direito civile*. 15. ed. Padova: Cedam, 1966. p. 266.

Na mesma esteira, Carlos Alberto Bittar[33] já afirmava que a cláusula penal objetiva primordialmente reforçar a obrigação assumida e, posteriormente, a prévia estimação das perdas e danos diante do inadimplemento.

Para Arnaldo Rizzardo[34] a cláusula penal tem natureza coercitiva, em que se objetiva, em primeiro lugar, buscar o cumprimento da obrigação e, depois, expressar a previsão da indenização.

Já Orlando Gomes[35] possuía entendimento diverso, pois para ele a cláusula penal tem função principal de liquidar as perdas e danos, já que o efeito intimidativo é acidental.

Silvio Rodrigues[36] pensava da mesma maneira, pois afirmou que a função mais importante da cláusula penal, que se prende à sua origem histórica, é a de servir como cálculo predeterminado das perdas e danos, em decorrência da primeira parte do art. 1.229 do Código Civil francês, que estabelece ser a cláusula penal a compensação das perdas e danos em razão do inadimplemento.

No entanto, existem doutrinadores que consideram a cláusula penal pura como sinônima de multa simples.

Não parece correto o exemplo dado por Luiz Antonio Scavone Jr.,[37] Silvio de Salvo Venosa[38] e Carlos Roberto Gonçalves.[39] Ao compararem a cláusula penal pura com a multa simples, citam como exemplo a multa de trânsito. A multa simples não é cláusula penal, uma vez que, pelo exemplo citado pelos referidos autores, ela será fixada unilateralmente,

---

33. Bittar, Carlos Alberto. *Direito das obrigações* cit., p. 170.
34. Rizzardo, Arnaldo. *Direito das obrigações* cit., p. 538.
35. Gomes, Orlando. *Obrigações* cit., p. 189.
36. Rodrigues, Silvio. *Direito civil – Parte geral das obrigações*. 30. ed. São Paulo: Saraiva, 2002. vol. 2, p. 264.
37. Scavone Jr., Luiz Antonio. *Obrigações – Abordagem didática*. 4. ed. São Paulo: Juarez de Oliveira, 2006. p. 212.
38. Venosa, Silvio de Salvo. *Direito civil – Teoria geral das obrigações e teoria geral dos contratos*. 5. ed. São Paulo: Atlas, 2005. vol. 2, p. 378.
39. Gonçalves, Carlos Roberto. *Direito civil brasileiro – Teoria geral das obrigações* cit., p. 390.

pela lei, pelo juiz de direito ou por órgão da Administração Pública, e não pelas partes em negócio jurídico, como é necessário.

Verifica-se, dessa forma, que a multa simples não é cláusula penal, mas se pode questionar se ela é sinônima de cláusula penal pura.

Orlando Gomes[40] e Flávio Augusto Monteiro de Barros[41] entendem que a cláusula penal pura é sinônimo de multa simples. O complicador para se admitir isto como verdade é que inúmeras leis chamam de multa simples sanções punitivas estabelecidas pelo próprio legislador.

O Dec. 24.602, de 06.07.1934, que dispõe sobre a instalação e fiscalização de fábricas e comércio de armas municções, explosivos, produtos quimicos agressivos e matérias correlatas, estabelece, no seu art. 12, com a alteração promovida pela Lei 10.834 de 29.12.2003 em seu art. 6.º, que a incidência de multa simples verificar-se-á quando ocorrerem violações ao Regulamento para Fiscalização de Produtos Controlados ou às suas normas complementares.

O art. 3.º do Dec. 6.514, de 22.07.2008, que dispõe sobre a especificação das sanções aplicáveis às condutas e atividades lesivas ao meio ambiente, estabelece que a violação das regras administrativas ambientais é punida com multa simples descrita no citado decreto.

Por este motivo, entende-se que, no Brasil, não se pode afirmar que a multa simples é sinônima de cláusula penal pura, uma vez que a primeira vem sendo utilizada como a multa fixada por lei e não pelas partes de um determinado negócio, como a segunda. A cláusula penal pura deve ser entendida, também, como sinônimo de multa convencional ou pena convencional.

Dessa forma, não prevaleceu o pensamento como o de Arnaldo Rizzardo,[42] para quem existe cláusula penal convencional e legal, pois a única forma de se ter uma cláusula penal é convencionalmente e num dado negócio jurídico.

No que tange à natureza jurídica da cláusula penal, parece-nos que tem guarida no ordenamento jurídico brasileiro a *teoria eclética*.

---

40. Gomes, Orlando. *Obrigações* cit., p. 193.
41. Barros, Flávio Augusto Monteiro de. *Manual de direito civil* cit., p. 189.
42. Rizzardo, Arnaldo. *Direito das obrigações* cit., p. 559.

No Brasil, há uma tendência doutrinária por essa teoria desde a época dos doutrinadores clássicos, como Clóvis Beviláqua,[43] J. M. Carvalho Santos,[44] Lacerda de Almeida,[45] Coelho da Rocha,[46] Pontes de Miranda[47] e Tito Fulgêncio.[48]

O Código Civil de 1916 já adotava o critério de prefixação das perdas e danos, como explicava Miguel Maria de Serpa Lopes,[49] que fora repetido pelo Código Civil de 2002.

Fábio Ulhoa Coelho[50] discorre sobre a teoria, da qual não vimos outro doutrinador concordar com seu entendimento, de que nas obrigações pecuniárias a multa convencional não tem a função de prefixar o valor das perdas e danos para a hipótese de inadimplemento, como ocorre no caso das não pecuniárias, em decorrência da previsão do art. 404 do CC/2002. Isso porque a indenização no inadimplemento das obrigações de pagamento em dinheiro é devida sem prejuízo da pena convencional.

Não é este o objetivo do referido artigo, mas, sim, o de garantir que o credor possa receber, em caso de inadimplemento, não só a cláusula penal, mas também juros, custas, honorários advocatícios e atualização monetária.

---

43. Beviláqua, Clóvis. *Código Civil dos Estados Unidos do Brasil comentado* cit., p. 54.
44. Carvalho Santos, J. M. *Código Civil brasileiro interpretado – Direito das obrigações* cit., p. 300.
45. Almeida, Francisco de Paula Lacerda de. *Obrigações*. 2. ed. Rio de Janeiro: Typographia Revista dos Tribunaes, 1916. p. 184.
46. Rocha, M. A. Coelho da. *Instituições de direito civil portuguez* cit., p. 739.
47. Pontes de Miranda, Francisco Cavalcanti. *Tratado de direito privado*. 2. ed. Rio de Janeiro: Borsoi, 1959. vol. 26, p. 59.
48. Fulgêncio, Tito. *Das modalidades das obrigações*. 2. ed. Rio de Janeiro: Forense, 1958. p. 395-396.
49. Lopes, Miguel Maria de Serpa. *Curso de direito civil – Obrigações em geral* cit., vol. 2, p. 152.
50. Coelho, Fábio Ulhoa. *Curso de direito civil*. São Paulo: Saraiva, 2004. vol. 2, p. 189.

Dos doutrinadores contemporâneos são adeptos da *teoria eclética*, no direito brasileiro, Maria Helena Diniz,[51] Silvio Rodrigues,[52] Arnoldo Wald,[53] Washington de Barros Monteiro,[54] Caio Mário da Silva Pereira[55] e Rubens Limongi França.[56]

Rubens Limongi França, ao explicar sua adesão à *teoria eclética*, apresentou uma classificação muito acertada. Ele deixa de lado o modelo ambivalente (reforço e pré-avaliação) da referida teoria, para adotar um modelo de natureza tríplice, que englobaria as três feições: reforço, pré-avaliação e pena.

O objetivo da cláusula penal é, antes de mais nada, criar uma forma de facilitar o recebimento das perdas e danos, que decorrem do inadimplemento, sem a necessidade de propositura de ação indenizatória.

Isso pode ser verificado no Código Civil francês,[57] que reforça tal tese afirmando que um dos objetivos da cláusula penal é a de garantir o cumprimento da obrigação.

Como se sabe, as perdas e danos decorrentes da responsabilidade civil, seja contratual ou extracontratual, devem ser apuradas por meio de ação indenizatória, que deverá ser proposta num prazo prescricional de três anos, conforme estabelece o art. 206, § 3.º, V, do CC/2002, salvo no caso da existência de relação de consumo, em que o prazo será de cinco anos, conforme estabelece o art. 27 do CDC.

---

51. Diniz, Maria Helena. *Curso de direito civil brasileiro – Teoria geral das obrigações* cit., p. 406.
52. Rodrigues, Silvio. *Direito civil – Parte geral das obrigações* cit., vol. 2, p. 263.
53. Wald, Arnoldo. *Curso de direito civil brasileiro* – Obrigações e contratos. 16. ed. São Paulo: Saraiva, 2004. p. 160-161.
54. Monteiro, Washington de Barros. *Curso de direito civil – Direito das obrigações* cit., p. 200-201.
55. Pereira, Caio Mário da Silva. *Instituições de direito civil – Teoria geral das obrigações* cit., p. 145-146.
56. França, Rubens Limongi. *Teoria e prática da cláusula penal* cit., p. 142.
57. "Article 1.226: La clause pénale est celle par laquelle une personne, pour assurer l'exécution d'une convention, s'engage à quelque chose en cas d'inexécution."

Mas ocorre que, infelizmente, o trâmite das ações judiciais atualmente é muito moroso, o que reveste de importância as formas criadas pela autonomia privada, de as partes solucionarem seus conflitos sem a necessidade de se propor uma demanda judicial, já estipulando, previamente, as perdas e danos sob o rótulo de cláusula penal, nos ditames legais, para que as partes já tenham uma noção de qual será a consequência em caso de inadimplemento.

Dessa forma, verifica-se ser a cláusula penal, compensatória ou moratória, uma forma de aplicação da responsabilidade civil contratual, já que um dos seus objetivos é de prefixar as perdas e danos antes da ocorrência do inadimplemento, para que sirva como indenização pelos prejuízos sofridos.

Discorda de tal posicionamento Arnaldo Rizzardo,[58] para quem a cláusula penal moratória busca, unicamente, punir a mora.

Mas o referido autor afirma, na mesma obra, que toda mora sempre traz prejuízo, seja pelo não recebimento da prestação no tempo devido, seja pelos transtornos que na vida prática acarreta o atraso. O simples fato de ficar à mercê do devedor, a expectativa de aguardar o cumprimento, as providências levadas a efeito, o tempo gasto para acelerar o recebimento e outros incômodos constituem, induvidosamente, ingredientes dos danos tanto de ordem material como moral.[59]

Entende-se que a mora gera prejuízos ao credor. Dessa forma, para se evitar o desgaste de propositura de ação judicial para se apurar as perdas e danos, as partes convencionam a cláusula penal para remunerar estes prejuízos, o que demonstra que a cláusula penal moratória também tem função de prefixar as perdas e danos.

Cristiano Chaves de Farias e Nelson Rosenvald[60] também têm essa postura, ao afirmarem que a multa contratual funciona como um sucedâneo das perdas e danos decorrentes do período em que a prestação ficou em atraso.

---

58. Rizzardo, Arnaldo. *Direito das obrigações* cit., p. 547.
59. Idem, p. 563.
60. Farias, Cristiano Chaves de; Rosenvald, Nelson. *Direito das obrigações*. Rio de Janeiro: Lumen Juris, 2006. p. 424.

Obviamente que os prejuízos, quando a obrigação não é cumprida no prazo (inadimplemento relativo), são menores que os prejuízos de quando a obrigação não é cumprida (inadimplemento absoluto), mas mesmo assim eles ocorrem.

Silvio Rodrigues[61] já afirmava que a cláusula penal moratória tem como um de seus objetivos o de indenizar e desencorajar o retardamento culposo no cumprimento da obrigação.

Entretanto, pode ser que os prejuízos decorrentes da mora sejam superiores ao do que está convencionado como cláusula penal, motivo pelo qual as partes podem estipular a possibilidade de se pleitear indenização suplementar, conforme permite o parágrafo único do art. 416 do CC/2002.

Além de prefixação das perdas e danos, podemos destacar que a cláusula penal terá por objetivo reforçar o cumprimento da obrigação estimulando o seu adimplemento, já que o devedor irá se sentir compelido a cumprir com a obrigação, sob pena de sofrer um desfalque patrimonial pelo descumprimento.

Aliás, atualmente se discute o aspecto psicológico que possuía a cláusula penal referente ao atraso do pagamento das despesas condominiais, na época da Lei 4.591/1964, que permitia sua fixação em 20% (vinte por cento) no art. 12, § 3.º. Como o percentual máximo foi reduzido, pelo art. 1.336, § 1.º, do CC/2002, ao patamar de 2% (dois por cento), muitos síndicos de prédios reclamaram que o condômino, em caso de dificuldade financeira, antigamente, dava preferência ao pagamento da cota condominial, o que não irá ocorrer nos dias de hoje. Neste trabalho, o problema será apresentado detalhadamente mais adiante.

Além disso, pode-se dizer que a cláusula penal possui também o objetivo de estabelecer uma pena, uma sanção, ao inadimplente de uma obrigação.

Dessa forma, entende-se que a cláusula penal possui tríplice função, de reforço, de prefixação *a forfait* das perdas e danos e de pena.

---

61. Rodrigues, Silvio. *Direito civil – Parte geral das obrigações* cit., vol. 2, p. 270.

As perdas e danos a que nos referimos são as descritas no art. 402 do CC/2002 como os danos materiais, que podem ser danos emergentes e lucros cessantes. Isso já nos mostra que outros tipos de danos, como o moral, não estão incluídos na cláusula penal.

Como o art. 389 do CC/2002 estabelece que, em caso de inadimplemento, o credor terá direito a receber as perdas e danos, correção monetária, juros e honorários advocatícios, verifica-se, portanto, que são essas as quatro sanções pelo inadimplemento.

Dessa forma, como a cláusula penal tem por finalidade antecipar as perdas e danos, entendemos que nela não estão incluídos os outros consectários legais, ou seja, a correção monetária, os juros e os honorários advocatícios, em decorrência da previsão do art. 404 do CC/2002. Isso porque a indenização no inadimplemento das obrigações de pagamento em dinheiro é devida sem prejuízo da pena convencional, principalmente porque a multa convencional é devida independentemente da atuação de advogado ou de ação judicial, que, se necessário, exigirá o pagamento de tais despesas.

Cristiano Chaves de Farias e Nelson Rosenvald[62] entendem que a cláusula penal é cumulável com os juros moratórios, haja vista a permissão contida no art. 404 do CC/2002, pois a cláusula penal consiste em indenização pelo atraso e os juros moratórios, em sanção pelo descumprimento da obrigação.

Embora não descritas no art. 389, mas, sim, no art. 404 do CC/2002, entende-se que as custas também não estão incluídas na cláusula penal.

Discorda do nosso entendimento Fábio Ulhoa Coelho,[63] para quem na cláusula penal se estabelece o valor da indenização, da correção monetária, dos juros e dos honorários advocatícios, em razão do inadimplemento. Assim, ocorrendo o inadimplemento, o credor poderá exigir a cláusula penal, cumulada com correção monetária, se a prestação principal for pecuniária, juros e honorários advocatícios,

---

62. Farias, Cristiano Chaves de; Rosenvald, Nelson. *Direito das obrigações* cit., p. 424.
63. Coelho, Fábio Ulhoa. *Curso de direito civil* cit., p. 188.

se houver necessidade de intervenção de um advogado para receber o crédito, extra ou judicialmente.

Dessa forma, percebe-se que a cláusula penal pode ter somente função punitiva, indenizatória das perdas e danos, de reforço da obrigação ou todas elas concomitantemente. Quando o seu objetivo for prefixar as perdas e danos, entende-se que compreende os danos emergentes e o lucro cessante, e não o dano moral, o qual poderá ser pleiteado em ação autônoma.

Como o art. 389 do CC/2002 estabelece como sanção do inadimplemento a atualização monetária, os juros, os honorários advocatícios e as perdas e danos, entende-se que estes últimos estão inclusos na cláusula penal, podendo os outros consectários legais ser pleiteados judicialmente.

4
As espécies e os limites da cláusula penal

Sumário: 4.1 As espécies de cláusula penal – 4.2 Os limites de fixação da cláusula penal.

4.1 As espécies de cláusula penal

Hodiernamente, a doutrina brasileira classifica a cláusula penal em compensatória e moratória.

Arnoldo Wald[1] afirma que a cláusula penal é moratória quando se aplica em virtude de mora do devedor e sem prejuízo da exigência da prestação principal. Ela será compensatória quando for aplicada no caso de infração contratual, podendo substituir-se às perdas e danos, ou acrescer-se a elas, como complemento pela infração contratual.

Igual pensamento possuía Caio Mário da Silva Pereira,[2] para quem a cláusula penal compensatória é estipulada para o caso de o devedor descumprir a totalidade da obrigação e a cláusula penal moratória para o caso de inexecução no prazo dado.

Já Silvio Rodrigues,[3] seguindo o mesmo critério para classificá-la, definiu a cláusula penal compensatória como aquela ligada à hipótese de inexecução completa da obrigação, e a moratória ligada às hipóteses de descumprimento de alguma cláusula especial ou simplesmente da mora.

Cumpre notar que Silvio Rodrigues desmembrou o termo *infração contratual* em duas possibilidades: a inexecução completa da obrigação

---

1. Wald, Arnoldo. *Curso de direito civil brasileiro – Obrigações e contratos* cit., p. 162.
2. Pereira, Caio Mário da Silva. *Instituições de direito civil – Teoria geral das obrigações* cit., p. 151.
3. Rodrigues, Silvio. *Direito civil – Parte geral das obrigações* cit., vol. 2, p. 269.

e o descumprimento de alguma cláusula especial, que, para ele, devia ser incluída no conceito de cláusula penal moratória.

Na doutrina moderna, pensam da mesma forma J. M. Leoni Lopes de Oliveira,[4] Paulo Nader,[5] Carlos Roberto Gonçalves,[6] Pablo Stolze Gagliano e Rodolfo Pamplona Filho.[7]

Washington de Barros Monteiro[8] tinha a mesma visão que Silvio Rodrigues, porém, incluindo o descumprimento de alguma cláusula especial no conceito de cláusula penal compensatória. Para ele, a cláusula penal compensatória refere-se à inexecução completa da obrigação ou de alguma cláusula especial, e a moratória refere-se, simplesmente, à mora. O mencionado pensamento é compartilhado por Maria Helena Diniz[9] e Silvio de Salvo Venosa.[10]

Como se pode observar, não há consenso na doutrina sobre essa classificação da cláusula penal em compensatória ou moratória.

A justificativa doutrinária de quem afirma que a cláusula penal fixada para o caso da inexecução de alguma cláusula especial é moratória se dá em razão de previsão específica do art. 411 do CC/2002. Este artigo estabelece que, quando se estipular a cláusula penal para o caso de mora, ou em segurança especial de outra cláusula determinada, terá o credor o arbítrio de exigir a satisfação da pena cominada, juntamente com o desempenho da obrigação principal.

---

4. Oliveira, J. M. Leoni Lopes de. *Novo Código Civil anotado – Direito das obrigações*. 2. ed., vol. 2, p. 278.
5. Nader, Paulo. *Curso de direito civil – Obrigações*, vol. 2, p. 570.
6. Gonçalves, Carlos Roberto. *Direito civil brasileiro – Teoria geral das obrigações* cit., vol. 2, p. 387.
7. Gagliano, Pablo Stolze; Pamplona Filho, Rodolfo. *Novo curso de direito civil – Obrigações*. 7. ed., vol. 2, p. 320.
8. Monteiro, Washington de Barros. *Curso de direito civil – Direito das obrigações* cit., p. 204.
9. Diniz, Maria Helena. *Curso de direito civil brasileiro – Teoria geral das obrigações* cit., p. 411.
10. Venosa, Silvio de Salvo. *Direito civil – Teoria geral das obrigações e teoria geral dos contratos* cit., p. 368.

O referido artigo possui correspondência no direito estrangeiro nos arts. 1.229 do Código Civil francês, 1.383 do Código Civil italiano, 659 do Código Civil argentino, 1.537 do Código Civil chileno, 1.366 e 1.367 do Código Civil uruguaio, 1.153 do Código Civil espanhol, 811 do Código Civil português, § 160 do Código suíço das Obrigações e § 341 do Código Civil alemão.

O citado dispositivo possui redação idêntica ao art. 919 do CC/1916. Nesse sentido já opinava Miguel Maria de Serpa Lopes,[11] que não via problema de a cláusula penal fixada para o caso de inexecução de alguma cláusula especial ser cumulada com a obrigação principal, o que a faz ser classificada como moratória.

Carlos Roberto Gonçalves[12] afirma que pode pairar dúvida se a cláusula penal é compensatória ou moratória quando o contrato não a conceitua expressamente, o que facilita a ocorrência de confusões quanto à sua denominação.

Darcy Bessone[13] afirmava que a natureza compensatória e moratória da cláusula penal não apresenta significação decisiva no tocante ao tema, pois sua distinção não era muito fácil de ser feita, devendo o interprete apurar qual é a intenção das partes.

Carlos Alberto Bittar[14] apontou que, devido à dificuldade de se detectar a espécie da cláusula penal, deve-se buscar a real intenção das partes, o tipo de prestação, sua expressão, para se alcançar o seu real significado.

Entende-se que a cláusula penal fixada para o caso do descumprimento de uma cláusula especial pode ser ora compensatória, ora moratória, dependendo do seu conteúdo, não podendo ser enquadrada de antemão em uma ou outra modalidade, já que deve ser analisado o caso concreto.

---

11. Lopes, Miguel Maria de Serpa. *Curso de direito civil – Obrigações em geral* cit., vol. 2, p. 161.
12. Gonçalves, Carlos Roberto. *Direito civil brasileiro – Teoria geral das obrigações* cit., p. 388.
13. Bessone, Darcy. *Do contrato – Teoria geral*. 3. ed., p. 244 e 326.
14. Bittar, Carlos Alberto. *Direito das obrigações* cit., p. 173.

Possui o mesmo posicionamento Jorge Cesa Ferreira da Silva,[15] para quem no que se refere à cláusula penal para garantir cláusula especial, tal classificação dependerá da análise do negócio jurídico concreto.

Pode a cláusula penal, fixada para o caso de descumprimento de uma cláusula especial, ser moratória, quando não substituir a obrigação principal, hipótese em que será exigida com ela.

Exemplifica-se, hipoteticamente, com a pessoa que compra um imóvel por meio de uma promessa de compra e venda, em que se estabelece sua entrega quando da quitação da promessa, bem como a outorga de escritura definitiva em cinco dias, sob pena de pagar uma cláusula penal de R$ 1.000,00 (mil reais). Se a chave do imóvel for entregue na data aprazada, dando cumprimento à obrigação principal do contrato, mas a escritura não for outorgada na data estipulada, fará jus o adquirente à multa de R$ 1.000,00 (mil reais), que não substituirá a obrigação principal, já que a multa será devida e a obrigação de outorgar escritura deverá ser cumprida, demonstrando que a cláusula penal possui natureza moratória, uma vez que a obrigação ainda pode ser cumprida, pois interessa ao devedor.

Pode, também, a cláusula penal fixada para o caso de descumprimento de uma cláusula especial ser compensatória, quando substituir a obrigação principal, em razão desta não poder ser cumprida, por se tornar inútil ao credor.

Para comprovar isso é necessário imaginar um contrato de compra e venda de grama sintética, que foi vendida para uma empresa sediada na Alemanha. Esta empresa instalaria a grama no estádio de futebol em que seria realizada a partida de abertura da Copa do Mundo de Futebol de 2006, o que descaracterizaria a relação de consumo neste contrato, já que o comprador não seria destinatário final fático do produto. Na celebração do contrato, as partes combinaram que a entrega da grama seria feita no porto, momentos antes da partida do navio para a Alemanha, sob pena de pagamento de uma determinada cláusula penal.

---

15. SILVA, Jorge Cesa Ferreira da. *Inadimplemento das obrigações*, p. 255.

Se se considerar que a mercadoria somente poderia ser transportada por navio e o vendedor a entrega, na data aprazada, na sede da empresa, que fica em outra cidade que não a portuária, isso irá, certamente, impedir que o bem seja embarcado ao seu destino.

Supondo que não exista outro navio que tenha saída posterior e que a grama não chegue à Alemanha a tempo de ser utilizada na referida partida, estaríamos diante de um inadimplemento absoluto, já que a mercadoria, entregue fora do local combinado, tornaria sua aquisição inútil ao credor, pois a empresa para quem ela foi revendida, não teria interesse em recebê-la após a Copa do Mundo. Dessa forma, a cláusula penal, neste caso, estaria ligada ao inadimplemento absoluto da obrigação e o seu valor substituiria a obrigação principal, o que demonstra sua natureza compensatória.

Por este motivo é que se entende que a cláusula penal, estipulada para garantir o cumprimento de uma cláusula contratual, não será definitivamente compensatória ou moratória, mas, sim, ser ora uma, ora outra, dependendo do caso.

Pensava dessa maneira Silvio Rodrigues,[16] para quem, excepcionalmente, pode se configurar como compensatória a multa que procura garantir o cumprimento de uma cláusula contratual, pois esta pode possuir dispositivo de tal relevância que seu descumprimento frustrou a expectativa do credor ou diminuiu as possibilidades que o contrato lhe oferecia.

Ademais, com a inserção do princípio da boa-fé objetiva pelo art. 422 do CC/2002 na teoria geral dos contratos, questiona-se se não haveria a possibilidade de se estipular uma cláusula penal para o caso de descumprimento de algum dos deveres anexos que estabelece o referido princípio.

Entende-se que afirmativa será a resposta e que a cláusula penal, que tem por objetivo a garantia dos deveres anexos à boa-fé objetiva, que são implícitos a qualquer contrato, não poderia, de forma definitiva, ser classificada como compensatória ou moratória, já que o descum-

---

16. RODRIGUES, Silvio. *Direito civil – Parte geral das obrigações* cit., vol. 2, p. 270.

primento dos deveres anexos pode, ou não, gerar um inadimplemento total da obrigação ou a mora.

Compartilham do mesmo pensamento Jorge Cesa Ferreira da Silva[17] e Nelson Rosenvald,[18] para quem as partes podem estipular uma cláusula penal para se evitar o descumprimento de um dever de conduta (lateral, anexo) relativo aos cuidados com a pessoa ou com os bens da outra parte, para desestimular a violação à boa-fé objetiva.

Na verdade, poderia ser dado um nome diferente à cláusula penal fixada para o caso da inexecução de alguma cláusula especial, que não moratória ou compensatória.

Para solucionar este problema é que Rubens Limongi França[19] fez minucioso estudo acerca do tema, propondo uma vasta classificação da cláusula penal em oito critérios, cada qual comportando inúmeras subdivisões: a) da juridicidade; b) da esfera do direito a que pertence; c) do diploma onde se consagra; d) da propriedade; e) da origem; f) do instrumento; g) da extensão; h) da função.

Para ele, o critério da extensão comportaria uma subdivisão em ampla e específica. Ampla, quando objetivar garantir o credor quanto ao total inadimplemento da obrigação. Específica, quando visar garantir aspectos particulares da obrigação, ou das consequências do inadimplemento. Se fosse cláusula penal específica, poderia ser fixada: a) para o caso de mora; b) para a segurança de outra cláusula; c) para certas consequências da inexecução.

Como o referido critério não foi adotado pela doutrina e jurisprudência brasileiras por ser muito minucioso, entende-se ser adequado não classificar a cláusula penal fixada com o objetivo de garantir o cumprimento de uma cláusula determinada, em nenhuma das modalidades existentes (compensatória ou moratória), sem analisá-la de acordo com o caso concreto.

---

17. Silva, Jorge Cesa Ferreira da. *Inadimplemento das obrigações* cit., p. 234.
18. Rosenvald, Nelson. *Direito das obrigações*, p. 306.
19. França, Rubens Limongi. *Teoria e prática da cláusula penal* cit., p. 123-138.

Por este motivo, é correto o pensamento de Jorge Cesa Ferreira da Silva,[20] para quem a cláusula penal deve ser diferenciada pela sua consequência jurídica, sendo *compensatória*, a cláusula penal que substitui a obrigação principal (art. 410 do CC/2002), pois é satisfativa, e *moratória*, a cláusula penal que pode ser exigida conjuntamente com a obrigação principal (art. 411 do CC/2002), que é cumulativa.

No entanto, ao se pensar numa próxima mudança legislativa, vale a pena tentar enquadrar as diversas possibilidades de cláusulas penais de forma a se dirimir tais dúvidas.

Tem grande importância a distinção entre cláusula penal compensatória e moratória, uma vez que seus efeitos são distintos.

A cláusula penal compensatória possui como característica a substitutividade, em que o credor, em razão do inadimplemento total da obrigação, poderá exigir a cláusula penal no lugar da obrigação principal. Neste caso, o pagamento da cláusula penal substitui o cumprimento da obrigação ajustada.

Roberto Senise Lisboa[21] explica que, pela substitutividade, a utilização da cláusula penal pelo credor a título de compensação pela obrigação inadimplida viabiliza a antecipação do dano (liquidação *a forfait*). Em contrapartida, ele ficará impedido de exigir do devedor o cumprimento da obrigação principal.

Aliás, já foi firmada posição neste sentido, no capítulo que trata da natureza jurídica da cláusula penal, reconhecendo que ela possui, também, função indenizatória, ao antecipar as perdas e danos.

Estabelece o art. 410 do CC/2002[22] que, em caso de inadimplemento total da obrigação, poderá este, a seu critério, escolher se executa a cláusula penal ou busca perdas e danos por meio de ação indenizatória.

---

20. Silva, Jorge Cesa Ferreira da. *Inadimplemento das obrigações* cit., p. 255.

21. Lisboa, Roberto Senise. *Manual de direito civil – Obrigações e responsabilidade civil*, vol. 2, p. 397.

22. "Art. 410. Quando se estipular a cláusula penal para o caso de total inadimplemento da obrigação, esta converter-se-á em alternativa a benefício do credor."

O referido artigo possui correspondência no direito estrangeiro nos arts. 1.228 e 1.229 do Código Civil francês, 1.383 do Código Civil italiano, 659 do Código Civil argentino, 1.367 do Código Civil uruguaio, § 160 do Código suíço das Obrigações e § 340 do Código Civil alemão.

O grande problema da nomenclatura é saber se inadimplemento total é sinônimo de inadimplemento absoluto. A resposta é negativa. O inadimplemento total é gênero do qual o inadimplemento absoluto e relativo são espécies.

Imaginemos um contrato de prestação de serviço, o qual este não é prestado no prazo acordado. Neste caso, teremos um inadimplemento total, pois se refere à obrigação, independentemente de o credor se manifestar acerca da utilidade ou não do serviço que deveria ter sido prestado.

Entende-se que cabe ao credor identificar, pois se trata de direito potestativo, se o inadimplemento total se concretiza em absoluto ou relativo.

Não se pode afirmar que, no caso de inadimplemento total da obrigação, a pena convencional se converta em obrigação alternativa ao credor. Isso se dá em razão de a obrigação alternativa permitir que o devedor escolha qual prestação será cumprida, o que não ocorre neste caso, pois a escolha caberá ao credor. Este poderá exigir a cláusula penal e dar a obrigação por extinta, ou buscar o cumprimento da obrigação se esta ainda lhe interessar, por meio das ações previstas no Código de Processo Civil para a execução de coisa certa ou incerta (arts. 621 a 631), de obrigação de fazer (arts. 632 a 641) ou de obrigação de não fazer (arts. 642 e 643).

O termo *alternativa* contido no art. 410 do CC/2002 não pode ser confundido com a obrigação alternativa, uma vez que nesta o devedor, necessariamente, deverá escolher qual prestação deverá cumprir para extinguir a obrigação; já no caso em análise, o credor só poderá escolher entre exigir a cláusula ou a obrigação se ocorrer o inadimplemento do devedor.

Caio Mário da Silva Pereira[23] entendia que a cláusula penal adjeta a uma obrigação negativa (*obligatio non factendi*) é compensatória porque, consistindo o inadimplemento em uma ação proibida, o simples fato de praticar o que estava interdito constitui infração integral, que a penalidade ajustada compensará. Isso também ocorre na obrigação de fazer (*obligatio faciendi*), quando há recusa do devedor ou se o fato se impossibilitar por sua culpa, podendo ser moratória se o desejo for o de punir a impontualidade da sua execução. Já na obrigação de dar (*obligatio dandi*), em regra, a cláusula penal é moratória já que cabe execução específica, salvo se existir perecimento culposo do objeto.

Percebe-se que nada obsta a cumulação, em um único negócio jurídico, da cláusula penal compensatória e moratória. Aliás, a jurisprudência entende, também, dessa forma.[24]

---

23. Pereira, Caio Mário da Silva. *Instituições de direito civil – Teoria geral das obrigações* cit., p. 154.

24. "*Apelação cível – Ação revisional de cláusulas contratuais – Depósito irregular – Juros compensatórios – Capitalização de juros – Juros moratórios – Cláusula penal moratória e compensatória – Sucumbência recíproca.* 1) O contrato de depósito pode ter por objeto bens fungíveis como no caso dos autos, entretanto não se pode compelir ao depositário a guarda e conservação da coisa, pela sua própria natureza fungível. A obrigação do depositário no caso de bens fungíveis deve ser a de restituir a coisa do mesmo gênero, qualidade e quantidade. 2) O depósito de bens fungíveis é chamado pela doutrina de depósito irregular, e a ele se aplicam as regras do contrato de mútuo – Inteligência do art. 645 do CC/2002. 3) O limite dos juros compensatórios é fixado no art. 591 do CC/2002. Para tanto, o art. 406 do CC/2002, cumulado com o art. 161, § 1.º, do CTN, estabelece que os juros não poderão suplantar 1% ao mês. 4) A capitalização dos juros, conforme se infere da leitura do art. 591 do CC/2002, somente poderá ser feita anualmente, sendo, pois, *a contrario sensu*, vedada a capitalização mensal de juros no presente contrato. 5) Os juros moratórios devem ser taxados em 1% ao mês, haja vista o disposto no art. 5.º do Dec. 22.626/1933, conhecido como Lei de Usura. 6) A cláusula penal compensatória é devida no caso de descumprimento total da obrigação, enquanto a cláusula penal moratória se dá quando ocorre o cumprimento retardado da obrigação, mas ainda útil ao credor. Plenamente aceitável a cumulação de ambas as penalidades contratuais, conquanto que incidam sobre fatos geradores diversos, já que a finalidade de uma é distinta da outra. 7) Quanto à condenação em sucumbência recíproca na demanda, tenho que merece ser mantida, visto que ambas as partes podem

Em uma obrigação de dar coisa certa, por exemplo, podemos estipular cláusula penal moratória para o caso de atraso na entrega da coisa e compensatória para o caso de perecimento da coisa, por culpa do devedor. Assim, se o credor optar por receber a cláusula penal compensatória, não poderá exigir a obrigação principal, mas se optar por exigir a obrigação, utilizando-se das tutelas específicas previstas no Código de Processo Civil, poderá exigir o pagamento da cláusula penal moratória, mas nunca o pagamento da cláusula penal compensatória se a obrigação for cumprida.

Se o credor optar por exigir o cumprimento da obrigação, o pedido pode ser subsidiário para que na impossibilidade de cumpri-la, seja determinado o pagamento da cláusula penal compensatória.

Cristiano Chaves de Farias e Nelson Rosenvald[25] afirmam ser possível a acumulação de pedidos, em que o pedido principal seria a tutela específica e, na inviabilidade da obrigação originária, far-se-ia o pedido subsidiário da cláusula penal.

Já afirmava Pontes de Miranda[26] que, se o credor exige definitivamente a pena, a pretensão ao adimplemento se extingue, mas se exige o adimplemento, sem frisar a definitividade, e esse não ocorre, ainda pode preferir a ação para cobrança da pena.

Nelson Rosenvald[27] cita que, no caso de obrigações de dar, poderá o credor, conforme o caso, propor ação de execução de dar coisa certa ou incerta, ou ingressar com a ação monitória, se a prova documental carecer do requisito da certeza (art. 1.102-A do CPC). Já nas obrigações de fazer ou não fazer, o credor pode lançar mão da tutela inibitória, consagrada no art. 461 do CPC.

Para Paulo Luiz Netto Lôbo,[28] a decisão quanto ao que será cobrado cabe ao credor, não podendo ele exigir a cláusula penal

---

se considerar vencedor e vencido" (TJES, AC 15040016543, 2.ª Câm. Civ., j. 07.10.2008, rel. Des. Elpídio José Duque, *DJES* 18.11.2008, p. 15).

25. Farias, Cristiano Chaves de; Rosenvald, Nelson. *Direito das obrigações* cit., p. 425.

26. Pontes de Miranda, F. C. *Tratado de direito privado* cit., 2. ed., vol. 26, p. 78.

27. Rosenvald, Nelson. *Direito das obrigações* cit., p. 309.

28. Lôbo, Paulo Luiz Netto. *Teoria geral das obrigações* cit., p. 307.

compensatória com a obrigação principal, nem deixar ao arbítrio do devedor a escolha.

Será nula a cláusula que outorgue ao devedor o direito de escolha entre a execução da obrigação ou a exigência da cláusula penal, já que converteria a cláusula penal em cláusula de arrependimento, o que não é o caso.

Se o credor optar pela exigência da cláusula penal compensatória, como a obrigação terá sido extinta, ele não poderá pleitear indenização suplementar se assim não foi convencionado, já que a multa servirá de liquidação das perdas e danos *a forfait*, como uma compensação pelos prejuízos sofridos.

Assim, verifica-se que, se o credor optar pela cláusula penal, não poderá exigir o cumprimento da obrigação.

Entretanto, uma pergunta que surge é se a classificação acima (disjuntiva e cumulativa) não poderia ser aplicada à cláusula penal moratória, já que o art. 416, parágrafo único, não faz menção alguma sobre a qual espécie pode ser aplicável a regra do referido dispositivo legal.

Tem razão Orlando Gomes,[29] que afirmava que a referida classificação aplica-se tanto à cláusula penal compensatória quanto à moratória.

Suponha-se que, no caso da celebração do contrato de compra e venda entre uma pessoa e uma concessionária, o valor da cláusula penal estipulada para o caso de atraso na entrega do veículo fosse R$ 100,00 (cem reais). O atraso, porém, perpetua-se por quinze dias e o comprador do veículo novo, que já vendeu o seu carro usado, se vê na possibilidade de locar um veículo. Imaginando que o valor da locação pelo prazo de quinze dias fosse R$ 1.000,00 (mil reais), não poderia ele pleitear indenização suplementar se houver cláusula permissiva neste sentido?

Tal ideia é defendida por Gustavo Tepedino,[30] que é categórico ao afirmar que a cláusula penal moratória é exigível cumulativamente com a prestação e não exclui pedido de indenização.

---

29. Gomes, Orlando. *Obrigações* cit., p. 190-191.

30. Tepedino, Gustavo. Efeitos da crise econômica na execução dos contratos: elementos para a configuração de um direito na crise econômica. *Temas de direito civil*. 3. ed., p. 98.

Dessa forma, entende-se ser necessário classificar a cláusula penal em dois critérios distintos. O primeiro, quanto à forma do descumprimento obrigacional, sendo compensatória se estiver ligada à hipótese de inexecução completa da obrigação, e moratória se ligada à hipótese de mora.

O segundo, quanto à possibilidade de indenização suplementar, sendo disjuntiva se o credor tiver que se contentar com a cláusula penal, sem ter a possibilidade de pleitear indenização suplementar. Ela será cumulativa, se o credor puder exigir tanto a cláusula penal quanto a indenização suplementar, desde que haja previsão expressa no negócio jurídico, não importando, porém, se ela é compensatória ou moratória.

Mas já que o art. 412 do CC/2002 estabelece que o valor da cláusula penal não pode ser superior ao valor da obrigação principal, poder-se-ia buscar indenização suplementar, desde que expressamente permitido, de valor superior ao da obrigação principal?

Para Tatiana Magalhães Florence,[31] o limite do art. 412 do CC/2002 só se aplica no momento da prefixação das perdas e danos por cláusula penal, já que o legislador deixou expresso que o montante da cláusula penal servirá de mínimo, sem cogitar um teto para a indenização suplementar, desde que provado o prejuízo excedente.

Discordamos desse entendimento, e iremos expor nossas razões mais adiante no capítulo 7, dedicado ao estudo da possibilidade de se pleitear indenização suplementar.

Por fim, cumpre ainda analisar se é possível cumular a cláusula penal compensatória com a moratória, em um único negócio jurídico. Para Orlando Gomes,[32] Silvio de Salvo Venosa[33] e Jorge Cesa Ferreira da Silva,[34] não há nenhum impedimento para tal cumulação.

31. Florence, Tatiana Magalhães. Aspectos pontuais da cláusula penal. In: Tepedino, Gustavo (coord.). *Obrigações – Estudos na perspectiva civil-constitucional*, p. 523.

32. Gomes, Orlando. *Obrigações* cit., p. 191.

33. Venosa, Silvio de Salvo. *Direito civil – Teoria geral das obrigações e teoria geral dos contratos* cit., p. 373.

34. Silva, Jorge Cesa Ferreira da. *Inadimplemento das obrigações* cit., p. 256.

Imaginando que em determinado contrato de locação de imóvel urbano seja estipulada multa para o atraso no pagamento do aluguel e para a devolução do imóvel pelo locatário antes do prazo acordado, estaríamos diante de uma cumulação, plenamente possível e razoável, já que ambas têm origem em fatos distintos, em que teríamos uma cláusula penal moratória no primeiro caso e compensatória no segundo.

Seria possível a cumulação de duas cláusulas penais moratórias? Entende-se que sim. Como a cláusula penal moratória pode ser fixada para as hipóteses de descumprimento de alguma cláusula especial ou simplesmente da mora, temos, novamente, dois fatos geradores distintos que podem ensejar cláusulas independentes.

Paulo Nader[35] tem postura semelhante, ao afirmar que, se as partes convencionam cláusula penal para os casos de mora e incumprimento de alguma cláusula especial, fazem-no fixando um valor proporcional à importância do fato, naturalmente bem aquém do relativo à obrigação principal.

4.2 Os limites de fixação da cláusula penal

Pretende-se analisar neste momento qual é o limite da autonomia privada para a fixação da cláusula penal.

O Código Civil de 2002 estabelece no art. 412 que o valor da cláusula penal não poderá ser superior ao da obrigação principal. Trata-se de norma geral que somente é aplicável na inexistência de legislação especial.

O referido artigo possui correspondência no direito estrangeiro nos arts. 1.544 do Código Civil chileno, 811 do Código Civil português, § 163 do Código suíço das Obrigações e § 343 do Código Civil alemão.

A referida regra já se encontrava nas Ordenações Filipinas, ao estabelecer que as penas convencionais, não podem ser maiores ou crescer mais do que a obrigação principal (Liv. IV, Tít. 70).

A legislação brasileira se filiou aos sistemas jurídicos que limitam a extensão da cláusula penal, em contraposição à legislação gaulesa,

35. NADER, Paulo. *Curso de direito civil – Obrigações* cit., p. 573.

como afirmou Washington de Barros Monteiro,[36] que optou pela liberdade sem controle, sendo lícito às partes fixá-la com a maior amplitude, ainda que a taxa respectiva seja verdadeiramente *in terrorem*.

O referido doutrinador também explicou que o velho projeto do Código Brasileiro das Obrigações não estabelecia limites para a cláusula penal, já que o juiz poderia, em qualquer caso, reduzi-la se fosse excessiva (art. 351), conforme preceituavam os Códigos da Alemanha e Suíça.

O anteprojeto de Caio Mário da Silva Pereira foi omisso a esse respeito, mas o projeto da Comissão Revisora se mostrou explícito, pois determinava que o valor da cláusula penal não poderia ser superior ao da obrigação principal (art. 151, parágrafo único), ideia esta adotada pelo anteprojeto de Miguel Reale no art. 407, que se transformou no art. 412 do Código Civil vigente.

Paulo Nader[37] afirma que a limitação prevista no Código Civil brasileiro quanto ao limite da cláusula penal só encontra correspondente no Código Civil do México,[38] pois a generalidade das codificações mundiais apresenta fórmula diversa, como o Código Civil alemão (§ 343), Código Civil português (art. 810) e o Código Federal Suíço de Obrigações (art. 163, 1), que determina a possibilidade de as partes convencionarem a multa em nível arbitrário, pois todos eles autorizam a sua redução judicial.

Foi por este motivo que o art. 413 do CC/2002 foi duramente criticado por Caio Mário da Silva Pereira,[39] para quem a disposição do art. 412 é inócua, pois o art. 413 permite a redução equitativa pelo juiz, e o parágrafo único do art. 416 admite convencionar a possibilidade de se pleitear indenização suplementar, mesmo que acima do limite descrito no art. 412.

---

36. Monteiro, Washington de Barros. *Curso de direito civil – Direito das obrigações* cit., p. 208.

37. Nader, Paulo. *Curso de direito civil – Obrigações* cit., p. 574.

38. "Art. 1.843. La cláusula penal no puede exceder ni en valor ni en cuantia a la obligación principal."

39. Pereira, Caio Mário da Silva. *Instituições de direito civil – Teoria geral das obrigações* cit., p. 158.

Não pode prosperar o referido pensamento, pois, no Brasil, a propositura de ação judicial é um problema para o seu autor, em virtude da morosidade da nossa justiça. Desta forma, para se evitarem as demandas judiciais é que a nossa legislação deve impor limites à cláusula penal, e, excepcionalmente, ocorrendo as hipóteses descritas no art. 413 do CC/2002, é que a parte irá procurar o Poder Judiciário para reduzir a cláusula penal.

Este também é o pensamento de José Roberto de Castro Neves,[40] para quem a cláusula penal evita que as partes passem por um processo judicial, muitas vezes longo e custoso, de apurar o montante da indenização. Para que o ressarcimento por conta do incumprimento seja mais rápido e célere, o que é uma vantagem para o credor.

Explica Paulo Luiz Netto Lôbo[41] que existe uma preocupação internacional com os abusos das cláusulas penais, principalmente quanto aos contratos de adesão, demonstrada pela Resolução 38/135, de 1983, da Assembleia Geral das Nações Unidas, que procurou estabelecer limites razoáveis à sua utilização, seja como verdadeira *penalty*, seja como mera *compensation*, recomendando a nulidade das penas exageradas.

Serão citados, mais adiante, casos em que há legislação específica para a cláusula penal moratória, em que não se aplicará o limite descrito no art. 412 do CC/2002.

No caso de relação de consumo, o art. 52, § 1.º, do CDC estabelece que as multas de mora decorrentes do inadimplemento de obrigações no seu termo não poderão ser superiores a 2% (dois por cento) do valor da prestação. Isso demonstra que, no caso de relação de consumo, não se aplica o limite estabelecido no Código Civil de 2002 para a cláusula penal moratória.

E para a cláusula penal compensatória em contrato de consumo, qual será o limite? Como o Código consumerista restringe a limitação às multas relativas a mora, tem-se que para a cláusula penal compen-

---

40. Neves, José Roberto de Castro. *O Código do Consumidor e as cláusulas penais* cit., p. 188.

41. Lôbo, Paulo Luiz Netto. *Teoria geral das obrigações* cit., p. 309.

satória fixada em contratos de consumo, o limite será o descrito no art. 412 do CC/2002.

Também não se aplica o limite descrito no art. 412 do CC/2002 no caso de débitos condominiais. Estabelece o art. 1.336, § 1.º, que o condômino que não pagar a sua contribuição no prazo ficará sujeito ao pagamento da multa de até 2% (dois por cento) sobre o débito, além dos juros moratórios.

Outro caso de inaplicabilidade da referida regra do Código Civil de 2002 se dá nas promessas de compra e venda de imóveis, oriundos de parcelamento de solo urbano, já que o art. 26, V, da Lei 6.766/1979 a limita em 10% (dez por cento) do valor da parcela descumprida.

Também é limitada no mesmo percentual, 10% (dez por cento), a cláusula penal no caso de cédulas hipotecárias (art. 34, I, do Dec.-lei 70/1966), de títulos de crédito rural (art. 71 do Dec.-lei 167/1967) e de título de crédito industrial (art. 58 do Dec.-lei 413/1969).[42]

Destarte, não se aplicará o limite descrito no art. 412 do CC/2002 quando houver legislação específica para a cláusula penal compensatória.

Um exemplo que pode ser citado é o caso de contrato de compra e venda com cláusula de reserva de domínio, em que o vendedor opta por recuperar a posse da coisa vendida (art. 526 do CC/2002). Neste caso, ele deverá devolver ao comprador as parcelas pagas, deduzidos os prejuízos pela depreciação do bem, que deverão ser indenizados (art. 527). Se existir cláusula penal para a hipótese, ela terá como limite o valor da depreciação, que deverá ser provada, e não o valor da obrigação principal.

No entanto, quanto à norma genérica do art. 412 do CC/2002, que servirá como limite para a fixação da cláusula penal quando não houver lei especial, há um problema, já que ela não menciona se será aplicada a cláusula penal compensatória ou moratória.

Como é notório, a cláusula penal moratória é cumulativa, já que será exigida conjuntamente com a obrigação principal. A cláusula penal compensatória é satisfativa, já que substituirá a obrigação prin-

42. Idem, p. 310.

cipal. Em razão disso, como a cláusula penal compensatória substitui a obrigação principal, é justificável que ela seja convencionada até o limite do seu montante. Entretanto, no caso da cláusula penal moratória, alguns doutrinadores citam ser uma injustiça cobrar o valor da obrigação principal para o atraso de apenas um dia, por exemplo, no cumprimento da obrigação.

Caio Mário da Silva Pereira[43] citou que um dos critérios para distinguir a cláusula penal compensatória da moratória, adotado por Giorgi e Alfredo Colmo, seria o seu valor, pois, se for patente sua inferioridade com relação à obrigação principal, seria moratória. Caso contrário, seria compensatória.

Isso é resquício do direito romano clássico, como explicou Washington de Barros Monteiro,[44] no qual o inadimplemento total possuía os mesmos efeitos jurídicos do cumprimento parcial de uma obrigação, até Justiniano estabelecer uma diferenciação e abrandar tal rigidez.

Como defensores desta tese podem-se citar Miguel Maria de Serpa Lopes,[45] Judith Martins-Costa,[46] Flávio Tartuce,[47] Luiz Antonio Scavone Jr.[48] e Cristiano Chaves de Farias,[49] que entendem que o limite descrito no art. 412 do CC/2002 se restringe à cláusula penal compensatória, já que, no caso da moratória, seria aplicado o art. 9.º da Lei de Usura (Dec. 22.626/1933), que a limitaria em 10% (dez por cento) do valor da obrigação principal.

---

43. Pereira, Caio Mário da Silva. *Instituições de direito civil – Teoria geral das obrigações* cit., p. 154.
44. Monteiro, Washington de Barros. *Curso de direito civil – Direito das obrigações* cit., p. 213-214.
45. Lopes, Miguel Maria de Serpa. *Curso de direito civil – Obrigações em geral* cit., vol. 2, p. 162.
46. Martins-Costa, Judith Martins. Do inadimplemento das obrigações. In: Teixeira, Sálvio de Figueiredo (coord.). *Comentários ao novo Código Civil*, p. 464.
47. Tartuce, Flávio. *A função social dos contratos do Código de Defesa do Consumidor ao novo Código Civil* cit., p. 299.
48. Scavone Jr., Luiz Antonio. *Obrigações – Abordagem didática* cit., p. 208.
49. Farias, Cristiano Chaves de. Miradas sobre a cláusula penal no direito contemporâneo: à luz do direito civil-constitucional, do novo Código Civil e do Código de Defesa do Consumidor. *RT* 797/43, São Paulo: Ed. RT, 2002.

Miguel Maria de Serpa Lopes entendia ser arbitrária a aplicação da Lei de Usura somente para o caso de mútuo feneratício, já que a referida lei não estabelece essa restrição.

Tal tese, que não é a majoritária na doutrina brasileira, começou a ser debatida por Clóvis Beviláqua,[50] quando afirmou que, no direito pátrio atual, a pena convencional não pode exceder 10% (dez por cento) da dívida, citando a Lei de Usura. Um dos grandes defensores desta tese, mesmo contrariando a jurisprudência dominante, foi Pontes de Miranda.[51]

Ressalte-se que a jurisprudência dominante inclina-se à ideia de que a Lei de Usura somente se aplica ao mútuo feneratício. Mas uma importante decisão foi proferida em 1999 pelo Superior Tribunal de Justiça, quando o então Ministro Ruy Rosado de Aguiar Jr., ao proferir seu voto em caso que exigia a reflexão sobre o tema, entendeu:

"Em outra ordem de ideias, tenho por aplicável ao caso o disposto no art. 9.º do Dec. 22.626/1933: 'Não é válida cláusula penal superior à importância de 10% do valor da dívida'. Esse enunciado não se destina apenas ao contrato de mútuo, por inexistir tal restrição: na verdade, o art. 1.º enfatiza aplicar-se a 'quaisquer contratos'. Segue na mesma linha o disposto no art. 12, que se refere genericamente a negócios celebrados mediante corretagem e intermediação. Isso revela que a incidência do Decreto não está restrita ao mútuo, sujeitando-se à proibição do art. 9.º também a multa prevista em contrato de confissão de dívida" (STJ, 4.ª T., REsp 229.776/SP, rel. Min. Ruy Rosado de Aguiar Jr., v.u., *DJU* 17.12.1999).

Fábio Ulhoa Coelho[52] também defendia a aplicação da Lei de Usura para fixar o limite da cláusula penal moratória até a revogação do Código Civil de 1916, já que, para ele, a referida lei foi revogada pelo Código Civil de 2002.

---

50. Beviláqua, Clóvis. *Código Civil dos Estados Unidos do Brasil comentado* cit., p. 76.
51. Pontes de Miranda, F. C. *Tratado de direito privado*. 3. ed., vol. 24, p. 68.
52. Coelho, Fábio Ulhoa. *Curso de direito civil* cit., p. 189.

Luiz Antonio Scavone Jr.[53] menciona que a Lei de Usura ainda está em vigor, já que não ocorreu nenhuma das hipóteses previstas no art. 2.º da LICC (atual Lei de Introdução às normas do Direito Brasileiro), ou seja, não há qualquer dispositivo posterior modificador ou revogador da referida norma. Tal entendimento é compartilhado por Arnaldo Rizzardo.[54]

Complementa Flávio Tartuce,[55] afirmando que ao se limitar a cláusula penal moratória, estaríamos evitando o enriquecimento sem causa e aplicando o princípio da função social do contrato.

Cristiano Chaves de Farias[56] concorda com as ideias de Flávio Tartuce, e complementa afirmando que o Código Civil de 2002, ao regular o contrato de mútuo (arts. 586 a 592), nada disciplinou a respeito do limite da cláusula penal em tais avenças, deixando antever a aplicação das regras gerais. Além do mais, na grande maioria dos casos, o mútuo caracteriza típica relação consumerista (por exemplo, o mútuo concedido por um banco a seu correntista), sendo aplicável à regra do art. 52 do CDC.

Nelson Rosenvald[57] explica que há uma tendência em estender o teto da cláusula penal moratória ao percentual estabelecido na Lei de Usura para todas as situações em que não há regramento expresso, e não só para o contrato de mútuo.

São plausíveis e justos os argumentos anteriormente citados, principalmente em face da constitucionalização do direito privado.

Entretanto, infelizmente, não é este o entendimento que tem prevalecido, já que a doutrina majoritária entende que tal dispositivo da Lei de Usura somente seria aplicável ao contrato de mútuo feneratício. Filia-se a este entendimento o pensamento de Washington

53. Scavone Jr., Luiz Antonio. *Juros no direito brasileiro*, p. 151.

54. Rizzardo, Arnaldo. *Direito das obrigações* cit., p. 549.

55. Tartuce, Flávio. *A função social dos contratos do Código de Defesa do Consumidor ao novo Código Civil* cit., p. 299.

56. Farias, Cristiano Chaves de. Miradas sobre a cláusula penal no direito contemporâneo... cit.

57. Rosenvald, Nelson. *Direito das obrigações* cit., p. 313.

de Barros Monteiro,[58] Caio Mário da Silva Pereira,[59] Orlando Gomes,[60] Silvio Rodrigues,[61] Álvaro Villaça Azevedo,[62] Silvio de Salvo Venosa,[63] Arnaldo Rizzardo,[64] Paulo Nader,[65] Carlos Roberto Gonçalves[66] e Jorge Cesa Ferreira da Silva.[67]

Filiamo-nos ao posicionamento minoritário, em que o limite descrito no art. 412 do CC/2002 se restringe à cláusula penal compensatória, quando não houver norma específica, e que a cláusula penal moratória tem o seu teto máximo descrito no art. 9.º da Lei de Usura (Dec. 22.626/1933).

Já que a cláusula penal fixada para o caso de descumprimento de alguma cláusula especial pode ser compensatória ou moratória, dependendo do caso, entende-se que se ela for estipulada para a hipótese de inadimplemento absoluto deve ter como limite o valor da obrigação principal.

Mesmo havendo a possibilidade de o magistrado reduzir a cláusula penal de ofício, de acordo com o art. 413 do CC/2002, não poderemos deixar ao arbítrio das partes chegar até o patamar do valor da obrigação principal, no momento da fixação da cláusula penal moratória, para depois adequá-la, judicialmente, ao patamar justo.

---

58. Monteiro, Washington de Barros. *Curso de direito civil – Direito das obrigações* cit., p. 205.

59. Pereira, Caio Mário da Silva. *Instituições de direito civil – Teoria geral das obrigações* cit., p. 159.

60. Gomes, Orlando. *Obrigações* cit., p. 192.

61. Rodrigues, Silvio. *Direito civil – Parte geral das obrigações* cit., vol. 2, p. 278.

62. Azevedo, Álvaro Villaça. *Teoria geral das obrigações – Responsabilidade civil* cit., p. 262.

63. Venosa, Silvio de Salvo. *Direito civil – Teoria geral das obrigações e teoria geral dos contratos* cit., p. 377.

64. Rizzardo, Arnaldo. *Direito das obrigações* cit., p. 548.

65. Nader, Paulo. *Curso de direito civil – Obrigações* cit., p. 574.

66. Gonçalves, Carlos Roberto. *Direito civil brasileiro – Teoria geral das obrigações* cit., p. 386.

67. Silva, Jorge Cesa Ferreira da. *Inadimplemento das obrigações* cit., p. 262.

Não pode ser diferente, já que ainda se vive sob os auspícios da "crise da vontade" em decorrência da proliferação dos contratos de adesão não só no âmbito consumerista, mas também no civil, que exterminou a autonomia da vontade das relações contratuais, fazendo com que houvesse uma autonomia privada limitada aos princípios contratuais sociais, pilares do atual direito contratual brasileiro.

Cumpre ressaltar que, de acordo com a Súmula 596 do STF[68], que determina a ineficácia da Lei de Usura para as instituições financeiras, em razão da existência de relação de consumo entre as instituições financeiras e seus clientes, deverá ser aplicado o limite descrito no Código de Defesa do Consumidor para as cláusulas penais moratórias (2% – dois por cento) e o do Código Civil para as compensatórias (valor da obrigação principal).

68. Súmula 596 do STF: "As disposições do Decreto 22.626 de 1933 não se aplicam às taxas de juros e aos outros encargos cobrados nas operações realizadas por instituições públicas ou privadas, que integram o sistema financeiro nacional."

5
A redução equitativa como consequência da função social da cláusula penal

Uma das grandes inovações do Código Civil de 2002 vigente, no que tange à cláusula penal, está no art. 413. Estabelece o referido artigo:

"Art. 413. A penalidade deve ser reduzida equitativamente pelo juiz se a obrigação principal tiver sido cumprida em parte, ou se o montante da penalidade for manifestamente excessivo, tendo-se em vista a natureza e a finalidade do negócio".

O presente dispositivo tem origem no art. 1.231 do Código Civil francês[1] e no § 343 do Código Civil alemão.[2]

Encontra-se também correspondência ao referido dispositivo no direito estrangeiro, nos arts. 1.384 do Código Civil italiano, 660 do Código Civil argentino, 1.539 e 1.544 do Código Civil chileno, 1.370 do Código Civil uruguaio, 1.154 do Código Civil espanhol, 812 do Código Civil português e § 163 do Código Suíço das Obrigações.

Explicou Orozimbo Nonato[3] que os juristas do século XVI, em geral, não se curvaram à imutabilidade da cláusula penal vigente no direito romano, pois, quando esta assumia proporções excessivas, seus

---

1. "Article 1.231 – Lorsque l'engagement a été exécuté en partie, la peine convenue, même d'office, peut être diminuée par le juge à proportion de l'intérêt que l'exécution partielle a procuré au créancier, sans préjudice de l'application de l'article 1.152. Toute stipulation contraire sera réputée non écrite."
2. "§ 343 BGB – Ist eine verwirkte Strafe unverhältnismäßig hoch, so kann sie auf Antrag des Schuldners durch Urteil auf den angemessenen Betrag herabgesetzt werden. Bei der Beurteilung der Angemessenheit ist jedes berechtigte Interesse des Gläubigers, nicht bloß das Vermögensinteresse, in Betracht zu ziehen. Nach der Entrichtung der Strafe ist die Herabsetzung ausgeschlossen."
3. Nonato, Orozimbo. *Curso de obrigações* cit., p. 321.

escólios e glosas permitiam redução equitativa para se evitar abusos e a usura.

Franz Wieacker[4] afirmou que a redução das cláusulas penais injustas provêm, em parte, da preocupação do liberalismo clássico, eticamente fundado pela pureza das regras morais do tráfego jurídico, que objetiva a limitação do uso desviado da liberdade contratual nas suas diversas formas.

Robert Joseph Pothier[5] já defendia que a pena estipulada em caso de inexecução de uma obrigação pode ser reduzida e moderada pelo juiz quando lhe pareça excessiva. Verifica-se que suas palavras ganharam expressão no Código Civil vigente.

São os arts. 412 e 413 do CC/2002 o fator impeditivo para que entre nós prevaleça o *princípio da intangibilidade da cláusula penal*, ou seja, que seu valor não possa ser discutido, conforme explica Paulo Nader.[6]

Sua origem, no direito brasileiro, se deu com o art. 924 do Código Beviláqua,[7] que possuía redação diversa do art. 413 do Código Reale. O Código antigo estipulava que, se uma obrigação fosse parcialmente cumprida, o juiz poderia reduzir a cláusula penal proporcionalmente.

No entanto, o art. 413 do Código vigente repete a regra com algumas inovações. Primeiro, o referido dispositivo altera o critério para redução da cláusula penal, deixando de lado o da proporcionalidade, que estava no Código de 1916, para adotar o da equidade.

Para Karl Engish,[8] o verdadeiro significado das cláusulas gerais reside no domínio da técnica legislativa, pois graças à sua generalidade, elas tornam possível sujeitar um vasto grupo de situações com possibilidade de ajustamento. Cita, ainda, o referido doutrinador que

---

4. Wieacker, Franz. *História do direito privado moderno*, p. 551.
5. Pothier, Robert Joseph. *Tratado das obrigações* cit., p. 302.
6. Nader, Paulo. *Curso de direito civil – Obrigações* cit., p. 562.
7. "Art. 924. Quando se cumprir em parte a obrigação, poderá o juiz reduzir proporcionalmente a pena estipulada para o caso de mora, ou de inadimplemento."
8. Engisch, Karl. *Introdução ao pensamento jurídico,* p. 233-234.

com as cláusulas gerais teremos que nos ocupar das consequências que resultam para o pensamento jurídico da existência das diferentes espécies de conceitos desvinculantes ou conceitos do direito equitativo (*ius aequum*).

Por esse motivo, como bem pondera Claus-Wilhelm Canaris,[9] deve-se definir o sistema jurídico como uma ordem axiológica ou teleológica de princípios jurídicos gerais, que permitirá ao intérprete uma possibilidade maior de criação do direito de acordo com a casuística.

A equidade é uma das cláusulas gerais mais conhecidas do sistema de *civil law*. A cláusula geral é uma janela aberta deixada pelo legislador para que o magistrado possa fazer justiça no caso concreto, haja vista que a subjetividade retira o juiz da rigidez da legislação anterior, em veneração ao princípio da eticidade.

O Código Civil de 2002 seguiu essa linha, pois explica o seu mentor Miguel Reale[10] que o princípio da operabilidade leva, também, a redigir certas normas jurídicas, que são normas abertas, e não normas cerradas, para que a atividade social mesma, na sua evolução, venha a alterar-lhe o conteúdo através daquilo que denomino estrutura hermenêutica, que se caracteriza por um complemento natural da estrutura normativa.

Ensina Francisco Amaral[11] que o ponto de partida para o estudo das circunstâncias históricas e culturais que permitiu a integração da equidade nos sistemas jurídicos contemporâneos é o conceito de *epieikeia*, que é uma correção da lei quando, por causa de sua universalidade, mostra-se incapaz de atender a determinada situação concreta. A citada palavra tem origem no pensamento grego e significa retidão, equilíbrio. Na filosofia jurídica grega, Aristóteles foi o primeiro a

---

9. Canaris, Claus-Wilhelm. *Pensamento sistemático e conceito de sistema na ciência do direito*. 3. ed. Trad. A. Menezes Cordeiro, p. 280.

10. Reale, Miguel. *O projeto do novo Código Civil*, p. 11.

11. Amaral, Francisco. A equidade no Código Civil brasileiro. In: Arruda Alvim, J. M.; César, Joaquim Portes de Cerqueira; Rosas, Roberto (coord.). *Aspectos controvertidos do novo Código Civil – Escritos em homenagem ao Ministro José Carlos Moreira Alves*, p. 200.

desenvolver o tema, e é por isso que a ele se faz obrigatória referência quando se define a equidade como justiça no caso concreto.

Mas o corpo central da construção jurídica da equidade é o direito romano nas suas sucessivas fases, já que ela nasce no período arcaico, o que permite afirmar que a *aequitas* romana precede a *epieikeia* grega. *Aequitas* significa igualdade, proporção, simetria. Embora não fosse sinônimo, tinha um significado muito próximo ao da *epieikeia* grega.

A experiência romana mostra-nos que já nos tempos mais antigos, nas épocas arcaica e pré-clássica, a rigidez das normas de direito, principalmente o *ius civile*, era eventualmente contrariada e posta de lado em nome da *aequitas*, um modelo ideal de justiça e princípio inspirador do direito.

Explica o referido doutrinador[12] que no período medieval a *aequitas* configura-se não mais como instrumento ou critério de interpretação jurídica, mas como a própria razão de ser do direito. Superava-se, assim, a indeterminação daqueles conceitos fluidos de *humanitas, benignitas, pietas, caritas*, próprios da era pós-clássica do direito romano. Isso não impediu, todavia, que diminuísse a importância da concepção greco-romana da equidade.

Passando à idade moderna, a racionalização do direito, de que o mais flagrante efeito é o processo de codificação e o positivismo jurídico, que levaram ao primado do direito legal, tornando difícil a reconstrução da equidade como conceito unitário, pois o *ius* e a *aequitas* podiam, no caso concreto, vir a entrar em conflito.

Já no direito inglês, o recurso à equidade (*equity*) é introduzido como remédio de caráter extraordinário, pois sua prática se consolidou num sistema de regras, distinguindo-se do *common law* sob o aspecto da diversa competência judiciária e do procedimento processual, à semelhança do que se verificara no antigo direito romano, entre o *ius civile* e o *ius praetorium*.

Após analisar a sua origem histórica, Francisco Amaral[13] nos ensina que a equidade é um conceito multissignificativo, uma verda-

---

12. Idem, p. 202.
13. Idem, p. 198-199.

deira cláusula geral, uma hipótese legal de ampla generalidade que se faz presente em todas as experiências jurídicas do mundo ocidental, interessando à filosofia e à teoria do direito, particularmente no que tange à interpretação jurídica. Excepcional por natureza, pois somente aplicável nas hipóteses legais previamente estabelecidas, tem vários significados, conforme sua imediata função. São elas: a) equidade interpretativa: quando o juiz, perante a dificuldade de estabelecer o sentido e o alcance de um contrato, por exemplo, decide com um justo comedimento; b) equidade corretiva: que contempla o equilíbrio das prestações, reduzindo, por exemplo, o valor da cláusula penal; c) equidade quantificadora: que atua na hipótese de fixação do *quantum* indenizatório; d) equidade integrativa: na qual a equidade é fonte de integração; e) equidade processual: ou juízo de equidade, é o conjunto de princípios e diretivas que o juiz utiliza de modo alternativo, quando a lei autoriza, ou permite que as partes a requeiram, como ocorre nos casos de arbitragem.

Paulo Luiz Netto Lôbo[14] comenta a mudança de critério afirmando que o Código Civil de 2002 assumiu clara e decisivamente o juízo de equidade, que necessariamente se compõe fora das regras e do direito, ao contrário do estrito controle judicial do Código Civil de 1916, que apenas admitia que o juiz reduzisse proporcionalmente a pena, considerando-a parte da prestação já cumprida.

Para o referido autor, o juízo de equidade segue padrões de experiência comum aplicáveis ao caso concreto e realiza o princípio da equivalência material, ou seja, o justo equilíbrio de direitos e deveres, que deve estar sempre presente no programa do contrato, e não um espaço da arbitrariedade judicial, mas, sim, a justiça no caso concreto, que não poderá encontrar a sua fonte num juízo de valor subjetivo do julgador.

Agiu bem o legislador ao estipular um critério consideravelmente subjetivo para solução de tal conflito, acompanhando pensamento doutrinário na análise da referida questão. A equidade representa basicamente uma preocupação com a igualdade e com a proporcionalidade.

14. Lôbo, Paulo Luiz Netto. *Teoria geral das obrigações* cit., p. 311.

No entanto, a dúvida que surge é se o juiz poderá reduzir a cláusula penal em patamares inferiores ao prejuízo causado ao credor. Entende-se que não, já que no sistema do Código Civil de 2002 o art. 944 estabelece que a indenização mede-se pela extensão do dano. Dessa forma, ao reduzir a cláusula penal de valor elevado, o magistrado deve tentar chegar ao patamar dos prejuízos sofridos, fazendo justiça no caso concreto, o que demonstra que a mudança do critério da proporcionalidade para a equidade foi acertada por ser muito mais justa.

Tal alerta já havia sido feito por Antunes Varela,[15] para quem a redução da cláusula penal a patamares inferiores ao do prejuízo causado estabeleceria uma *justiça de funil*, já que a indenização suplementar, permitida no nosso sistema, se existir cláusula expressa permissiva, nunca poderá ser superior aos prejuízos sofridos, motivo pelo qual também não poderá ser inferior. Mencionava o referido autor que, no direito português, não há norma que obrigue o magistrado a reduzir a cláusula penal até o limite máximo dos danos causados, mas que permitir isso seria uma incongruência.

Antonio Joaquim de Matos Pinto Monteiro,[16] ao analisar os problemas, no direito estrangeiro, sobre o critério que deve ser utilizado para reduzir a cláusula penal quando existir manifesta desproporção entre o seu valor e o efetivo prejuízo, afirma que se trata, com efeito, de uma questão que dificilmente se compadecerá com o estabelecimento de critérios ou índices de índole *quantitativa*. Perante a superioridade de determinada pena, o juiz só poderá concluir pelo seu caráter *manifestamente excessivo* após ponderar uma série de outros fatores, à luz do *caso concreto*, que um julgamento por *equidade* requer.

Arnaldo Rizzardo[17] entende que a cláusula penal moratória, em que há limites fixados em lei, como aquela aplicável às relações de consumo, não é passível de redução.

Discorda-se desse entendimento, uma vez que o Código Civil de 2002 estabelece normas gerais ao instituto da cláusula penal, que são

15. Varela, João de Matos Antunes. *Das obrigações em geral* cit., p. 148.

16. Monteiro, Antonio Joaquim de Matos Pinto. *Cláusula penal e indemnização* cit., p. 743.

17. Rizzardo, Arnaldo. *Direito das obrigações* cit., p. 547.

aplicadas de forma subsidiária a qualquer lei específica, como o Código de Defesa do Consumidor, atendendo à tese do diálogo das fontes.

Está com razão Jorge Cesa Ferreira da Silva,[18] para quem, mesmo quando inexistir limite legal, a pena prevista para o caso de mora pode ser excessiva diante das condições do caso concreto, motivo pelo qual ela deve ser reduzida de acordo com o art. 413 do CC/2002.

O mencionado autor é coerente em suas ponderações, por entender que a cláusula penal moratória pode ser fixada até o limite da obrigação principal. Sua doutrina afirma que a cláusula penal moratória deve ser reduzida se ocorrer alguma das hipóteses do art. 413 do CC/2002.

Paulo Nader[19] entende que se deve admitir a redução equitativa da cláusula penal moratória, mesmo sendo genérico o art. 413 sobre a qual espécie estaria sujeita a redução, por aplicação do princípio *onde houver a mesma razão deverá haver igual disposição*.

Paulo Luiz Netto Lôbo[20] afirma que a redução judicial se aplica a qualquer espécie ou função da cláusula penal, e que o seu valor excessivo não gera invalidade, mas ineficácia do valor excedente. Explica o autor que é excessiva a cláusula penal que incide sobre a totalidade da dívida, e não apenas sobre a parcela descumprida.

Silvio Rodrigues[21] também defendia que a redução equitativa se aplica a ambas as modalidades de cláusula penal, compensatória e moratória. Dessa forma, verifica-se que, mais uma vez, andou bem o legislador ao modificar o critério para redução da cláusula penal de proporcionalidade para equidade.

No entanto, um problema que se verifica no art. 413 do CC/2002 é o de se estabelecer um conceito para a expressão *obrigação principal*. O termo pode ter dois significados, podendo se referir tanto à razão do negócio jurídico, como a uma determinada obrigação a que a cláusula

---

18. Silva, Jorge Cesa Ferreira da. *Inadimplemento das obrigações* cit., p. 263.

19. Nader, Paulo. *Curso de direito civil – Obrigações* cit., p. 576.

20. Lôbo, Paulo Luiz Netto. *Teoria geral das obrigações* cit., p. 311.

21. Rodrigues, Silvio. *Direito civil – Parte geral das obrigações* cit., vol. 2, p. 274.

penal se vincule em caso de obrigação complexa, seja ela o ponto nodal do negócio jurídico ou não. Assim, já que o legislador utiliza-se da expressão em vários dispositivos sobre a cláusula penal, e não só no art. 413, deve-se verificar qual será o significado utilizado de acordo com o caso.

O montante da obrigação principal deve ser líquido, para se verificar se há abuso ou não, se deve ser reduzido ou não. Deve ser utilizado o valor descrito no contrato quando da ocorrência do inadimplemento ou, em caso de negócio jurídico unilateral, o valor de mercado da prestação. A jurisprudência mostra-se favorável à redução equitativa da cláusula penal quando a obrigação é cumprida em parte.[22]

Outra coerente inovação foi o Código Civil de 2002 não repetir a regra do *solve et repete* (paga e depois cobra), descrita no art. 927 do

---

22. "*Apelação cível – Rescisão contratual – Compromisso de compra e venda de imóvel – Cláusula penal – Redução*. I. Cláusula penal, também chamada de pena convencional, é pacto acessório à obrigação principal, no qual se estipula a obrigação de pagar pena ou multa para o caso de uma das partes se furtar ao cumprimento da obrigação principal. II. É lídima a cobrança da cláusula penal ao devedor que descumpre a obrigação ou se constitua em mora, sendo dispensável ao credor a comprovação do dano para sua exigência (arts. 408 e 416 do CC/2002). III. Possível é a redução da cláusula penal quando vislumbrado que o montante da penalidade for manifestamente excessivo (art. 413 do CC/2002), devendo a sanção corresponder a 10% do débito, nos termos do art. 26, V, da Lei 6.766/1979, visando conferir equidade à relação contratual e, ainda, evitar-se o enriquecimento sem causa. Apelo conhecido e parcialmente provido" (TJGO, AC 110044-6/188/Goiânia, rel. Des. Luiz Eduardo de Sousa, *DJGO* 28.02.2008, p. 108).

"*Apelação cível – Ação monitória – Embargos do devedor – Cláusula penal – Redução – Cumprimento parcial da obrigação – Inteligência do art. 413 do CC/2002 – Possibilidade – Honorários advocatícios – Incidência do § 4.º do art. 20 do CPC – Equidade – Recurso parcialmente provido*. O que limita o *quantum* devido ao autor é a regra do art. 413 do CC/2002, primeira hipótese (cumprimento parcial da obrigação – art. 924 do estatuto civil revogado), razão pela qual deve ser fixada a cláusula penal em 20% do valor do contrato. A sentença que julga procedentes os pedidos veiculados nos embargos tem natureza constitutiva negativa; logo, para a fixação dos honorários advocatícios deve ser observado o § 4.º do art. 20 do CPC" (TJMT, AP 74074/2007/Rondonópolis, j. 17.12.2007, rel. Des. Antônio Horácio da Silva Neto, *DJMT* 15.01.2008, p. 26).

Código anterior, que estabelecia a proibição de o devedor eximir-se do cumprimento da cláusula penal excessiva.

Entretanto, é cediço que no ramo imobiliário as pessoas preferem o critério da proporcionalidade, não só por ser utilizado desde 1991 (ano que entrou em vigor a Lei do Inquilinato), mas também por facilitar sua aplicação, haja vista que o cálculo se restringirá a uma simples operação matemática, sem a necessidade de propositura de demanda judicial.

Dessa forma, cumpre questionar se as partes, num contrato de locação de imóvel urbano, por exemplo, poderiam dispor que naquela relação jurídica, se a obrigação for cumprida em parte, o critério utilizado não seria o da lei, mas sim o da proporcionalidade em virtude da convenção das partes. A resposta é negativa, uma vez que tal estipulação violaria a função social do contrato, que é preceito de ordem pública, conforme o parágrafo único do art. 2.035 do CC/2002.

Este pensamento nos fez propor um enunciado na IV Jornada de Direito Civil do Conselho da Justiça Federal – CJF, realizada em Brasília em 23-24.10.2006, da qual tivemos a honra de participar, e que foi aprovado nos seguintes termos:

"Não podem as partes renunciar à possibilidade de ser reduzida equitativamente a cláusula penal, se ocorrer qualquer das hipóteses previstas no art. 413 do CC/2002, por ser a mesma preceito de ordem pública".

Nossa proposição foi aprovada pelo plenário e tornou-se o Enunciado 355.

O pensamento de Flávio Augusto Monteiro de Barros[23] segue a linha do nosso enunciado, ao afirmar que a opinião dominante é de que a norma que prevê a redução do art. 413 do CC/2002 é de ordem pública, cogente, inalterável pela vontade das partes.

O entendimento de Washington de Barros Monteiro[24] reforça essa tese, quando afirmou ser a norma do art. 413 do CC/2002 (antigo art. 924 do CC/1916) imperativa, impositiva ou taxativa, *ius cogens*, inal-

---

23. Barros, Flávio Augusto Monteiro de. *Manual de direito civil* cit., p. 185.
24. Monteiro, Washington de Barros. *Curso de direito civil – Direito das obrigações* cit., p. 214.

terável pela vontade das partes, pois a parte mais fraca estaria à mercê da mais forte na relação contratual, omitindo do direito sua função específica: a obtenção do justo equilíbrio entre interesses opostos.

Maria Helena Diniz,[25] Carlos Roberto Gonçalves,[26] Silvio de Salvo Venosa,[27] Jorge Cesa Ferreira da Silva,[28] Luiz Antonio Scavone Jr.,[29] Nelson Godoy Bassil Dower,[30] Cristiano Chaves de Farias e Nelson Rosenvald[31] também entendem desta maneira.

Caio Mário da Silva Pereira[32] discordava de tal posição, já que, para ele, a norma não é matéria de ordem pública, fato esse que autoriza a possibilidade de convencionar a irredutibilidade.

Entende-se que a possibilidade de redução equitativa da cláusula penal, nas hipóteses do art. 413 do CC/2002, tem como finalidade permitir que o contrato possa cumprir sua função social, conforme dispõe o art. 421 do CC/2002,[33] motivo pelo qual se pode afirmar que a cláusula penal também possui uma função social.

Em razão disso, Gustavo Tepedino[34] afirma que, com a evolução dos princípios fundamentais quando da promulgação da Constitui-

25. Diniz, Maria Helena. *Curso de direito civil brasileiro – Teoria geral das obrigações* cit., p. 410.
26. Gonçalves, Carlos Roberto. *Direito civil brasileiro – Teoria geral das obrigações* cit., p. 386.
27. Venosa, Silvio de Salvo. *Direito civil – Teoria geral das obrigações e teoria geral dos contratos* cit., p. 377.
28. Silva, Jorge Cesa Ferreira da. *Inadimplemento das obrigações* cit., p. 280.
29. Scavone Jr., Luiz Antonio. Comentários aos arts. 389 a 420. In: Camillo, Carlos Eduardo Nicoletti et al (coord.). *Comentários ao Código Civil – Artigo por artigo*, p. 450.
30. Dower, Nelson Godoy Bassil. *Curso moderno de direito civil – Direito das obrigações*, vol. 2, p. 409.
31. Farias, Cristiano Chaves de; Rosenvald, Nelson. *Direito das obrigações* cit., p. 429.
32. Pereira, Caio Mário da Silva. *Instituições de direito civil – Teoria geral das obrigações* cit., p. 160.
33. "Art. 421. A liberdade de contratar será exercida em razão e nos limites da função social do contrato."
34. Tepedino, Gustavo. *Efeitos da crise econômica na execução dos contratos...* cit., p. 104-105.

ção Federal, a doutrina e a jurisprudência foram progressivamente alterando a interpretação do art. 924 do CC/1916,[35] passando a considerá-lo imperativo, ou seja, insuscetível de ser afastado pela vontade das partes.

Afirma o referido autor[36] que, em momentos de agonia econômica, nota-se a tendência à previsão contratual de multas excessivas, configurando-se, por outro lado, situações de verdadeiro abuso, com a imposição ao contratante mais fraco de cláusulas destinadas a revogar preceitos legais como o art. 924 do CC/1916 (atualmente art. 413 do CC/2002), considerados de ordem pública.

Verifica-se, desta forma, que permitir que as partes pactuem a não aplicação do referido dispositivo seria impedir que a norma não produzisse o efeito almejado pelo legislador.

A jurisprudência brasileira[37] já havia se manifestado para que a norma do art. 924 do CC/1916 fosse de ordem pública, o que também deve ser atribuído ao art. 413 do CC2002.

Mas foi Silvio Rodrigues[38] quem externou a mais completa e coerente argumentação, semelhante ao Enunciado 355 do Conselho da Justiça Federal, ao afirmar que a norma do art. 413 do CC/2002 é de

---

35. O art. 413 do CC/2002 substituiu o referido dispositivo legal.

36. Tepedino, Gustavo. *Efeitos da crise econômica na execução dos contratos*... cit., p. 103.

37. "*Pena convencional – Redução pelo juiz.* A faculdade conferida ao juiz pelo art. 924 do CC prevalece mesmo em face da expressa convenção em contrário das partes, no sentido de ser a multa devida por inteiro em caso de inadimplemento parcial da obrigação. A moderna doutrina e a atual jurisprudência se opõem à clássica doutrina civilista da supremacia da vontade, preferindo optar pelo caráter social e proteção à parte presumidamente mais frágil" (*ADV-Coad* 58.880).

"A norma do art. 924 (hoje art. 413) do CC é disposição destinada a proteger a pessoa do devedor; de interesse público, e não pode ser invalidada pela convenção das partes. Os apelantes satisfizeram grande parte do preço, justificando, assim, a redução da cláusula penal" (STJ, AgRg no Ag 115.023/SP, 4.ª T., rel. Min. Barros Monteiro, j. 03.09.2002, *DJ* 25.11.2002, p. 236).

38. Rodrigues, Silvio. *Direito civil – Parte geral das obrigações* cit., vol. 2, p. 275-276.

direito cogente, motivo pelo qual uma possível estipulação das partes para afastar a aplicação do citado dispositivo não vincularia o juiz.

O citado autor entendia que a norma em estudo pretende socorrer o devedor que, como parte mais fraca no contrato, fica vulnerável aos desejos do credor, já que a referida estipulação poderia se tornar cláusula de estilo nos negócios jurídicos, em razão de o devedor dificilmente conseguir rejeitá-la.

Afirmou ainda Silvio Rodrigues que a corrente das opiniões em sentido contrário, isto é, entendendo que a regra não é de ordem pública, agrupa, na sua maioria, escritores vindos do século XIX, ou nele formados, período de grande esplendor do individualismo, e no qual o respeito à manifestação da vontade emergia como quase sagrado.

Finaliza o mencionado autor, apontando que a nítida tendência da jurisprudência atual de se humanizar o direito, de proteger o mais fraco contratualmente e permitir uma ação mais efetiva do Estado na órbita das relações privadas, impõe que se considere de ordem pública a regra do art. 413 do CC/2002, para efeito de não permitir que a convenção entre os particulares derrogue o princípio nele consignado.

Ficamos gratificados ao tomar conhecimento que o enunciado 355 do CJF, de nossa autoria, vem sendo muito bem aceito pela jurisprudência pátria, e citado em inúmeros acórdãos de nossos tribunais.

O Tribunal de Justiça de São Paulo já fez referencia a ele nos seguintes termos:

É ineficaz a renúncia à possibilidade de redução da cláusula penal, quando a obrigação principal foi parcialmente cumprida. Trata-se, ademais, de matéria complementar ao art. 4.º da Lei 8245/1991, e que pode ser proclamada de ofício. Enunciados 355, 356 e 357 do Conselho da Justiça Federal. Devem ser excluídos do cálculo do débito os valores constantes dos documentos de fls. 19 e 20, eis que, ao revés do que alega o apelado, são relativos ao período cobrado. Incabível alegação de falta de interesse de agir e existência de coisa julgada pelo pagamento de acordo anteriormente celebrado entre o locatário e a procuradora do locador, pois foi juntado aos autos documento não assinado por esta. Recurso parcialmente provido, rejeitadas as preliminares. (TJSP, Ap 9090613692007826/SP, 34.º Câm. de Direito Privado, j. 14.03.2011, rel. Gomes Varjão, *DJe* 21.03.2011).

Em seu brilhante voto, o relator argumenta que:

"Ressalte-se que a redução da cláusula penal pode ser feita inclusive de ofício, por se tratar de matéria de ordem pública. Assim, é irrelevante a existência de cláusula contratual pela qual o locatário renuncia a tal possibilidade, desde que configuradas qualquer das hipóteses previstas no art. 413 do Código Civil, que é complementar ao art. 4.º da Lei 8245/1991. É o que rezam, respectivamente, os Enunciados 355, 356 e 357 do Conselho da Justiça Federal (...)"

O Tribunal Regional do Trabalho da 22.º Região mostrou, também, que a Justiça Trabalhista também referenda e aplica a tese do nosso enunciado, conforme o fez no julgamento do Agravo de Petição, cuja ementa segue abaixo:

"*Princípio da proporcionalidade. Mora do devedor. Cláusula penal manifestamente excessiva. Redução equitativa pelo Poder Judiciário.* Constatado nos autos o adimplemento extemporâneo de acordo judicial, caracterizada está a mora do devedor e o direito subjetivo do credor à cláusula penal. Esta, todavia, deve ser reduzida equitativamente pelo juiz sempre que o montante da penalidade revelar-se manifestamente excessivo, nos exatos termos do art. 413 do Código Civil. E porque se está diante de norma de ordem pública, verdadeiro *jus cogens*, há para o juiz não mera faculdade, senão verdadeiro dever jurídico de reduzir a multa exagerada a fim de afastar a onerosidade excessiva, em atendimento ao princípio da proporcionalidade. Agravo de petição a que se dá provimento para reconhecer a mora e, ao mesmo tempo, reduzir a correspondente multa a um patamar razoável." (TRT-22.º Reg.,AgPet 01156-2007-001-22-00-9, 1.ª T., rel. Francisco Meton Marques de Lima, juíza revisora Enedina Maria Gomes dos Santos, *DJT/PI* 15.10.2008).

Em seu magnífico voto, o juiz relator menciona que:

"A possibilidade de reconhecimento *ex officio* do exagero da cláusula penal, com a consequente redução equitativa, foi confirmada na IV Jornada de Direito Civil, promovida pelo Centro de Estudos Judiciários do Conselho da Justiça Federal, resultando, assim, na aprovação do Enunciado 356, *verbis*: "(...) De todo o exposto, e porque clara e demonstrada nos autos a gritante desproporção entre a multa pactuada (R$ 1.000,00) e a mora de apenas três dias (e apenas em relação à ultima parcela do acordo), entendo que vale prestigiar, casuisticamente, a máxima da razoabilidade alhures referida, bem como os postulados da equidade e da justiça tópica. Sendo mais que evidente a onerosidade excessiva da penalidade, dou provimento apenas parcial ao recurso: por um lado, reconheço a mora; por outro, reduzo a cláusula penal, de ofício, e em juízo de equidade, ao valor de R$ 100,00.Observe-se que o montante ora arbitrado equivale, em termos práticos, aos R$ 1.000,00 da multa divididos por 30 (mês comercial) e multiplicado por 3 (dias de mora), critério este que, em face das peculiaridades do caso, afigura-se-me absolutamente justo e razoável".

Já que a necessidade de redução equitativa da cláusula penal deve-se ao fato de permitir que o contrato atinja sua função social, não se pode esquecer que a norma terá caráter de ordem pública, por força do disposto no parágrafo único do art. 2.035 do CC vigente, que elevou a função social do contrato a preceito de ordem pública.[39]

Para Judith Martins-Costa[40] a referida norma é *ius cogens* (cogente), não podendo ser afastada pela autonomia negocial, seja em face dos valores que contém, seja em razão da linguagem imperativa. Trata-se de um poder-dever do julgador.

O que se permite pactuar são os parâmetros da redução, subordinados ao crivo judicial, nos moldes do art. 413 do CC.[41]

Ademais, não se pode ignorar que se vive no "império dos contratos padronizados" e que o Código Civil vigente determina no art. 424 ser nula, nos contratos de adesão, a cláusula que estipule a renúncia do aderente a direito resultante da natureza do negócio.

A importância da alteração do dispositivo em comento é que a redução não se aplicará somente se a obrigação for cumprida em parte, mas também se o valor da cláusula penal for excessivo, em relação à natureza e à finalidade do negócio. Essa possibilidade é muito bem-vinda

---

39. "Art. 2.035. (...) Parágrafo único. Nenhuma convenção prevalecerá se contrariar preceitos de ordem pública, tais como os estabelecidos por este Código para assegurar a função social da propriedade e dos contratos."
40. Martins-Costa, Judith. *Do inadimplemento das obrigações* cit., p. 478-479.
41. Idem, p. 479.

se se considerar a possibilidade de revisão do valor excessivo da multa e mostra que a cláusula penal possui uma função social.

Renan Lotufo[42] festeja a inclusão desta possibilidade no Código Civil de 2002. Para ele, o novo teor do dispositivo alarga a previsão do Código de 1916, de forma a reprimir o manifesto desequilíbrio e a excessiva oneração da esfera do devedor, ao permitir a intervenção judicial no caso de ocorrer desequilíbrio desde a origem da estipulação.

No entanto, como ressaltava Jean Carbonnier,[43] o excesso na cláusula penal para autorizar sua redução equitativa deve *sauter aux yeux*, ou seja, saltar aos olhos. A manifestação do autor é muito oportuna, principalmente caso se leve em consideração a verdadeira crise da autonomia da vontade nas relações obrigacionais atuais, em função da predominância dos contratos padronizados.

Imaginava-se que o contrato de adesão era aquele oriundo de formulários pré-impressos, tais como contratos de cartão de crédito, cheque especial, prestação de serviços de telefonia celular, dentre outros. Este pensamento era fruto do conceito errôneo de contrato de adesão, que muitos tinham como aquele em que não há discussão de cláusulas.

Entretanto, com o passar do tempo, percebeu-se que há a possibilidade de se ter um contrato de adesão mesmo se discutindo cláusulas. Não se pode dizer que um contrato de empréstimo bancário perderia sua natureza de adesão somente porque o consumidor pode escolher o vencimento da sua prestação. Por esse motivo, entende-se que o melhor conceito de contrato de adesão está no *caput* do art. 54 do CDC, que é aquele cujas cláusulas tenham sido aprovadas pela autoridade competente ou estabelecidas unilateralmente pelo fornecedor de produtos ou serviços, sem que o consumidor possa discutir ou modificar substancialmente seu conteúdo.

Assim, verifica-se que, mesmo no âmbito civil, devemos conceituar o contrato de adesão como aquele em que uma das partes não pode discutir ou modificar substancialmente o seu conteúdo.

---

42. LOTUFO, Renan. *Código Civil comentado – Obrigações – Parte geral*, p. 478.

43. CARBONNIER, Jean. *Droit civil 4 – Les obligations*, p. 323.

Esta falsa impressão comentada anteriormente é que fazia com que se imaginasse que só havia contratos de adesão nas relações de consumo, e não nas relações civis. No entanto, isso não é verdade, haja vista que há contratos civis que são naturalmente de adesão, como o contrato de franquia, no qual o franqueado está impossibilitado de modificar o conteúdo do contrato elaborado pelo franqueador, uma vez que este último é quem estipulará as regras para o funcionamento da franquia.

Isso fez com que o legislador civilista reconhecesse a existência do contrato de adesão civil, introduzindo no Código Civil vigente normas sobre este tipo de contrato,[44] eis que qualquer contrato pode ser de adesão na esfera privada, de acordo com o aludido critério classificatório fulcrado na estipulação do conteúdo patrimonial.

Dessa forma, verifica-se que não são os contratos consumeristas que têm a prerrogativa de serem feitos na modalidade de adesão, mas também os contratos civis. Note-se que, no contrato de locação de imóvel urbano e no contrato de fiança locatícia, são raríssimas as possibilidade de o locatário e de o fiador discutirem o conteúdo contratual. Em razão de tal prática é que são cometidos inúmeros abusos no momento da contratação.

Por este motivo Paulo Luiz Netto Lôbo[45] afirma que, no contrato de adesão, a redução equitativa da cláusula penal é regra, pois sua fixação não teve origem em acordo ou consentimento, mas em predisposição unilateral do contratante, que o utiliza, no interesse do seu negócio, uniformemente para a coletividade de aderentes.

Foi por causa disso que Grant Gilmore[46] chegou a afirmar que a ideia de contrato morreria, já que na grande maioria dos casos não seria possível ambas as partes manifestarem sua vontade.

---

44. "Art. 423. Quando houver no contrato de adesão cláusulas ambíguas ou contraditórias, dever-se-á adotar a interpretação mais favorável ao aderente."
"Art. 424. Nos contratos de adesão, são nulas as cláusulas que estipulem a renúncia antecipada do aderente a direito resultante da natureza do negócio."

45. Lôbo, Paulo Luiz Netto. *Teoria geral das obrigações* cit., p. 311.

46. Gilmore, Grant. *La morte del contratto*. Trad. Andrea Fusaro. Milano: Giuffrè, 1988.

Por esse motivo é que o Código Civil de 2002 trouxe dois novos princípios, denominados como sociais, haja vista que o contrato é um instrumento indispensável à sociedade, principalmente porque hoje ele acaba atingindo uma significativa parcela da sociedade, independentemente de sua condição social.

Com isso, verifica-se que o Código Civil de 2002 foi incorporador de uma nova teoria geral dos contratos, que muito se assemelha à descrita no Código de Defesa do Consumidor, já que novos princípios foram incorporados, tais como a função social do contrato e a boa-fé objetiva.

No entanto, para Gustavo Tepedino,[47] isto não é o suficiente para impedir tais abusos. Segundo ele, a solução estaria em se aplicar o Código de Defesa do Consumidor a *todos* os contatos de adesão, sejam civis ou não.

Não comungamos desse posicionamento. Isso afronta o conceito de consumidor e de fornecedor, que é o alicerce da aplicação do Código de Defesa do Consumidor.

Esta constatação foi feita por Claudia Lima Marques, que entende que hoje há uma forte aproximação principiológica entre o Código Civil e o Código de Defesa do Consumidor. Tal pensamento foi convertido em enunciado na III Jornada de Direito Civil do Conselho da Justiça Federal, de autoria de Wladimir Alcibíades Marinho Falcão Cunha, que recebeu o n. 167.[48]

O referido enunciado apresenta a tese do *diálogo das fontes*, motivo pelo qual não se pode aplicar o Código de Defesa do Consumidor aos contratos de adesão civis, haja vista que inexiste relação de consumo e há, no Código Civil, mecanismos de combate para se coibirem os abusos que porventura ocorram.

---

47. Tepedino, Gustavo. As relações de consumo e a nova teoria contratual. *Temas de direito civil*, p. 233.

48. Enunciado 167, CJF: "Com o advento do CC/2002, houve forte aproximação principiológica entre esse Código e o CDC no que diz respeito à regulação contratual, pois ambos são incorporadores de uma nova teoria geral dos contratos".

Registre-se, porém, a opinião de Gustavo Tepedino,[49] segundo o qual, mesmo com o advento do Código Civil de 2002, ainda há a possibilidade de se aplicar o Código consumerista em qualquer contrato de adesão, pois o Código Civil de 2002 passou a disciplinar os contratos de adesão, reconhecendo no aderente um contratante merecedor de uma tutela especial (arts. 423 e 424). Contudo, a definição de "contratos de adesão" permanece sendo a constante do Código de Defesa do Consumidor (art. 54). Os argumentos citados no sentido da possibilidade de, sob certas circunstâncias, aplicar analogicamente o Código de Defesa do Consumidor aos contratos de adesão civil sobreviveram ao advento do Código Civil. A disciplina do Código de Defesa do Consumidor, mais pormenorizada e sistemática, poderá ser invocada para o efeito de suprir lacunas do Código Civil na tutela do aderente em condição de inferioridade.

Deixando de lado a polêmica doutrinária, cumpre destacar que o contrato de adesão é uma realidade em grande parte das relações contratuais, sejam civis ou consumeristas, motivo pelo qual inúmeros abusos podem acontecer. Acertadamente, o legislador introduziu um mecanismo importantíssimo no combate a tal acontecimento, que é a possibilidade da redução equitativa da cláusula penal excessiva, para que ela cumpra com sua função social.

É importante salientar que, como afirma Paulo Luiz Netto Lôbo,[50] na maioria dos sistemas jurídicos, a cláusula contratual excessiva é declarada nula, o que não ocorre no direito brasileiro, já que o excesso é ineficaz, ou seja, ficará no plano da eficácia do negócio jurídico, opinião compartilhada por Jorge Cesa Ferreira da Silva.[51]

No entanto, a dúvida que surge é se o juiz poderá reduzir a cláusula penal equitativamente de ofício, ou se será necessária a provocação das partes para tal providência.

Entende-se que a inovação da redução equitativa da cláusula penal, quando ela é desproporcional, deve-se ao fato de o Código Ci-

---

49. Tepedino, Gustavo. *As relações de consumo e a nova teoria contratual* cit., p. 233.

50. Lôbo, Paulo Luiz Netto. *Teoria geral das obrigações* cit., p. 311.

51. Silva, Jorge Cesa Ferreira da. *Inadimplemento das obrigações* cit., p. 269.

vil de 2002 adotar o princípio da função social do contrato, que será ofendido caso a parte, numa relação contratual, tenha de se submeter ao pagamento de um valor absurdo. Dessa forma, o contrato não cumprirá sua função social.

Se o referido dispositivo elevou a função social do contrato a preceito de ordem pública, e a redução equitativa da cláusula penal tem por fim garantir o respeito a tal princípio, conclui-se pela possibilidade de sua declaração de ofício pelo magistrado.

Entende dessa forma Judith Martins-Costa,[52] para quem o Código Civil brasileiro é omisso acerca da imposição do ônus ao devedor, motivo pelo qual o juiz deve reduzir de ofício, mas nada impede, por óbvio, que o devedor interessado peça a redução.

Outra não é a opinião de Paulo Luiz Netto Lôbo,[53] que entende ser a redução judicial, mediante a aplicação da equidade, não uma faculdade concedida ao juiz, mas, sim, um dever, que o autoriza a aplicá-la de ofício, diante de seu interesse social relevante. Caio Mário da Silva Pereira[54] também entendia que tal norma, dirigida ao juiz, transformou o poder em dever.

Everaldo Augusto Cambler[55] menciona que o legislador eliminou qualquer dúvida quanto ao caráter facultativo da redução da cláusula penal, já que o texto da lei (art. 413 do CC/2002) menciona que o juiz deverá reduzi-la.

Esse pensamento nos fez propor outro enunciado na IV Jornada de Direito Civil do Conselho da Justiça Federal – CJF, que foi aprovado nos seguintes termos: "Nas hipóteses previstas no art. 413 do CC, o juiz deverá reduzir a cláusula penal de ofício".

Nossa proposição foi aprovada pelo plenário e tornou-se o Enunciado 356.

---

52. Martins-Costa, Judith. *Do inadimplemento das obrigações* cit., p. 476.

53. Lôbo, Paulo Luiz Netto. *Teoria geral das obrigações* cit., p. 311.

54. Pereira, Caio Mário da Silva. *Instituições de direito civil – Teoria geral das obrigações* cit., p. 160.

55. Cambler, Everaldo Augusto. *Curso avançado de direito civil – Direito das obrigações*, vol. 2, p. 101.

No nosso entendimento, o art. 413 do CC/2002 veio substituir o art. 924 do CC/1916, que trata da redução da cláusula penal.

O dispositivo da novel legislação utilizou-se de linguagem diferenciada da norma do Código revogado, o que parece comprovar uma substancial modificação acerca do tema. Enquanto o art. 924 do CC/1916 determinava que o juiz poderia reduzir a cláusula penal, a atual legislação estipula que o magistrado deve reduzi-la. Isso demonstra o caráter imperativo da norma, que obrigará o magistrado a efetuar a redução da cláusula penal de ofício, se ocorrer alguma das hipóteses descritas no mencionado art. 413, o que evidencia que a cláusula penal possui uma função social.

Entende-se que o art. 413 do CC tem origem no art. 85, § 2, do Código de Obrigações da Polônia, que determina ser nula qualquer disposição contrária à redução da multa.

Em que pesem alguns posicionamentos contrários, o assunto não é novo, motivo pelo qual J. M. Carvalho Santos,[56] já em 1937, analisando a cláusula penal à luz do Código Civil de 1916, afirmava que o juiz deveria reduzi-la de ofício, pois para ele existia nulidade na cláusula penal excessiva.

Entende-se que não seria caso de nulidade, mas de ineficácia, já que são duas as hipóteses de redução da cláusula penal: violar o limite estabelecido em lei e a sua excessividade, mesmo quando dentro do limite legal. Setenta anos depois da publicação da obra de Carvalho Santos, verifica-se que o seu entendimento continua atual, em face da determinação da legislação vigente, ao atribuir a redução como um dever do juiz.

Nesse sentido, Judith Martins-Costa[57] afirma que no novo Código a redução, nestas hipóteses, não configura faculdade do juiz, à qual corresponderia, para o devedor, mero interesse ou expectativa. Ao contrário, constitui *dever do julgador*, ao qual corresponde, para o devedor, verdadeira pretensão que, violada, dá ensejo ao direito subjetivo de ver reduzida a cláusula penal. Trata-se, portanto, de evidente ampliação

56. Carvalho Santos, J. M. *Código Civil brasileiro interpretado – Direito das obrigações* cit., p. 431.

57. Martins-Costa, Judith. *Do inadimplemento das obrigações* cit., p. 468-469.

do poder-dever de *revisar o negócio*, que, no direito contemporâneo, tem sido progressivamente confiado ao juiz, mas que encontra raízes históricas nas construções dos canonistas medievais.

Partilhava do mesmo pensamento Washington de Barros Monteiro,[58] para quem a pena poderia ser reduzida pelo magistrado, ainda que não houvesse pedido a respeito, ou ainda que as partes houvessem convencionado seu pagamento por inteiro. A disposição é de ordem pública, não podendo, destarte, ser alterada pelos particulares. Também nessa direção apontam Silvio de Salvo Venosa,[59] Carlos Roberto Gonçalves,[60] Paulo Nader,[61] José Roberto de Castro Neves,[62] Luiz Antonio Scavone Jr.,[63] Nelson Godoy Bassil Dower,[64] Cristiano Chaves de Farias e Nelson Rosenvald.[65]

Caio Mário da Silva Pereira[66] discordava de tal entendimento, já que, para ele, a redução da cláusula penal de ofício fere a autonomia da vontade, e contraria a natureza da pena convencional o caráter imperativo da norma.

A mesma opinião possui Jorge Cesa Ferreira da Silva,[67] que acredita ser desnecessário e desaconselhável aceitar a revisibilidade de ofício

---

58. Monteiro, Washington de Barros. *Curso de direito civil – Direito das obrigações* cit., p. 214.
59. Venosa, Silvio de Salvo. *Direito civil – Teoria geral das obrigações e teoria geral dos contratos* cit., p. 377.
60. Gonçalves, Carlos Roberto. *Direito civil brasileiro – Teoria geral das obrigações* cit., p. 386.
61. Nader, Paulo. *Curso de direito civil – Obrigações* cit., p. 576.
62. Neves, José Roberto de Castro. *O Código do Consumidor e as cláusulas penais* cit., p. 189.
63. Scavone Jr., Luiz Antonio. Comentários aos arts. 389 a 420 cit., p. 450.
64. Dower, Nelson Godoy Bassil. *Curso moderno de direito civil – Direito das obrigações* cit., p. 409.
65. Farias, Cristiano Chaves de; Rosenvald, Nelson. *Direito das obrigações* cit., p. 430.
66. Pereira, Caio Mário da Silva. *Instituições de direito civil – Teoria geral das obrigações* cit., p. 160.
67. Silva, Jorge Cesa Ferreira da. *Inadimplemento das obrigações* cit., p. 281-282.

pelo juiz, mesmo em hipótese de pagamento parcial e nada obstante a imperatividade do verbo utilizada pelo legislador no art. 413 do CC/2002.

Discordamos das respeitáveis posições de ambos os doutrinadores, pelos motivos que passaremos a expor.

No direito francês, as Leis de 09.07.1975 e 11.10.1985 já permitiam que o magistrado exercesse um poder de revisão geral (*pouvoir de révision ex office*), transferindo o controle de legalidade e adaptação ao sistema jurídico das cláusulas penais, de acordo com o caso concreto.

Nelson Rosenvald,[68] em outra obra sobre o tema, explica que se trata de norma de ordem pública, na qual o magistrado tem o dever de adequar a cláusula penal para preservar a isonomia material entre as partes, o sinalagma contratual e os direitos fundamentais da outra parte e a sua dignidade humana.

Ademais, a redução equitativa da cláusula penal é forma de permitir que o contrato possa atingir sua função social, preconizada no art. 421 do CC/2002, princípio este que foi elevado à categoria de preceito de ordem pública pelo parágrafo único do art. 2.035 do referido Código.

Também defende essa ideia Mário Luiz Delgado,[69] que propugna pela redução da cláusula penal, que poderá se dar de ofício pelo juiz, mesmo que esteja dentro dos limites do art. 412 do CC.

Em razão disso, leciona Gustavo Tepedino[70] que, com a evolução dos princípios fundamentais do regime contratual, especialmente a partir da promulgação da Constituição Federal, a doutrina e a jurisprudência foram progressivamente alterando a interpretação do art. 924 do CC/1916,[71] passando a considerá-lo imperativo, ou seja, insuscetível de ser afastado pelo magistrado, a quem se tornou impositiva – e não mais apenas facultativa – a utilização do critério da proporcionalidade.

68. Rosenvald, Nelson. *Direito das obrigações* cit., p. 312.

69. Delgado, Mário Luiz et al. *Novo Código Civil comentado* cit., p. 324.

70. Tepedino, Gustavo. *Efeitos da crise econômica na execução dos contratos...* cit., p. 103-105.

71. O art. 413 do CC/2002 substituiu o referido dispositivo legal.

O autor afirma ainda que tais foram os antecedentes justificadores do art. 413 do CC/2002, que, seguindo a tendência jurisprudencial, o tornaram imperativo, atribuindo ao juiz o dever (não mais a faculdade) de aplicar o mecanismo em exame, e com equidade, aludindo ainda o codificador à finalidade do negócio, como forma de aferir se no caso concreto há compatibilidade funcional entre a cláusula penal e os fins perseguidos pelas partes.

Esses são os motivos pelo qual o magistrado, no atual sistema, tem o dever de reduzir a cláusula penal de ofício, nos casos do art. 413 do CC/2002. Não se pode esquecer que a cláusula penal possui uma função social a ser cumprida, motivo pelo qual o juiz deve fazer com que ela seja alcançada, o que justifica sua atuação *ex officio*.

Deve-se salientar, porém, que o juiz jamais poderá aumentar o valor da cláusula penal, ainda que ela seja desproporcional ao prejuízo sofrido.

No entanto, considerando que a equidade é o atual critério redutor da cláusula penal, para o caso do seu valor ser manifestamente excessivo e para o caso de a obrigação ter sido cumprida em parte, surge a seguinte dúvida: no caso da obrigação ser cumprida em parte, o montante cumprido da obrigação vai influenciar a forma de redução da cláusula penal?

Para Flávio Augusto Monteiro de Barros,[72] se o devedor cumpriu 70% do contrato, a cláusula penal deve ser reduzida em 70%.

Não é esta a melhor solução, haja vista que neste caso estaríamos, novamente, aplicando o critério da proporcionalidade para reduzir a cláusula penal. Conforme apontado anteriormente, esse critério foi revogado pelo critério da equidade.

Por esse motivo certíssimo está o Enunciado 359,[73] aprovado na IV Jornada de Direito Civil, que determina que o art. 413 do CC/2002 não impõe que a redução da cláusula penal seja feita na mesma proporção do percentual adimplido.

---

72. Barros, Flávio Augusto Monteiro de. *Manual de direito civil* cit., p. 184.

73. Enunciado 359: "Art. 413. A redação do art. 413 do CC não impõe que a redução da penalidade seja proporcionalmente idêntica ao percentual adimplido".

O juiz até poderá adotar que a redução da multa seja idêntica ao percentual adimplido se entender que dessa forma se fará justiça no caso concreto (conceito de equidade), mas, frise-se, o magistrado não está obrigado a seguir tal preceito matemático.

Por fim, a pergunta que se faz é: quando se pode pleitear a redução da cláusula penal, antes ou depois do inadimplemento?

Entende-se que é melhor aguardar a ocorrência do inadimplemento para falar em redução da cláusula penal, haja vista ser este o momento para se ter uma ideia acerca da sua excessividade ou não. Somente será passível de redução, antes do inadimplemento, a cláusula penal que violar o limite imposto por lei. Citamos como exemplo o limite descrito no art. 412 do CC/2002, bem como aquela flagrantemente abusiva, como a que estabelece multa de 90% da obrigação principal para o atraso por poucos dias.

Outra questão que surge é: se o devedor pagou uma cláusula penal que deveria ter sido reduzida, será que ele pode questioná-la judicialmente e requerer a devolução da diferença?

Entende-se que sim, pois o art. 884 do CC[74] veda o enriquecimento sem causa, motivo pelo qual não haveria por que proibir tal hipótese, uma vez respeitados os prazos prescricionais para se exigir a obrigação de entrega da diferença (obrigação de dar).

Cumpre ressaltar que a redução equitativa da cláusula penal, nos moldes descritos no art. 413 do CC/2002, pode ser aplicada mesmo que o seu valor seja inferior ao da obrigação principal, teto estabelecido pelo art. 412 do mesmo diploma legal, o que evidencia que a releitura do instituto deve ser feita sistematicamente, e não isoladamente, artigo por artigo.

---

74. "Art. 884. Aquele que, sem justa causa, se enriquecer à custa de outrem, será obrigado a restituir o indevidamente auferido, feita a atualização dos valores monetários."

6
A cláusula penal e a responsabilidade civil contratual

Neste capítulo pretende-se analisar a relação entre a cláusula penal e a responsabilidade civil contratual. Inicialmente, deve-se questionar se o devedor que paga uma cláusula penal está sendo responsabilizado civilmente em decorrência do inadimplemento. Entende-se que sim, motivo pelo qual se deve estudar tal modalidade de responsabilidade civil, pois por ela se saberá quando exigir o pagamento da cláusula penal e quando ela será despicienda.

A origem da responsabilidade civil contratual, explica Sérgio Cavalieri Filho,[1] segundo os romanistas, é controversa. Para uns, a origem está na responsabilidade civil delitual, da qual a responsabilidade contratual foi mera consequência. Para outros, a culpa contratual pelo descumprimento de uma obrigação voluntariamente assumida era o seu único fundamento.

Para o referido autor, os juristas franceses, buscando uma situação mais confortável para as vítimas que não teriam necessidade de provar a culpa, passam a pregar que, por já existir entre as partes um vínculo jurídico preestabelecido, o dever jurídico violado está perfeitamente configurado nesta relação jurídica.[2]

A doutrina classifica a responsabilidade civil em contratual e extracontratual. Silvio Rodrigues[3] afirmava que tal divisão é necessária, pois uma pessoa pode causar prejuízo a outra tanto por descumprir uma obrigação contratual, como por praticar outra espécie de ato ilícito. Com relação ao descumprimento de obrigação contratual deve-se analisar se haverá incidência ou não da cláusula penal.

1. Cavalieri Filho, Sérgio. *Programa de responsabilidade civil*, p. 292-293.
2. Idem, p. 293.
3. Rodrigues, Silvio. *Direito civil – Responsabilidade civil*, p. 8.

Afirma Carlos Roberto Gonçalves[4] que os adeptos da tese unitária ou monista criticam essa dualidade de tratamento, uma vez que para eles não importa o aspecto que se apresenta a responsabilidade civil no cenário jurídico, pois seus efeitos são uniformes.

Explica o referido doutrinador que o Código Civil de 2002 disciplinou a responsabilidade contratual no art. 389 e seguintes e a extracontratual nos arts. 186 a 188 e 927 e seguintes, omitindo, porém, qualquer referência diferenciadora. Verifica-se, desta forma, que o Código Civil de 2002 adotou a tese dualista ou clássica, mesmo sendo ela muito combatida na doutrina moderna. Como exemplo podem ser citados os Códigos Civis alemão e português, que estabelecem regras uniformes às duas modalidades ao criarem uma série de disposições de caráter geral.

José de Aguiar Dias[5] afirmou que na França os irmãos Mazeaud preconizavam a necessidade de regras gerais para a responsabilidade civil contratual e extracontratual, ideia que contava com a sua simpatia. Para o autor, a responsabilidade contratual exige três pressupostos: o ato ilícito, o dano e o nexo causal.[6]

A culpa não é elemento da responsabilidade civil contratual, já que é presumida pela mora ou pelo inadimplemento, como afirmam Jorge Cesa Ferreira da Silva,[7] Luiz Antonio Scavone Jr.[8] e Arnaldo Rizzardo.[9]

Afirma Mário Júlio de Almeida Costa[10] que na legislação portuguesa a lei estabelece uma presunção de culpa do devedor na responsabilidade civil contratual; portanto, sobre ele é que recai o ônus da prova da não culpa. Tal presunção vem disciplinada no art. 799.º do Código Civil português.

Mesmo não havendo, a exemplo da legislação lusitana, disposição expressa no Código Civil de 2002 a estabelecer tal presunção, entende-

4. Gonçalves, Carlos Roberto. *Responsabilidade civil*, p. 26.
5. Dias, José de Aguiar. *Da responsabilidade civil*, vol. 1, p. 132.
6. Idem, p. 124.
7. Silva, Jorge Cesa Ferreira da. *Inadimplemento das obrigações* cit., p. 247.
8. Scavone Jr., Luiz Antonio. *Obrigações – Abordagem didática* cit., 3. ed., p. 209.
9. Rizzardo, Arnaldo. *Direito das obrigações* cit., p. 552-553.
10. Costa, Mário Júlio de Almeida. *Noções fundamentais de direito civil*, p. 295.

-se que ela existe em razão das regras de inadimplemento existentes na legislação brasileira.

A existência da presunção da culpa é que inviabiliza a parte do Projeto de Lei 7.312/2002, de Ricardo Fiuza,[11] que propõe a supressão do termo "culposamente" do art. 408 do CC/2002, em razão da incidência da cláusula penal não poder ficar condicionada à apuração de culpa do devedor.

Entende-se que a função do termo "culposamente", no citado artigo, é para excluir a incidência da cláusula penal no caso de ausência de culpa, já que esta é presumida em caso de responsabilidade civil contratual.

No entanto, tal presunção é *iuris tantum*, pois admite prova em contrário: uma vez provado que o inadimplemento não se deu por culpa do devedor, não há falar em responsabilidade civil contratual.[12]

Vê-se isso no art. 392 do CC/2002,[13] que encontra correspondente no Código Civil português (art. 790.º)[14] e no Código Civil uruguaio (art. 1.343).[15]

---

11. Fiuza, Ricardo. *O novo Código Civil e as propostas de aperfeiçoamento*, p. 75.
12. Comunga do mesmo entendimento Cavalieri Filho, Sérgio. *Programa de responsabilidade civil* cit., p. 297.
13. "Art. 392. Nos contratos benéficos, responde por simples culpa o contratante, a quem o contrato aproveite, e por dolo aquele a quem não favoreça. Nos contratos onerosos, responde cada uma das partes por culpa, salvo as exceções previstas em lei."
14. "Art. 790.º (Impossibilidade objectiva): 1. A obrigação extingue-se quando a prestação se torna impossível por causa não imputável ao devedor. 2. Quando o negócio do qual a obrigação procede houver sido feito sob condição ou a termo, e a prestação for possível na data da conclusão do negócio, mas se tornar impossível antes da verificação da condição ou do vencimento do termo, é a impossibilidade considerada superveniente e não afecta a validade do negócio."
15. "Artículo 1.343. No se deben daños y perjuicios, cuando el deudor no ha podido dar o hacer la cosa a que estaba obligado o ha hecho lo que le estaba prohibido, cediendo a fuerza mayor o por caso fortuito. (Artículo 1549). No se entienden comprendidos en la regla antedicha, los casos siguientes: 1. Si alguna de las partes ha tomado sobre si especialmente los casos fortuitos o la fuerza mayor. 2. Si el caso fortuito ha sido precedido de alguna culpa suya, sin la cual no habría tenido lugar la pérdida o inejecución. 3. Si el deudor

Analisando o texto legal verifica-se que o ato ilícito exige a ocorrência de um dano e que existe entre eles uma relação de causa e efeito, denominada nexo causal.

Entretanto, rompem o nexo causal as excludentes de responsabilidade civil contratual, que, segundo Luiz Antonio Scavone Jr.,[16] são: a) ausência de culpa do devedor absolutamente inadimplente ou moroso; b) caso fortuito e motivo de força maior; c) cláusula de não indenizar.

As excludentes de responsabilidade civil contratual tornam inexigível a cláusula penal.

A ausência de culpa do devedor absolutamente inadimplente ou moroso pode se verificar em vários casos. Por exemplo, com a morte e a incapacidade superveniente do devedor.

A morte põe fim às obrigações personalíssimas, motivo pelo qual deve o espólio devolver quaisquer valores adiantados para restituir as partes ao *statu quo ante*. A incapacidade superveniente do devedor pode extinguir a obrigação. Como exemplo, pode ser citado o caso de o depositário se tornar incapaz, em que o art. 641 do CC/2002 determina a extinção da obrigação e a consequente devolução do bem depositado, bem como o caso da incapacidade superveniente do fiador, que pode ser substituído segundo a regra do art. 826 do CC/2002.

Com relação ao caso fortuito e força maior, o grande problema é buscar seu real significado. Para Guilherme Couto de Castro,[17] o Código Civil de 2002 iguala os efeitos de ambos os institutos. Correto é o pensamento do referido doutrinador de que efetuar tal distinção é inútil, haja vista que o parágrafo único do art. 393 do CC/2002 estabelece que tanto o caso fortuito quanto de força maior são oriundos de um fato necessário, cujos efeitos não era possível evitar ou impedir.

Paulo Nader[18] entende que a culpa *lato sensu* (que inclui a culpa *stricto sensu* e o dolo) do devedor é um dos pressupostos de exigibilidade da cláusula penal.

---

había caído en mora antes de realizarse el caso fortuito; debiéndose observar lo dispuesto en el Capítulo VI, Título III, Parte Primera de este Libro."

16. Scavone Jr., Luiz Antonio. *Obrigações – Abordagem didática* cit., p. 209-215.

17. Castro, Guilherme Couto de. *A responsabilidade civil objetiva no direito brasileiro*, p. 16.

18. Nader, Paulo. *Curso de direito civil – Obrigações* cit., p. 571.

Discorda deste entendimento Carlos Roberto Gonçalves,[19] que acredita que o art. 408 do CC/2002 determina a incidência da cláusula penal somente no caso de culpa *stricto sensu*, já que, na hipótese de ato doloso do devedor, a indenização pelas perdas e danos dever ser integral, mesmo que o valor da cláusula penal seja inferior ao montante do prejuízo e que no contrato não exista disposição expressa que autorize o credor a pleitear indenização suplementar.

Pensam da mesma maneira Mário Luiz Delgado e Jones Figueirêdo Alves,[20] ao afirmarem que o Código Civil de 2002 deixa expresso no art. 408 que a cláusula penal decorre necessariamente de uma ação culposa do devedor (culpa *stricto sensu*), pois, se o descumprimento da obrigação decorrer de caso fortuito ou força maior, não poderá o credor postular a incidência da cláusula penal.

Acertado é o pensamento de Paulo Nader, pois o art. 408 refere-se à culpa *lato sensu*, que inclui a culpa *stricto sensu* e o dolo, já que não houve tal diferenciação no referido dispositivo, e que uma interpretação diversa esvaziaria o comando descrito no referido artigo, pois o devedor poderia descumprir a obrigação dolosamente se soubesse da dificuldade do credor em provar o prejuízo, ou se este não existiu. Este também é o entendimento de Silvio de Salvo Venosa.[21]

Quanto ao caso fortuito e de força maior, só não atuam como excludentes de responsabilidade civil se no negócio jurídico o devedor tiver assumido expressamente os risco de sua ocorrência, como permite o *caput* do art. 393 do CC/2002, pela *cláusula de assunção convencional*.

Cumpre ressaltar, porém, que tal cláusula, pela sistemática moderna das relações contratuais, é inadmissível em contratos de adesão, consoante art. 424 do ordenamento civil, haja vista que caracterizará uma renúncia antecipada do aderente à regra prevista em lei de se excluir a responsabilidade civil na hipótese de ocorrer caso fortuito ou força maior. Tal entendimento também é compartilhado pelos juristas

---

19. Gonçalves, Carlos Roberto. *Direito civil brasileiro – Teoria geral das obrigações* cit., p. 385.

20. Delgado, Mário Luiz; Alves, Jones Figuerêdo. *Código Civil anotado: inovações comentadas artigo por artigo*, p. 212.

21. Venosa, Silvio de Salvo. *Direito civil – Teoria geral das obrigações e teoria geral dos contratos* cit., p. 374.

do Conselho da Justiça Federal, que participaram da III Jornada de Direito Civil aprovando o Enunciado 172.[22]

Quanto à cláusula de não indenizar, permitida pela autonomia privada das partes negociantes, a doutrinadora portuguesa Ana Prata[23] ressalta quais são suas espécies: a) cláusulas de supressão total de responsabilidade, que são aquelas que objetivam exonerar o devedor de indenizar no caso de descumprimento culposo; b) cláusulas de responsabilidade temporária, nas quais a responsabilidade permanece incólume, porém somente durante certo tempo; c) cláusulas limitativas da responsabilidade ou de responsabilidade atenuada, que são aquelas que tarifam o valor pecuniário do ressarcimento ou excluem a responsabilidade na hipótese.

Afirma Arnaldo Rizzardo[24] que nada impede às partes pactuarem um limite para a indenização suplementar. Convenciona-se a cláusula penal em R$ 100,00 e permite-se ao credor pleitear judicialmente uma indenização suplementar, se o valor da cláusula penal for insuficiente para remunerar as perdas e danos, mas se limita o pagamento desta indenização suplementar em R$ 200,00.

Entretanto, não se pode convencionar a cláusula de não indenizar em todas as relações contratuais. Por exemplo, nos contratos de transporte, o art. 734 do CC/2002[25] e a Súmula 161 do STF[26] vedam tal estipulação.

Já mencionava José de Aguiar Dias[27] que não há possibilidade de admitir a impunidade para a violação da obrigação de incolumidade, já que no direito brasileiro não se pode tergiversar sobre tal matéria, que é implícita no contrato de transporte.

---

22. Enunciado 172: "Art. 424. As cláusulas abusivas não ocorrem exclusivamente nas relações jurídicas de consumo. Dessa forma, é possível a identificação de cláusulas abusivas em contratos civis comuns, como, por exemplo, aquela estampada no art. 424 do CC/2002".

23. Prata, Ana. *Cláusulas de exclusão e limitação da responsabilidade contratual*, p. 132.

24. Rizzardo, Arnaldo. *Direito das obrigações* cit., p. 537.

25. "Art. 734. O transportador responde pelos danos causados às pessoas transportadas e suas bagagens, salvo motivo de força maior, sendo nula qualquer cláusula excludente da responsabilidade."

26. "Em contrato de transporte é inoperante a cláusula de não indenizar."

27. Dias, José de Aguiar. *Cláusula de não indenizar*, p. 234-235.

Nos contratos de consumo, o Código de Defesa do Consumidor[28] veda a cláusula de não indenizar, classificando-a como abusiva.

Entende-se que nos contratos de adesão civil também será inválida a cláusula de não indenizar, em virtude do art. 424 do CC/2002.

Não se aplica a referida cláusula, também, nos casos de responsabilidade civil extracontratual ou *aquiliana*, por ser preceito de ordem pública, como explicava Agostinho Alvim.[29]

Entretanto, afirma Marcos Jorge Catalan[30] que há outras modalidades de excludentes de responsabilidade civil contratual. A primeira excludente citada é a frustração do fim do contrato, que, inclusive, foi reconhecida pelo Conselho da Justiça Federal, que aprovou na III Jornada de Direito Civil, realizada em Brasília, no início de dezembro de 2004, o Enunciado 166.[31]

A tese da frustração do fim do contrato esbarra no estudo da causa do negócio jurídico. Partindo do pressuposto de que todo o negócio jurídico é causal, a impossibilidade de cumprimento da finalidade para o qual se dispunha acarreta a sua extinção, sem o dever de o devedor arcar com as perdas e danos, pela quebra da base do negócio.

Para Ruy Rosado de Aguiar Jr.,[32] a frustração da finalidade própria do contrato, por fatos externos e não incluídos no risco daquele tipo de negócio, destroi a razão de ser da permanência das obrigações.

---

28. "Art. 51. São nulas de pleno direito, entre outras, as cláusulas contratuais relativas ao fornecimento de produtos e serviços que: I – impossibilitem, exonerem ou atenuem a responsabilidade do fornecedor por vícios de qualquer natureza dos produtos e serviços ou impliquem renúncia ou disposição de direitos. Nas relações de consumo entre o fornecedor e o consumidor-pessoa jurídica, a indenização poderá ser limitada, em situações justificáveis; (...)."

29. Alvim, Agostinho. *Da inexecução das obrigações e suas consequências*, p. 337.

30. Catalan, Marcos Jorge. *Descumprimento contratual: modalidades, consequências e hipóteses de exclusão do dever de indenizar*, p. 196-208.

31. Enunciado 166: "Arts. 421 e 422 ou 113: A frustração do fim do contrato, como hipótese que não se confunde com a impossibilidade da prestação ou com a excessiva onerosidade, tem guarida no direito brasileiro pela aplicação do art. 421 do CC".

32. Aguiar Jr., Ruy Rosado de. *Extinção dos contratos por incumprimento do devedor*, p. 151.

Marcos Jorge Catalan[33] cita como exemplo da frustração do fim do contrato a locação de determinada sacada para turista, por ocasião de desfile carnavalesco, que, por alguma razão, não se realiza.

Outra excludente citada pelo autor é o fato de terceiro, assim reconhecido, também, pelo Superior Tribunal de Justiça.[34] No referido julgado verifica-se que, no contrato de transporte, não há responsabilidade pelo prejuízo decorrente de assalto feito por terceiro, se o objetivo do contrato era levar um passageiro de um destino a outro.

Menciona, também, Marcos Jorge Catalan[35] que a falta de cooperação do credor é outra excludente de responsabilidade civil contratual, já que, de fato, na medida em que se impõe a ambas as partes o dever de colaborar com o parceiro negocial, tendo como foco o adequado desempenho da prestação, é evidente que eventos imputáveis à conduta do credor, que ofendam ao necessário dever de cooperação, retiram as consequências do incumprimento, em qualquer de suas modalidades, da esfera de responsabilidade do devedor.

Considere-se uma pessoa que contrata um amigo para pintar sua casa em dez dias, porém proíbe a entrada desse amigo no local, impedindo a execução do serviço. Nesse caso, o credor violaria o dever de boa-fé objetiva, descrito no art. 422 do CC/2002, como introdutor de regras de conduta baseada nos deveres anexos. Pode-se afirmar que, neste caso, teríamos a culpa exclusiva da vítima.

Por fim, a última excludente citada por Marcos Jorge Catalan é a *exceptio non adimpleti contractus*,[36] prevista no art. 476 do CC/2002, e a *exceptio non rite adimpleti contractus*, prevista no art. 477 do CC/2002.

---

33. Catalan, Marcos Jorge. *Descumprimento contratual*... cit., p. 196.

34. "Responsabilidade civil – Estrada de ferro – Passageiro ferido em assalto. O fato de terceiro que não exonera de responsabilidade o transportador é aquele que com o transporte guarda conexidade, inserindo-se nos riscos próprios do deslocamento. Não assim quando intervenha fato inteiramente estranho, como ocorre tratando-se de um assalto" (STJ, REsp 35.436-6/SP, 3.ª T., rel. Min. Eduardo Ribeiro).

35. Catalan, Marcos Jorge. *Descumprimento contratual*... cit., p. 202.

36. "Art. 476. Nos contratos bilaterais, nenhum dos contratantes, antes de cumprida a sua obrigação, pode exigir o implemento da do outro."

As mencionadas exceções somente são opostas em contratos bilaterais, em que, no primeiro caso, tem-se que ninguém é obrigado a cumprir com sua obrigação em contrato sinalagmático se a outra parte não cumpriu com a dela dentro de determinado prazo. Por exemplo, quem vende um carro não precisa entregá-lo à outra parte se esta não efetuou o pagamento que estava combinado. Na segunda hipótese, ninguém é obrigado a cumprir com sua obrigação no contrato bilateral se a outra parte cumpriu com a dela, mas de forma errada, incompleta ou defeituosa. Por exemplo, um azulejista que quer cobrar por serviço executado de maneira diversa do que fora contratado.

Não se pode, neste caso, responsabilizar o devedor pelo inadimplemento, salvo se no negócio jurídico houver cláusula de renúncia às referidas exceções, que é a denominada *solve et repete* (paga e depois pede). Deve-se lembrar, porém, que não se admite tal cláusula em contrato de adesão, consoante o art. 424 do CC/2002.

Além dos pressupostos da responsabilidade civil, para Sérgio Cavalieri Filho[37] o dever de indenizar pelo inadimplemento contratual exige também a existência de um contrato válido e a sua inexecução no todo ou em parte.

A inexecução do contrato pode gerar o inadimplemento absoluto ou relativo. No inadimplemento absoluto a prestação não pode ser mais cumprida, uma vez que se tornou inútil ao credor. Como exemplo, pode-se citar o atraso de uma costureira em entregar vestido de noiva: se a entrega for feita após a noiva ter se casado, a prestação se tornou inútil.

No inadimplemento relativo, a prestação pode ser cumprida, mesmo que tardiamente, motivo pelo qual se pode afirmar que está havendo apenas demora no cumprimento da obrigação, ou seja, sinônimo de mora.

Como a cláusula penal tem como função a prefixação das perdas e danos, tornando-se uma forma de responsabilizar civilmente o devedor pelo inadimplemento da obrigação, com valor já estabelecido antes da sua ocorrência, a mesma será caracterizada como uma exceção dentro da referida regra.

---

37. Cavalieri Filho, Sérgio. *Programa de responsabilidade civil* cit., p. 293-297.

Tudo porque o Código Civil de 2002 estabelece no art. 416 que, para exigir a pena convencional, não é necessário que o credor alegue prejuízo. Dessa forma, pode-se dizer que a cláusula penal é, excepcionalmente, uma forma de se responsabilizar o devedor independentemente da ocorrência de dano. Essa é a posição seguida pela jurisprudência.[38]

Caio Mário da Silva Pereira[39] afirmava que, mesmo que o devedor produza a prova incontroversa da ausência de prejuízo em razão do inadimplemento, a cláusula penal é devida, já que a dispensa em demonstrar o prejuízo se erige em *praesumptio iuris et de iure* de que a inexecução é, em si mesma, danosa sempre, o que afasta inteiramente a oportunidade de prova contrária.

Assim sendo, a cláusula penal é devida pelo simples inadimplemento, não cabendo a apuração de prejuízo.

Que tipo de prejuízo, porém, a cláusula penal visa a remunerar? Entende-se que somente o prejuízo material descrito no art. 402 do CC/2002, como os danos emergentes, ou aquilo que efetivamente se perdeu, e os lucros cessantes, ou o que razoavelmente se deixou de lucrar.

Pela sua natureza, a cláusula penal moratória pode ser cumulada com indenização por lucros cessantes. O STJ admite tal possibilidade,

---

38. "*Apelação cível – Rescisão contratual – Compromisso de compra e venda de imóvel – Cláusula penal – Redução.* I. Cláusula penal, também chamada de pena convencional, e pacto acessório à obrigação principal, no qual se estipula a obrigação de pagar pena ou multa para o caso de uma das partes se furtar ao cumprimento da obrigação principal. II. É lídima a cobrança da cláusula penal ao devedor que descumpre a obrigação ou se constitua em mora, sendo dispensável ao credor a comprovação do dano para sua exigência (arts. 408 e 416 do CC/2002). III. Possível é a redução da cláusula penal quando vislumbrado que o montante da penalidade for manifestamente excessivo (art. 413 do CC/2002), devendo a sanção corresponder a 10% do débito, nos termos da Lei 6.766/1979, art. 26, V, visando conferir equidade à relação contratual e, ainda, evitar-se o enriquecimento sem causa. Apelo conhecido e parcialmente provido" (TJGO, AC 110044-6/188, rel. Des. Luiz Eduardo de Sousa, *DJGO* 28.02.2008, p. 108).

39. Pereira, Caio Mário da Silva. *Instituições de direito civil – Teoria geral das obrigações* cit., p. 157.

ao julgar o caso de um promitente comprador, que, no caso de atraso na entrega do imóvel adquirido, tem direito a exigir, além do cumprimento da obrigação e do pagamento do valor da cláusula penal moratória prevista no contrato, a indenização correspondente aos lucros cessantes pela não fruição do imóvel durante o período da mora. Enquanto a cláusula penal compensatória funciona como pré-fixação das perdas e danos, a cláusula penal moratória, cominação contratual de uma multa para o caso de mora, serve apenas como punição pelo retardamento no cumprimento da obrigação. A cláusula penal moratória, portanto, não compensa o inadimplemento, nem substitui o adimplemento, não interferindo na responsabilidade civil correlata, que é decorrência natural da prática de ato lesivo ao interesse ou direito de outrem. Assim, não há óbice a que se exija a cláusula penal moratória juntamente com o valor referente aos lucros cessantes.

Vejamos a ementa do julgado:

"*Direito civil. Promessa de compra e venda de imóvel em construção. Inadimplemento parcial. Atraso na entrega do imóvel. Mora. Cláusula penal. Perdas e danos. Cumulação. Possibilidade*. 1. A obrigação de indenizar é corolário natural daquele que pratica ato lesivo ao interesse ou direito de outrem. Se a cláusula penal compensatória funciona como pré-fixação das perdas e danos, o mesmo não ocorre com a cláusula penal moratória, que não compensa nem substitui o inadimplemento, apenas pune a mora. 2. Assim, a cominação contratual de uma multa para o caso de mora não interfere na responsabilidade civil decorrente do retardo no cumprimento da obrigação que já deflui naturalmente do próprio sistema. 3. O promitente comprador, em caso de atraso na entrega do imóvel adquirido pode pleitear, por isso, além da multa moratória expressamente estabelecida no contrato, também o cumprimento, mesmo que tardio da obrigação e ainda a indenização correspondente aos lucros cessantes pela não fruição do imóvel durante o período da mora da promitente vendedora. 4. Recurso Especial a que se nega provimento." (REsp 1355554/RJ, 3.ª T., j. 06.12.2012, rel. Min. Sidnei Beneti).

Agora, quanto aos danos morais, os mesmos não estão abarcados pela cláusula penal, sendo plenamente possível a exigência desta para remunerar os "possíveis" danos materiais, que não necessitam ser provados, bem como dos danos morais, por meio de ação indenizatória.

Este é o entendimento de Yussef Said Cahali,[40] para quem há possibilidade de dano moral reparável resultante do descumprimento de obrigações contratuais.

Para exemplificar sua ocorrência prática, bem como sua aceitação pela jurisprudência, cita-se a ementa de um julgado do Tribunal de Justiça do Distrito Federal, que estabelece:

"Dano moral – Cláusula penal – Não prestação de serviços de fotografia e filmagem previamente contratados e pagos – Cerimônia de casamento. I – A cláusula penal não se confunde com a indenização decorrente da ocorrência do dano moral. A primeira refere-se apenas ao descumprimento parcial do contrato; a segunda, ao sofrimento e dano moral acarretados. II – Deixando o contratado de realizar serviços de fotografia e filmagem, previamente contratados e pagos, resta caracterizado o dano moral, impondo-se a sua indenização. III – Evidente o sofrimento e dor de um pai que se vê frustrado de guardar as imagens do casamento de uma filha, ante a negligência do contratado, que deixou de guardar devidamente as fitas de vídeo. IV – Recurso conhecido e improvido" (TJDF, ApCiv 20000011024936-3, 5.ª T., v.u.).

O julgado deixa bem claro que a exigência da cláusula penal, em virtude do inadimplemento do devedor, como forma de responsabilizá-lo civilmente por sua conduta ilícita, não impede de se pleitear judicialmente indenização por danos morais. Assim como no caso em tela, no qual o não comparecimento da equipe de filmagem para registrar a celebração do casamento, gera dano moral pela impossibilidade de reconstituição da cena e abstenção de poder guardar recordação deste momento.

Entende-se que os danos morais decorrentes do inadimplemento contratual, portanto, não estão incluídos no valor da cláusula penal, podendo ser pleiteados por ação indenizatória, haja ou não cláusula expressa que permita indenização suplementar, já que esta não objetiva remunerá-los. Jorge Cesa Ferreira da Silva[41] também entende desta forma.

40. Cahali, Yussef Said. *Dano moral*, p. 616.

41. Silva, Jorge Cesa Ferreira da. *Inadimplemento das obrigações* cit., p. 268.

7
A cláusula penal e a possibilidade de se pleitear indenização suplementar

SUMÁRIO: 7.1 A impossibilidade de renunciar à cláusula penal existente se o seu montante for insuficiente para remunerar as perdas e danos, para apurá-la em ação indenizatória – 7.2 A inconstitucionalidade do dispositivo que permite a indenização suplementar se o valor da cláusula penal for insuficiente para remunerar as perdas e danos.

7.1 A impossibilidade de renunciar à cláusula penal existente se o seu montante for insuficiente para remunerar as perdas e danos, para apurá-la em ação indenizatória

O que merece análise neste capítulo é o fato de o credor poder ou não buscar indenização suplementar, se o valor da cláusula penal for insuficiente para remunerar as perdas e danos. Em regra, não se pode, já que, ao estipular a cláusula penal, as partes concordam que seu valor é justo para servir de base para as perdas e danos, por ser ele fixado antes de o inadimplemento ocorrer. Essa é a posição da jurisprudência.[1]

---

1. "*Apelação – Arrendamento rural – Rescisão contratual – Inadimplência – Notificação prévia – Desnecessidade – Cláusula penal – Inexecução parcial do contrato – Redução – Perdas e danos – Cumulatividade – Inadmissibilidade – Sucumbência recíproca.* 1. Em se tratando de ação de rescisão de contrato de arrendamento rural, fundada em infração contratual (inadimplência do arrendatário), despicienda para seu exercício a prévia notificação deste. 2. Ajustada pelas partes pena convencional (cláusula penal) para o caso de descumprimento das avenças pactuadas, exigível daquele que deu causa à inexecução do contrato ou a seu retardamento, dita sanção deve ser reduzida equitativamente pelo juiz quando cumprida em parte a obrigação principal (art. 413 do CC/2002). O recebimento de parte da coisa (prestação adimplida) e o total da indenização importa em ilícita locupletação, consabido que a cláusula penal (pacto acessório) corresponde aos prejuízos decorrentes da inadimplência integral do avençado. Princípio da equivalência das condições. 3. A existência de cláusula penal com finalidade compensatória inadmite sua percepção cumulativa com perdas e danos, hipótese

Ocorre que o Código Civil de 2002 inovou ao estabelecer a seguinte exceção:

"Art. 416. (...) Parágrafo único. Ainda que o prejuízo exceda ao previsto na cláusula penal, não pode o credor exigir indenização suplementar se assim não foi convencionado. Se o tiver sido, a pena vale como mínimo da indenização, competindo ao credor provar o prejuízo excedente".

O referido artigo possui correspondência no direito estrangeiro nos arts. 1.152 do Código Civil francês, 1.382 do Código Civil italiano, 656 do Código Civil argentino, 1.542 do Código Civil chileno e 811.º do Código Civil português, no § 161 do Código Suíço das Obrigações e no § 340 do Código Civil alemão.

Trata-se de uma exceção ao risco que o instituto da cláusula penal vem a oferecer, qual seja, de o devedor concordar em pagar mais do que os danos causados e o credor concordar em receber menos do que os prejuízos sofridos, já que tal estipulação é feita antes da ocorrência do inadimplemento. Entretanto, cumpre ressaltar que é o credor quem terá que efetuar a prova do prejuízo excedente, valendo, neste caso, a cláusula penal como indenização mínima.

Inicialmente, cumpre ressaltar que não se pode admitir, como afirma Carlos Roberto Gonçalves,[2] ser possível, no caso de o prejuízo ser superior ao valor da cláusula penal, o credor deixar a multa convencional de lado e pleitear perdas e danos, que abrangem o dano emergente e o lucro cessante, para que o ressarcimento seja integral, desde que provado o prejuízo excedente. Também pensa desta maneira Silvio de Salvo Venosa[3] e J. M. Leoni Lopes de Oliveira.[4]

---

que caracterizaria *bis in idem*. 4. Figurando as partes como vencedores e vencidos, serão recíproca e proporcionalmente distribuídos e compensados os honorários e as despesas processuais. Recursos adesivo e apelatório conhecidos. O primeiro improvido e o segundo provido em parte" (TJGO, AC 115922-1/188, rel. Des. Stenka Isaac Neto, *DJGO* 26.03.2008, p. 206).

2. Gonçalves, Carlos Roberto. *Direito civil brasileiro* – Teoria geral das obrigações cit., p. 384.

3. Venosa, Silvio de Salvo. *Direito civil – Teoria geral das obrigações e teoria geral dos contratos* cit., p. 371.

4. Oliveira, J. M. Leoni Lopes de. *Novo Código Civil anotado – Direito das obrigações* cit., p. 278.

Giselda Maria Fernandes Novaes Hironaka[5] afirma que, se existir cláusula penal, será impossível a dupla indenização (ação indenizatória e multa contratual), salvo se houver previsão contratual expressa, como determina o parágrafo único do art. 416 do CC/2002.

Um forte indício de que não era desejo do legislador que fosse possível ao credor renunciar à cláusula penal existente no contrato, para pleitear judicialmente uma indenização, quando o montante da multa estipulada fosse inferior ao dos prejuízos, deve-se à afirmação de Caio Mário da Silva Pereira,[6] de que o projeto do Código de Obrigações de 1965, no art. 152, admitia que ao credor fosse aberta tríplice alternativa: pedir a indenização, exigir o cumprimento da obrigação, ou a aplicação da cláusula penal.[7]

Em complementação, Miguel Reale,[8] que recebeu, em 1969, a incumbência de redigir o projeto do Código Civil de 2002, explicou que uma das diretrizes seguidas na elaboração do Anteprojeto foi a de aproveitar os trabalhos de reforma da lei civil, feitos por Hahneman Guimarães, Orozimbo Nonato e Philadelpho Azevedo, com o Anteprojeto do Código das Obrigações; e, depois, por Orlando Gomes e Caio Mário da Silva Pereira, com a proposta de elaboração separada de um Código Civil e de um Código das Obrigações, contando com a colaboração, neste caso, de Silvio Marcondes, Theophilo de Azevedo Santos e Nehemias Gueiros.

Portanto, se o projeto do Código de Obrigações de 1965 admitia que o credor pudesse escolher entre a execução da cláusula penal ou a propositura de ação indenizatória, e o Código Civil vigente foi ela-

5. Hironaka, Giselda Maria Fernandes Novaes. Direito das obrigações: o caráter de permanência dos seus institutos, as alterações produzidas pela lei civil brasileira de 2002 e a tutela das gerações futuras. In: Delgado, Mário Luiz; Alves, Jones Figueirêdo. *Questões controvertidas*, vol. 4, p. 29.

6. Pereira, Caio Mário da Silva. *Instituições de direito civil – Teoria geral das obrigações* cit., p. 152.

7. A exposição dos motivos do Projeto do Código de Obrigações, elaborada por Caio Mário da Silva Pereira, também explica isso no item 43. Tal explicação pode ser vista em seu livro *Instituições de direito civil – Teoria geral das obrigações* cit., p. 403.

8. Reale, Miguel. *História do novo Código Civil*, p. 35-36.

borado utilizando o referido projeto como referência, o que não foi repetido na legislação vigente era para não ser cogitado atualmente, principalmente caso se considere a regra estipulada no parágrafo único do art. 416 do CC/2002.

Entende da mesma forma Nelson Rosenvald,[9] para quem, se a parte lesada pudesse ignorar a cláusula penal e pleitear outro valor em juízo, estaria ignorando a convenção anteriormente subscrita, restando ao credor receber a cláusula penal e suportar os prejuízos excedentes, pois é inconcebível o ajuizamento de ação autônoma de indenização, salvo disposição expressa que a autorize.

Também entende da mesma forma Paulo Nader,[10] ao afirmar que as partes, ao estipularem a cláusula penal, dispensaram as perdas e danos. Jorge Cesa Ferreira da Silva[11] pensa da mesma maneira.

Silvio Rodrigues,[12] que pensava ser possível, no caso de o prejuízo ser superior ao valor da cláusula penal, o credor deixar a multa convencional de lado e pleitear perdas e danos da mesma forma, justificava que tal opinião era contestada pela doutrina brasileira, citando Clóvis Beviláqua, Miguel Maria de Serpa Lopes e Washington de Barros Monteiro. A justificativa para o seu pensamento estava no § 161 do Código Suíço das Obrigações e no § 340 do Código Civil alemão, que permitem ao credor cobrar o prejuízo excedente se o provar.

Entretanto, o referido autor justifica que, no direito estrangeiro, o art. 1.152 do Código Civil francês, inspirado na doutrina de Pothier e Domat, estabelece que o prejuízo excedente à cláusula penal não pode ser reclamado, e o art. 1.382 do Código Civil italiano, após a reforma de 1942, prevê que a indenização suplementar só pode ocorrer se houver previsão expressa que a autorize.

Conclui-se, dessa forma, ser impossível o credor deixar de lado a cobrança da cláusula penal e propor ação indenizatória, quando o valor

---

9. Rosenvald, Nelson. *Direito das obrigações* cit., p. 310-311.
10. Nader, Paulo. *Curso de direito civil. – Obrigações* cit., p. 572.
11. Silva, Jorge Cesa Ferreira da. *Inadimplemento das obrigações* cit., p. 258.
12. Rodrigues, Silvio. *Direito civil – Parte geral das obrigações* cit., vol. 2, p. 264 e 265.

da multa for insuficiente para remunerar as perdas e danos decorrentes do inadimplemento, pois se as partes a convencionaram significam que estão de acordo com os seus termos, motivo pelo qual renunciam a discussão judicial dos prejuízos.

7.2 A inconstitucionalidade do dispositivo que permite a indenização suplementar se o valor da cláusula penal for insuficiente para remunerar as perdas e danos

Em razão da impossibilidade de se deixar de lado a cobrança da cláusula penal, quando essa for insuficiente para remunerar as perdas e danos, com a propositura de ação indenizatória, surge a questão da indenização suplementar.

Conforme estabelece o parágrafo único do art. 416 do CC/2002, não pode o credor, em regra, cobrar judicialmente a diferença dos prejuízos quando o montante da multa não o satisfizer, já que, ao estipular a cláusula penal, as partes concordam que seu valor servirá de base para as perdas e danos, por ser ele prefixado antes do inadimplemento ocorrer.

Ocorre que o Código Civil de 2002 inovou ao permitir, no parágrafo único do art. 416, que, mesmo o prejuízo excedendo ao previsto na cláusula penal, não pode o credor exigir indenização suplementar se assim não foi convencionado, adotando, assim, a solução italiana prevista no art. 1.382 do Código Civil. Havendo essa convenção, a pena vale como mínimo da indenização, competindo ao credor provar o prejuízo excedente.

A possibilidade aberta pelo referido dispositivo fez com que Roberto Senise Lisboa,[13] inspirado na lição de Rubens Limongi França, afirmasse que a cláusula penal compensatória pode ser disjuntiva ou cumulativa: disjuntiva, se o credor tiver de se contentar com a cláusula penal, sem ter a possibilidade de pleitear indenização suplementar; cumulativa, se o credor puder exigir tanto a cláusula penal quanto a indenização suplementar, desde que haja previsão expressa no negócio jurídico.

13. Lisboa, Roberto Senise. *Manual de direito civil – Obrigações e responsabilidade civil* cit., p. 397.

Tal possibilidade esvazia por completo a cláusula penal, pois entendemos que a mesma existe para permitir que as partes, na hipótese de inadimplemento da obrigação, tenham a real ciência do que será devido, ou seja, o devedor concorda em pagar mais do que os danos causados, e o credor em receber menos do que os prejuízos sofridos, já que tal estipulação é feita antes da ocorrência do inadimplemento.

Esse "risco" assumido pelas partes não acarretará problema para os contratantes desde que haja uma teoria adequada e preocupada com possíveis abusos que possam ocorrer, motivo pelo qual o legislador fixou uma limitação para a cláusula penal. É inegável o fato de que a existência de uma multa contratual facilita ao credor o recebimento do seu crédito com as perdas e danos, sem a necessidade de propositura de ação indenizatória que objetive apurá-la. Mas se as partes entenderem que isso não as satisfaz, devem celebrar o contrato sem inserir nele nenhuma penalidade para a hipótese de inadimplemento, o que permitirá, na hipótese, a propositura da ação indenizatória para apurar o real valor dos prejuízos sofridos.

No entanto, algo que merece análise é se a regra inovadora, descrita no parágrafo único do art. 416 do CC/2002, que admite a inserção da cláusula que permite o credor pleitear indenização suplementar, é ou não constitucional.

Com base na eficácia horizontal dos direitos fundamentais, já tratada anteriormente, entendemos que a possibilidade aberta no Código Civil de 2002 para se convencionar a possibilidade de se pleitear a indenização suplementar é inconstitucional por flagrante afronta ao princípio da isonomia, esculpido no art. 5.º da CF nos seguintes termos:

"Art. 5.º Todos são iguais perante a lei, sem distinção de qualquer natureza, garantindo-se aos brasileiros e aos estrangeiros residentes no País a inviolabilidade do direito à vida, à liberdade, à igualdade, à segurança e à propriedade, (...)".

Essa inconstitucionalidade ocorre em razão de o Código permitir que o credor possa ter no negócio jurídico cláusula que permita pleitear a indenização suplementar se o valor da multa for insuficiente para remunerar as perdas e danos, mas não dá ao devedor a possibilidade de pagar menos se o inverso ocorrer, ou seja, se a pena convencional for maior que os danos causados. Aliás, se ambas as hipóteses fossem admitidas, o instituto da cláusula penal não teria razão de existência.

Com isso se privilegia somente o credor e se permite o enfraquecimento do instituto da cláusula penal, já que ela permite a valorização do princípio da boa-fé objetiva, positivado no art. 422 do CC/2002, ao deixar transparente qual será a consequência na hipótese da ocorrência do inadimplemento.

Isso dá margem para se discutir se se poderia buscar indenização suplementar, desde que expressamente permitida, de valor superior ao da obrigação principal, já que esse é o seu limite, conforme o art. 412 do CC/2002.

Já vimos que, para Tatiana Magalhães Florence,[14] o limite do art. 412 do CC/2002 só se aplica no momento da prefixação das perdas e danos por cláusula penal, já que o legislador deixou expresso que o montante da cláusula penal servirá de mínimo, sem cogitar um teto para a indenização suplementar, desde que provado o prejuízo excedente.

Discordamos radicalmente desse posicionamento, pois isso afronta os princípios da função social do contrato, da boa-fé objetiva, da equivalência material, e impede que a cláusula penal cumpra com sua função social.

Se esse posicionamento não prevalecer em nossa jurisprudência, cumpre ressaltar que a cláusula que permite a propositura de ação indenizatória para pleitear indenização suplementar é uma exceção à regra legal prevista no parágrafo único do art. 416 do CC/2002, para o qual não se pode pleitear indenização suplementar se houver cláusula penal no negócio jurídico. Por esse motivo a convenção da sua possibilidade consiste numa renúncia à regra, motivo pelo qual, em razão do art. 424 do CC/2002, tal cláusula não pode ser inserida em contrato de adesão, já que caracteriza uma renúncia antecipada do aderente a um direito resultante do negócio. A única possibilidade

---

14. Florence, Tatiana Magalhães. Aspectos pontuais da cláusula penal cit., p. 523.

do contrato de adesão conter essa cláusula é se ela der ao aderente o direito de pleitear a indenização suplementar.

Dessa forma, a cláusula que permite que a parte prejudicada busque indenização suplementar só seria possível ser estipulada numa minoria de contratos, já que teriam que ser paritários e geradores de verdadeira igualdade substancial entre as partes, como naqueles que envolvam, por exemplo, duas empresas multinacionais.

Assim sendo, não podemos concordar com o teor do enunciado 429, aprovado na V Jornada de Direito Civil do CJF:

"Art. 416, parágrafo único. No contrato de adesão, o prejuízo comprovado do aderente que exceder ao previsto na cláusula penal compensatória poderá ser exigido pelo credor, independentemente de convenção".

Como dissemos anteriormente, a convenção que autoriza indenização suplementar em contrato de adesão, em segunda análise, é nula de pleno direito por força do art. 424 do CC/2002, que veda a renúncia do aderente a um direito resultante da natureza do negócio, e o direito seria não ser responsabilizado por prejuízos excedentes ao da cláusula em razão do *caput* do art. 416 do CC/2002.

Ocorre, porém, que permitir indenização suplementar, como já dissemos, significa matar o instituto da cláusula penal, pois o devedor não tem condição de pagar menos se o prejuízo for menor que a multa (tese da inconstitucionalidade). Assim sendo, entendendo que a mesma é prejudicial ao aderente, seria a mesma nula e desconsiderada, o que permitiria ao aderente pleitear no Judiciário, em sede de ação indenizatória, os prejuízos sofridos, sendo, assim, plenamente ressarcido dos danos sofridos.

Na ocasião votamos contra a sua aprovação, mas, por se tratar de contrato de adesão, a plenária entendeu por bem aprová-lo.

8
A cláusula penal e as figuras afins

Sumário: 8.1 A cláusula penal e as arras – 8.2 A cláusula penal e o enriquecimento sem causa – 8.3 A cláusula penal em favor de terceiro, assumida por terceiro e fixada por terceiro – 8.4 A cláusula penal e os honorários advocatícios – 8.5 A cláusula penal: uma comparação com as *astreintes* e a multa descrita no art. 475-J do CPC.

8.1 A cláusula penal e as arras

O Código Civil de 2002 trata das arras no Título IV da Parte Especial, denominado "Do inadimplemento das obrigações" (arts. 417 a 420).

Miguel Maria de Serpa Lopes[1] explicava que a palavra arras é de origem semítica e que foi utilizada pelos fenícios, hebreus e cartagineses.

De Plácido e Silva[2] afirma que *arras* é a expressão que se introduziu no vocabulário comercial dos gregos (*arrabôn*) e dos romanos (*arrhabo*), pelos mercadores fenícios, para indicar o penhor que era dado em sinal de firmeza do contrato ajustado, notadamente do contrato de compra e venda. Desse modo, *arras*, para os romanos, passou a designar tudo o que uma das partes contratantes dava à outra em sinal de perfeição da convenção pura e para, ao mesmo tempo, assegurar, indiretamente, a execução da obrigação, que resultava da mesma convenção.

Preleciona José Carlos Moreira Alves[3] que as arras são um dos quatro meios de reforço de uma obrigação, as quais, até o período justinianeu, no direito romano, consistiam numa quantia em dinheiro

1. Lopes, Miguel Maria de Serpa. *Curso de direito civil – Fontes das obrigações – Contratos*, vol. 3, p. 208.
2. Silva, De Plácido e. *Vocabulário jurídico*, p. 137.
3. Alves, José Carlos Moreira. *Direito romano* cit., p. 52-53.

ou outra coisa fruto da convenção entre as partes, que uma das partes entregava à outra para indicar que o contrato estava concluído, sendo chamada de *arrha confirmatoria*. Já na parte oriental do Império Romano, como ocorria no direito grego, as arras eram utilizadas como função penal, sendo, desde a Idade Média, denominadas *arrha poenitentialis*. Esta função geral das arras foi atribuída por Justiniano, na Constituição de 528 d.C. (C. IV, 21, 17), conforme explica o mencionado doutrinador.

No direito romano, as arras podiam ter função de cláusula penal, sendo denominadas arras esponsalícias (*arrha sponsalitia*), que eram as arras dos esponsais,[4] que se equiparavam à *stipulatio poenae*, já que não se admitia estipular no pacto de esponsais nenhuma espécie de multa contratual.[5] Dessa forma, foi criado o referido instituto para que se pudesse exigir uma doação pré-nupcial que pudesse estimular o cumprimento da promessa de casamento, pois, em caso de rompimento injustificado, perder-se-ia o que foi doado em benefício do outro.

O Código Civil de 2002 conceitua as arras no art. 417, como a quantia em dinheiro, ou outro bem móvel, que uma parte dá à outra na conclusão do contrato, para, em caso de execução, serem restituídas ou computadas na prestação devida, se do mesmo gênero da obrigação principal.

No dia a dia as arras são muito utilizadas nos contratos bilaterais de trato sucessivo como princípio de pagamento. Afirmava Rubens Limongi França[6] que as arras são o mesmo que sinal e que podem ser de duas espécies: confirmatórias e penitenciais.

Para o referido autor, as arras confirmatórias são aquelas que têm por objetivo tornar o negócio irretratável, enquanto as arras penitenciais são aquelas que dão às partes o direito de arrependimento. No

---

4. "Deriva do latim *sponsalia*, indica o contrato ou a convenção, que precede o casamento, em virtude do qual os nubentes (noivos), ou futuros esposos assumem por si mesmos, ou por intermédio de seus parentes, o compromisso ou promessa de se casarem. Vulgarmente, é o noivado ou promessa de casamento" (Silva, De Plácido e. *Vocabulário jurídico* cit., p. 549).
5. Idem, p. 137.
6. França, Rubens Limongi. *Instituições de direito civil*, p. 729.

atual sistema, as arras confirmatórias são regra e as penitenciais são exceção, já que devem estar expressamente pactuadas.

Em ambos os casos, as arras possuem papel de sinal, garantia de que a obrigação principal será cumprida, ou são consideradas princípio de pagamento. No entanto, em caso de inexecução contratual, o valor do sinal servirá como base para as perdas e danos.

No caso das arras confirmatórias, como não há arrependimento pactuado e o objetivo inicial é estabelecer uma garantia para que a obrigação seja cumprida, determina o art. 418 do CC/2002[7] que, em caso de inexecução contratual por culpa de quem as recebeu, deverão ser devolvidas atualizadas monetariamente, com juros e honorários advocatícios, à outra parte. Se a culpa for de quem as deu, as arras poderão ser retidas para compensação quanto ao pagamento das perdas e danos devidos.

Como nesta modalidade não se pactuou arrependimento, já que o intuito era buscar a irretratabilidade, o art. 419 do CC/2002[8] estabelece que as arras servirão como taxa mínima, podendo a parte inocente propor ação indenizatória, no prazo prescricional de três anos[9] contados a partir da data da inexecução contratual, para buscar indenização suplementar no caso de o prejuízo sofrido ser maior do que o valor das arras.

Fica claro que, em caso de inexecução contratual, as arras confirmatórias desempenharão o papel de cláusula penal, como se mostra a seguir: a) se as arras servem para indicar que uma obrigação será cumprida, a inexecução contratual constitui espécie de inadimplemento;

---

7. "Art. 418. Se a parte que deu as arras não executar o contrato, poderá a outra tê-lo por desfeito, retendo-as; se a inexecução for de quem recebeu as arras, poderá quem as deu haver o contrato por desfeito, e exigir sua devolução mais o equivalente, com atualização monetária segundo índices oficiais regularmente estabelecidos, juros e honorários de advogado."
8. "Art. 419. A parte inocente pode pedir indenização suplementar, se provar maior prejuízo, valendo as arras como taxa mínima. Pode, também, a parte inocente exigir a execução do contrato, com as perdas e danos, valendo as arras como o mínimo da indenização."
9. Prescreve em três anos a pretensão de reparação civil (cf. art. 206, § 3.º, III, CC/2002).

b) foi apontado anteriormente que, para se exigir a cláusula penal em caso de inadimplemento, não há necessidade de se alegar prejuízo, pois se trata de exceção à regra da responsabilidade civil, dispensando a prova do dano; c) caso o valor da cláusula penal seja insuficiente para remunerar as perdas e danos, em regra não se pode buscar indenização suplementar, salvo se houver convenção expressa nesse sentido.[10] Porém, cumpre ressaltar que entendemos ser inconstitucional o referido dispositivo, como visto anteriormente. Nessa hipótese, as semelhanças com a cláusula penal serão evidentes, já que as arras confirmatórias servem como taxa mínima (multa pela inexecução contratual, na qual as partes convencionam que o valor da cláusula penal é o mesmo do sinal), e se pode buscar indenização suplementar, desde que provado o prejuízo excedente. A única diferença, neste caso, é que na cláusula penal, para se buscar a indenização suplementar, deve haver convenção expressa; já nas arras confirmatórias a indenização será da natureza do instituto.

Dessa forma, conclui-se que as arras confirmatórias, de início, possuem função de indicar que a obrigação será cumprida, mas ocorrendo a inexecução contratual passam a ter função de cláusula penal, mesmo em se tratando de institutos distintos. Esta não era a conclusão da doutrina brasileira, mas entende-se que vai prevalecer com a mudança da codificação civil, já que a norma permissiva no parágrafo único do art. 416 não tinha correspondente no Código Civil de 1916.

Washington de Barros Monteiro[11] já noticiava que juristas como Barassi e Mário Ghiron consideravam as arras confirmatórias como subespécie de cláusula penal, eis que pertenciam à mesma família.

Por sua vez, as arras penitenciais possuem regras diversas, pois permitem o direito ao arrependimento. Já afirmava Miguel Maria de

---

10. "Art. 416. Para exigir a pena convencional, não é necessário que o credor alegue prejuízo. Parágrafo único. Ainda que o prejuízo exceda ao previsto na cláusula penal, não pode o credor exigir indenização suplementar se assim não foi convencionado. Se o tiver sido, a pena vale como mínimo da indenização, competindo ao credor provar o prejuízo excedente."

11. Monteiro, Washington de Barros. *Curso de direito civil – Direito das obrigações* cit., p. 201.

Serpa Lopes[12] que não se pode confundir a infração às obrigações ou a inexecução culposa do contrato com o direito de arrependimento, já que este é fruto de convenção contratual, na qual se presume a concordância das partes com tal conduta, permitida pelo contrato. Trata-se do exercício regular de um direito previsto contratualmente.

Nesse caso, as partes convencionam que o valor da multa convencional (cláusula penal) devido em razão do arrependimento será o mesmo do valor do sinal. Esta é a dicção do art. 420 do CC/2002, que estabelece:

"Art. 420. Se no contrato for estipulado o direito de arrependimento para qualquer das partes, as arras ou sinal terão função unicamente indenizatória. Neste caso, quem as deu perdê-las-á em benefício da outra parte; e quem as recebeu devolvê-las-á, mais o equivalente. Em ambos os casos não haverá direito a indenização suplementar".

Pela sistemática do referido dispositivo, se o arrependimento for de quem deu as arras, este irá perdê-las em benefício da outra parte. No entanto, se o arrependimento for de quem as recebeu, este deverá devolvê-las, mais o equivalente.

Inicialmente, cumpre ressaltar um erro comumente cometido ao se afirmar que, no caso de arrependimento da parte que recebeu as arras, ela deverá devolver a quantia em dobro. Isso estava descrito no art. 1.095 do CC/1916, que facilitava muito a compreensão do instituto, já que sua exemplificação era muito didática, como se aponta a seguir.

Imaginemos que o valor pactuado das arras penitenciais foi de R$ 1.000,00 e que as partes estabeleceram que este seria o valor da multa (cláusula penal), devida em caso de arrependimento. Dessa forma, se o arrependimento for de quem as deu, este perderá o sinal dado; porém, se for de quem as recebeu, deverá haver a devolução do valor do sinal (R$ 1.000,00) para se evitar o enriquecimento sem causa. Assim, o pagamento da multa convencionada fica no mesmo valor dado a título de sinal. Como o somatório é R$ 2.000,00, muito mais fácil teria sido afirmar que deveria ocorrer a devolução em dobro.

12. Lopes, Miguel Maria de Serpa. *Curso de direito civil – Fontes das obrigações – Contratos* cit., vol. 3, p. 211.

No entanto, onde está o erro em se continuar fazendo tal afirmação? É que o art. 1.096 do CC/1916 somente permitia que as arras fossem dadas em *dinheiro*, que é possível de ser dobrado. Já o Código Civil de 2002 permite, no art. 417, que as arras sejam dadas em dinheiro ou outro bem móvel. Dessa forma, pergunta-se: se for dado um bem infungível, como uma motocicleta, marca X, ano 2003, que possui determinada placa, determinado número de chassis e determinado número de Renavam, como fazer para dobrá-la?

Fica claro que o legislador foi muito coerente em modificar a expressão "devolve o dobro" para "devolve o sinal mais o equivalente", já que dinheiro pode ser dobrado, mas bens móveis, não.

Para Miguel Maria de Serpa Lopes,[13] quando isso ocorre as arras mudam, passando a ter função de cláusula penal. Tal regramento encontra origem no direito alemão, como afirma Plank[14] ao entender que se deve admitir que as arras, além da sua função principal de sinal de conclusão do contrato, exercem, de alguma forma, a função *sui generis* de cláusula penal, por compelirem a parte que as ofereceu a se tornar adimplente.

No entanto, mesmo tendo as arras, em caso de inexecução contratual, papel de cláusula penal, cumpre ressaltar que são institutos diferentes.

Miguel Maria de Serpa Lopes[15] dizia que as arras visam o desaparecimento da obrigação, mediante o exercício do direito de arrependimento, ao passo que a cláusula penal tem por função assegurar o adimplemento da obrigação. As arras são também um benefício para o devedor, enquanto a cláusula penal é uma peça de segurança ao credor; as arras são confirmatórias do contrato e realizáveis no próprio momento da conclusão do contrato, ao passo que a cláusula penal só se torna exigível se houver inadimplemento culposo da obrigação garantida.

---

13. Idem, ibidem.

14. *Code Civil allemand*, vol. 1, p. 485. Apud LOPES, Miguel Maria de Serpa. *Curso de direito civil – Fontes das obrigações – Contratos* cit., vol. 3, p. 211.

15. LOPES, Miguel Maria de Serpa. *Curso de direito civil – Obrigações em geral* cit., vol. 2, p. 159.

Para finalizar, cumpre ressaltar outro grande problema envolvendo arras e cláusula penal: apesar de o Código Civil não mencionar, pode ser que a regra atinente às arras que terão caráter indenizatório quando do arrependimento, convencionado ou não, tragam onerosidade excessiva e um consequente desequilíbrio material ao contrato, que deverá ser interpretado à luz dos seus princípios sociais.

Muitas pessoas preferem, no momento da contratação, estipular como sinal uma quantia muito elevada, próxima do valor da operação que realiza, para que o resíduo que concluirá o pagamento da obrigação seja menor. Dessa forma, pergunta-se: quem pagou, a título de sinal, R$ 900.000,00 para iniciar o pagamento de um imóvel avaliado em R$ 1.000.000,00, deve perder o sinal se se arrepender do negócio? Claro que tal atitude irá acarretar prejuízos, mas será que tão excessivos? Entende-se, pela nova teoria geral dos contratos, vigente no Código Civil de 2002, que tal situação, omissa na atual legislação, não poderá prevalecer.

Pelos princípios sociais do contrato – função social e boa-fé objetiva –, mesmo o Código Civil de 2002 sendo omisso, ao efetuar-se uma interpretação sistemática não se pode permitir que haja uma discrepância tão acentuada entre o valor da pena e dos prejuízos causados, o que acarretaria o desequilíbrio contratual, violando o princípio da equivalência material dos contratos.

Para se evitar tal problema, entende Rodrigo Toscano de Brito[16] que, em vista dos princípios sociais dos contratos, sendo de consumo ou não, como já reverberado, poder-se-ia revisar a cláusula de arras de modo capaz de manter o equilíbrio econômico e financeiro do contrato, tudo de acordo com os princípios da função social e da equivalência material.

Miguel Maria de Serpa Lopes[17] pregava tal ensinamento, ao afirmar que o princípio da autonomia privada não poderia estabelecer uma

16. Brito, Rodrigo Toscano de. Função social dos contratos como princípio orientador na interpretação das arras. In: Delgado, Mário Luiz; Alves, Jones Figueirêdo. *Questões controvertidas*, p. 379.

17. Lopes, Miguel Maria de Serpa. *Curso de direito civil – Fontes das obrigações – Contratos* cit., vol. 3, p. 213.

composição de perdas e danos que produza, em lugar de uma justa reparação, um enriquecimento ilícito.

Não é diferente o entendimento da jurisprudência.[18]

---

18. "*Apelação cível – Ação declaratória de nulidade de cláusulas contratuais c/c restituição de importâncias pagas – I. Exclusão da multa contratual (valor fixado a título de despesas operacionais e administrativas) – II. Manutenção do percentual contratado – III. Restituição do valor pago em parcela única – IV. Retenção de arras – V. Seguro prestamista – VI. Juros de mora – VII. Honorários advocatícios.* I. A multa contratual (cláusula penal), a qual possui natureza compensatória, sendo uma prefixação da indenização pelo não cumprimento do contrato, é devida pelo comprador, uma vez que, inadimplente, deu causa à rescisão do contrato de compra e venda efetivado. II. Em respeito ao equilíbrio dos contratantes e observadas as normas de proteção ao consumidor, a dedução a título de ressarcimento de despesas administrativas e operacionais deve ser de 10% sobre o montante pago. III. A autora/recorrida tem o direito à restituição imediata e de uma só vez das parcelas pagas, sendo abusiva a cláusula que dispõe sobre a devolução das prestações em parcelas mensais, constituindo onerosidade excessiva à parte economicamente mais frágil. IV. Nos termos do art. 418 do CC/2002, perde o direito de retenção das arras aquele que tiver dado causa ao rompimento do contrato. V. O seguro prestamista tem a finalidade de adimplir o saldo devedor em caso de morte ou invalidez permanente do comprador, sendo que tal valor está discriminado nas parcelas. Assim, a exclusão desse *quantum* em favor da construtora faz-se necessária em razão da própria natureza do contrato de seguro. VI. Não incidem juros moratórios sobre a importância a ser restituída ao promitente comprador quando este se constitui em mora, dando causa à rescisão contratual. VII. No caso de sucumbência recíproca das partes, ambas devem arcar com o pagamento das custas processuais e honorários advocatícios, nos termos do art. 21 do CPC. Recursos conhecidos, sendo improvido o primeiro e parcialmente provido o segundo" (TJGO, AC 123433-9/188, rel. Des. Donizete Martins de Oliveira, *DJGO* 06.08.2008, p. 246).

"*Civil e processual civil – Compra e venda de imóvel – Advento da cláusula resolutória expressa – Ação de rescisão de contrato c/c restituição do bem – Mora caracterizada – Cláusula penal – Perda do pagamento efetivado e benfeitorias – Enriquecimento ilícito.* I. A característica da propriedade resolúvel e a previsão de sua extinção no próprio título que a constitui. Assim materializada a mora, a resolução do domínio se implementa sobre o imóvel objeto do negócio jurídico sob a condição. II. Constitui-se leonina a disposição clausular que permite ao vendedor frente ao inadimplemento contratual ficar com o dinheiro recebido, as benfeitorias realizadas no imóvel e este, inclusive, sob pena de ferir-se o princípio da comutatividade que impera

Corretíssimo o pensamento de ambos os doutrinadores, porém será necessário buscar um critério para que isso se concretize. A sugestão adotada na III Jornada de Direito Civil do Conselho da Justiça Federal deu origem ao Enunciado 165,[19] que determina a aplicação da regra do art. 413 do CC/2002 às arras de qualquer espécie.

Muito coerente foi a conclusão do Conselho da Justiça Federal, uma vez que o critério da equidade, estampado no art. 413 do CC/2002, para redução da cláusula penal se o seu valor for excessivamente oneroso, ou a obrigação for cumprida em parte, é o mais adequado por se tratar de uma cláusula geral que permite fazer justiça no caso concreto.

Esse também é o entendimento de António Pinto Monteiro,[20] para quem a aplicação do critério da equidade, utilizado para reduzir a cláusula penal por disposição legal expressa, também deve ser aplicado às arras, mesmo existindo uma lacuna por tal situação não ter sido normatizada pelo legislador.

Todas as reflexões anteriores sobre o art. 413 do CC/2002 valem, também, para o caso das arras, tais como a impossibilidade de renúncia à redução pelo referido critério, a possibilidade de atuação de ofício do magistrado e a impossibilidade de mudança do critério pela autonomia privada.

8.2 A cláusula penal e o enriquecimento sem causa

Para Giovanni Ettore Nanni[21] a cláusula penal é um instituto que permite a atuação do princípio que veda o enriquecimento sem causa,

---

sobre os ajustes imobiliários. Configura-se, portanto, no caso em tela, enriquecimento ilícito, passível de correção a cláusula penal que sujeitou o estipulante comprador à perda do valor integralmente pago pelo imóvel. III. Perdas e danos materializados apenas pela taxa de ocupação do imóvel a serem apurados em liquidação de sentença por arbitramento. Apelação conhecida e parcialmente provida" (TJGO, AC 123241-0/188, rel. Des. Leobino Valente Chaves, *DJGO* 03.09.2008, p. 71).

19. Enunciado 165: "Art. 413: Em caso de penalidade, aplica-se a regra do art. 413 ao sinal, sejam as arras confirmatórias ou penitenciais".

20. Monteiro, Antonio Joaquim de Matos Pinto. *Cláusula penal e indemnização* cit., p. 224.

21. Nanni, Giovanni Ettore. *Enriquecimento sem causa*, p. 381.

especialmente no que concerne aos seus limites e possibilidade de redução pelo intérprete da lei.

Determina o *caput* do art. 884 do CC/2002:

"Aquele que, sem justa causa, se enriquecer à custa de outrem, será obrigado a restituir o indevidamente auferido, feita a atualização dos valores monetários".

Pelo transcrito dispositivo legal, verifica-se que o Código Civil de 2002 consagra o enriquecimento sem causa enquanto princípio, que deverá ser observado em *todas* as relações jurídicas.

Dessa forma, pode-se dizer que o referido princípio emerge das características da cláusula penal, quando esta apresenta limites para estipulação e, principalmente, quando obriga o magistrado a reduzi-la equitativamente se a obrigação tiver sido cumprida em parte, ou se o seu montante for excessivo quanto à natureza e finalidade do negócio realizado.

Quando o art. 412 do CC/2002 prevê que o montante da cláusula penal não pode ser superior ao da obrigação principal, ele estabelece uma restrição à autonomia privada das partes, já que poderão elas estipular o seu *quantum*, porém observando certo limite.

Essa restrição visa prevenir o enriquecimento sem causa, haja vista que se a cláusula penal tem por objetivo prefixar as perdas e danos, não poderia ela ter um valor superior ao da obrigação principal, que tornasse atraente ao credor esperar não o adimplemento, mas, sim, o inadimplemento.

Para Gustavo Tepedino,[22] esse preceito busca coibir o enriquecimento sem causa, que poderia ser fomentado pela imposição de multas excessivas, particularmente aquelas cominadas por atraso diário a certa prestação contratual.

No entanto, será que violaria o princípio do enriquecimento sem causa a permissão do parágrafo único do art. 416 do CC/2002 de as partes estipularem expressamente que, se o valor da cláusula penal for insuficiente para remunerar as perdas e danos, poderão pleitear indenização suplementar?

---

22. Tepedino, Gustavo. Efeitos da crise econômica na execução dos contratos cit., p. 106.

Entende-se que não, uma vez que o prejuízo excedente deverá ser comprovado judicialmente, sob pena de improcedência da ação indenizatória, que, se julgada procedente, estaria reparando prejuízos ocorridos e não danos hipotéticos.

Entende desta forma Giovanni Ettore Nanni,[23] para quem a indenização suplementar não significa a supressão da limitação máxima imposta à cláusula penal, que obedece ao princípio do enriquecimento sem causa, mas, ao contrário, consagra-o, por permitir, em caso de os prejuízos serem superiores ao valor da cláusula penal, ter-se uma efetiva reparação dos danos causados.

Com relação ao dever do magistrado de reduzir equitativamente a cláusula penal se a obrigação tiver sido cumprida em parte, nada mais justo para se evitar o enriquecimento sem causa.

Considere-se um contrato de locação de imóvel urbano que estipula multa de três alugueis para o locatário que deseja devolver o imóvel antes do prazo descrito no contrato. Se o prazo fosse de 30 meses, pergunta-se: ocorrendo a devolução no quinto mês, décimo mês, décimo quinto mês, vigésimo mês ou vigésimo quinto mês, o prejuízo causado ao locador seria o mesmo, que justificaria, em todos os casos, o pagamento de três aluguéis?

Entende-se que não, pois se assim fosse estaria sendo permitido o enriquecimento sem causa e, mais, ferida a cláusula pétrea de isonomia, já que se está tratando igualmente locatários que estão em situações desiguais.

Corrobora o mesmo entendimento Gustavo Tepedino,[24] para quem o referido dispositivo busca evitar o enriquecimento sem causa, já que o cumprimento parcial dá algum benefício ao credor, que exige o controle judicial.

Quanto à redução da cláusula penal, se o montante for excessivo quanto à natureza e finalidade do negócio celebrado, tem-se verdadeira

---

23. Nanni, Giovanni Ettore. *Enriquecimento sem causa* cit., p. 384.

24. Tepedino, Gustavo. Efeitos da crise econômica na execução dos contratos cit., p. 102.

inovação, que não encontrava, na codificação anterior, dispositivo semelhante.

No entanto, o salutar objetivo do legislador continua sendo o de evitar o enriquecimento sem causa. Mais uma vez Giovanni Ettore Nanni[25] justifica que o direito não tolera que uma parte contratante obtenha vantagens excessivas em relação à outra, desprovidas de uma contraprestação, fruto de uma cláusula penal excessiva, apta a gerar o enriquecimento desproporcional do credor.

Dessa forma, verifica-se que a cláusula penal permite a atuação do princípio do enriquecimento sem causa, ao evitar que exista estipulação de penas excessivas.

8.3 A cláusula penal em favor de terceiro, assumida por terceiro e fixada por terceiro

No sistema jurídico brasileiro, será que haveria a possibilidade de se estipular uma cláusula penal para o caso do descumprimento de uma obrigação que não seja revertida ao credor, mas, sim, a um terceiro, alheio à obrigação? E estipular que o pagamento da cláusula penal deva ser feito por um terceiro e não pelo devedor-inadimplente?

Esta é a questão que interessa analisar, posto não haver disposição legal expressa nesse sentido, nem permissiva, nem proibitiva. Com isso, são poucos os autores que abordam o tema, que é de suma importância.

Augusto Teixeira de Freitas[26] tentou deixar isso claro no art. 991 do Esboço de Código Civil, ao estabelecer que a cláusula penal poderia ser estipulada em benefício do próprio credor ou de um terceiro.

Para Silvio de Salvo Venosa,[27] nada impede que a cláusula penal seja revertida em favor de terceiro, estranho à relação negocial. Pode-se estipular, pois, que, não cumprindo no prazo ou cumprindo irregularmente a obrigação, o devedor pagará determinada soma a uma instituição de caridade. Este terceiro estará, no caso, legitimado para a cobrança.

25. NANNI, Giovanni Ettore. *Enriquecimento sem causa* cit., p. 385.

26. FREITAS, Augusto Teixeira de. *Código Civil – Esboço* cit., p. 238.

27. VENOSA, Silvio de Salvo. *Direito civil – Teoria geral das obrigações e teoria geral dos contratos* cit., p. 380.

Aliás, muito apropriado o exemplo dado pelo autor, haja vista que, em razão de a cláusula penal dispensar a ocorrência do dano, pode ser que a parte queira fixá-la apenas para estimular o cumprimento da obrigação na data aprazada. Entretanto, supondo que o atraso não lhe trouxesse nenhum prejuízo, poderia, em caso de descumprimento de cláusula contratual, estipular que o valor da multa fosse pago a uma instituição de caridade.

Washington de Barros Monteiro[28] já afirmava que nada impede que a cláusula penal seja convencionada em favor de terceiro estranho à avença.

Nelson Rosenvald[29] também entende ser possível isso, podendo a cláusula penal ser estipulada para favorecer um incapaz, por exemplo.

Pensa-se que, pelo fato de o Código Civil de 2002 permitir que se faça uma estipulação em favor de terceiro, nada impede que se faça uma interpretação analógica para que o valor da cláusula penal seja destinado a um terceiro. A estipulação em favor de terceiro é uma modalidade de contrato, positivada nos arts. 436 a 438 do CC/2002.

Para César Fiúza[30] dá-se a estipulação em favor de terceiro quando em um contrato se pactuar que o benefício dele decorrente, no todo ou em parte, reverta em favor de terceiro que lhe seja totalmente estranho.

Como exemplo, tem-se o contrato de seguro de vida, no qual o estipulante (o segurado) contrata com o promitente (a seguradora) que, ocorrendo a sua morte, este se compromete a pagar uma determinada soma em dinheiro ao beneficiário (terceiro).

Cabe questionar, nesse caso, se não poderia ser estipulado que o pagamento da indenização ocorresse em até 30 dias após o beneficiário entregar a documentação pertinente, sob pena de incorrer em uma multa (cláusula penal) de 2% do valor a ser pago, que deverá ser revertido a uma instituição de caridade.

Fica evidenciado que a referida disposição em nada iria afetar a licitude do contrato e ainda irá favorecer um terceiro alheio a essa

---

28. Monteiro, Washington de Barros. *Curso de direito civil – Direito das obrigações* cit., p. 200.
29. Rosenvald, Nelson. *Direito das obrigações* cit., p. 308.
30. Fiúza, César. *Direito civil – Curso completo*, p. 432.

relação jurídica, caso ocorra o descumprimento da cláusula, obtendo uma vantagem de cunho patrimonial, já que inexiste possibilidade, para o estipulante, de convencionar que a multa reverta em seu benefício.

Entende-se que, se as partes estabelecerem em contrato que a cláusula penal irá favorecer uma terceira pessoa, estar-se-á diante de uma estipulação em favor de terceiro.

Outro caso interessante, digno de reflexão, está relacionado à cláusula penal desportiva, regulamentada pela Lei Pelé, acerca da possibilidade do seu valor, que serve para o caso de uma das partes não cumprir o contrato até o seu término, ser pago por outra pessoa, no caso, um clube interessado em contratá-lo.

Como exemplo, citamos o caso do jogador de futebol Robinho, que jogava no Santos Futebol Clube. Para conseguir uma alteração no contrato de trabalho do jogador, que aumentasse o valor da cláusula penal desportiva (atualmente denominada cláusula indenizatória desportiva, nesse caso que envolve atleta profissional, por força da Lei 12.395/2011) para a hipótese de transferências internacionais, o clube propôs que o montante da nova multa fosse dividido entre as partes quando do pagamento. A proposta foi aceita e, no novo contrato, ficou estipulada uma cláusula penal desportiva[31] no valor de 50 milhões de dólares norte-americanos, para transferências internacionais, em que 40% deste valor pertenceria ao atleta, enquanto os 60% restantes ficariam com a agremiação.

Para tentar contratar o jogador por um valor menor, o Real Madrid apresentou em 2005 uma carta de crédito, na Confederação Brasileira de Futebol, no valor de 30 milhões de dólares norte-americanos como pagamento pelos direitos econômicos do atleta. No entanto, a cláusula penal desportiva[32] devia ser paga *pelo atleta ao clube cedente*, já que a equipe adquirente não era parte na relação contratual. Entretanto, não é isso que ocorre na prática, já que o responsável pelo pagamento da multa, na maioria dos casos, é o novo clube contratante. Por esse

31. Atualmente denominada cláusula indenizatória desportiva, nos casos que envolvem atletas profissionais, por força da Lei 12.395/2011.

32. Atualmente denominada cláusula indenizatória desportiva, nos casos que envolvem atletas profissionais, por força da Lei 12.395/2011.

motivo, acertadamente, em nossa opinião, a Lei Pelé foi alterada pela Lei 12.395/2011, no sentido de determinar, no § 2.º do art. 28, a solidariedade no pagamento dessa multa entre o atleta e a nova entidade de prática desportiva empregadora.

Sabe-se que não partirá do atleta o desejo de extinguir o contrato com sua equipe, mas sim do aliciamento que ele sofrerá de outra instituição desportiva pelos seus préstimos laborais. Dessa forma, até por uma questão de segurança, para que as equipes recebam o valor da cláusula penal desportiva,[33] em razão da solidariedade legal, as entidades desportivas que mantêm contrato com atleta estão exigindo garantias bancárias objetivando o recebimento do crédito em caso de transferência.

Outro caso interessante, mencionado por Silvio de Salvo Venosa,[34] citando o doutrinador argentino Guilhermo A. Borda, é que há disposição no Código Civil argentino que permite a um terceiro ficar responsável pelo pagamento da cláusula penal. Para o autor, tal disposição é muito importante quando não se consegue exigir a obrigação do devedor inadimplente.

No entanto, neste último caso, correto está o entendimento de Silvio de Salvo Venosa, que aponta que isso não é possível diante da inexistência de disposição legal expressa, como no direito argentino. Neste caso, tem-se uma obrigação de garantia, que descaracteriza a cláusula penal típica, ou seja, se a cláusula penal for assumida por terceiro passaria a ser cláusula de garantia, o que descaracterizaria o instituto da cláusula penal, pois para se exigir a garantia não se verifica a culpa, já que basta o descumprimento da obrigação, enquanto a cláusula penal não é exigida se não houver culpa do devedor.

De outro modo, Nelson Rosenvald[35] entende ser possível um garantidor se responsabilizar pelo pagamento da cláusula penal.

---

33. Atualmente denominada cláusula indenizatória desportiva, nos casos que envolvem atletas profissionais, por força da Lei 12.395/2011.

34. Venosa, Silvio de Salvo. *Direito civil – Teoria geral das obrigações e teoria geral dos contratos* cit., p. 380.

35. Rosenvald, Nelson. *Direito das obrigações* cit., p. 308.

Por fim, como afirmou Washington de Barros Monteiro,[36] é impossível que se delegue a uma terceira pessoa, alheia à relação contratual, a incumbência de fixar o valor da cláusula penal, mesmo que seja uma autoridade judiciária. O seu valor deve ser decidido, em comum acordo, pelas partes que celebram o negócio jurídico.

8.4 A cláusula penal e os honorários advocatícios

Muito se discute na doutrina e na jurisprudência se há possibilidade de uma convivência harmônica da cláusula penal com os honorários advocatícios. Tal discussão se apresenta em razão de a cláusula penal ter o objetivo de prefixar as perdas e danos e de o pagamento dos honorários advocatícios compor as eventuais perdas que um credor terá para cobrar seu crédito.

Entende-se que não há vedação alguma para ambas coexistirem, exceto se existir previsão legal expressa, haja vista que a cláusula penal possui o objetivo de remunerar as perdas e danos decorrentes do inadimplemento, sem englobar as oriundas da propositura de ação judicial.

Pensa da mesma maneira Arnaldo Rizzardo,[37] para quem não há nenhum inconveniente nessa cumulação, já que são distintas as naturezas e suas finalidades, salvo se houver previsão legal. O autor cita, por exemplo, a Lei de Usura, Dec. 22.626/1933, que no art. 8.º proíbe a cumulação de cláusula penal e honorários advocatícios, no caso de inadimplemento no contrato de mútuo, bem como outros diplomas legais que também tratam do mútuo. O art. 71 do Dec.-lei 167/1967, que trata do crédito rural, e o art. 58 do Dec.-lei 413/1969, que trata do crédito industrial, estabelecem que a multa de 10% sobre o principal e acessórios é exigida para os casos de cobrança.

Entende-se que tal discussão fica superada em razão da Súmula 616 do STF, que estabelece: "É permitida a cumulação da multa contratual com os honorários de advogado, após o advento do Código de Processo Civil vigente", conforme permite o art. 20, § 5.º, do referido diploma.

---

36. Monteiro, Washington de Barros. *Curso de direito civil – Direito das obrigações* cit., p. 200.

37. Rizzardo, Arnaldo. *Direito das obrigações* cit., p. 549.

Dessa forma, explica-nos Arnaldo Rizzardo[38] que o art. 8.º da Lei de Usura está derrogado pelo Código de Processo Civil vigente.

Para Maria Helena Diniz,[39] incluem-se na cumulação da cláusula penal não só os honorários advocatícios, mas também as custas processuais.

Quanto às responsabilidades processuais de sucumbência, juros, custas e despesas judiciais em geral, afirma Silvio de Salvo Venosa[40] que elas não se confundem com a cláusula penal.

Quanto aos juros, ressalta Nelson Rosenvald[41] que o art. 404 do CC/2002 permite a sua cumulação com a cláusula penal, pois esta consiste na indenização pelo atraso e o primeiro traduz uma compensação pela privação do capital, quando moratórios.

Não se deve confundir cláusula penal com comissão de permanência, já que esta última, na lição de Luiz Antonio Scavone Jr.,[42] é aplicada aos negócios jurídicos de natureza bancária, conforme autorização da Resolução 15, do Banco Central do Brasil, de 28.01.1966, que foi alterada várias vezes, e possui a natureza de juros compensatórios. Para o referido autor, ela pode ser cumulada com juros moratórios, mas nunca com correção monetária, em virtude da Súmula 30 do STJ.

Cumpre lembrar o enunciado 425[43] do CJF de nossa autoria, aprovado na V Jornada de Direito Civil, com a seguinte redação:

"Art. 389. Os honorários advocatícios previstos no art. 389 do Código Civil não se confundem com as verbas sucumbenciais, que, por força do art. 23 da Lei 8.906/1994, pertencem ao advogado."

---

38. Idem, p. 550.
39. Diniz, Maria Helena. *Curso de direito civil brasileiro – Teoria geral das obrigações* cit., p. 411.
40. Venosa, Silvio de Salvo. *Direito civil – Teoria geral das obrigações e teoria geral dos contratos* cit., p. 371.
41. Rosenvald, Nelson. *Direito das obrigações* cit., p. 309.
42. Scavone Jr., Luiz Antonio. *Juros no direito brasileiro* cit., p. 318.
43. O referido enunciado foi divulgado pelo CJF em 14.12.2011.

Para que o enunciado fosse aprovado, argumentamos no sentido de que os honorários advocatícios não podem ser um empecilho para o credor ou vítima de danos conseguir a plena reparação indenizatória na responsabilidade civil contratual e extracontratual. Por esse motivo, quem causa dano precisa ser condenado a pagar, além do valor dos mesmos, os honorários advocatícios contratados pelo vencedor da ação, para que tal demanda possa tornar indene o prejuízo sofrido, consoante o art. 389 do Código Civil que determina a reparação indenizatória não apenas das perdas e danos, mas, também, nos honorários advocatícios. Assim sendo, os honorários previstos no referido artigo, para tornar indene, não podem se confundir com aqueles que são incluídos na condenação, pois, por força do art. 23 da Lei 8.906/1994, tais honorários fixados judicialmente por arbitramento ou sucumbência, pertencem ao advogado, tendo este direito autônomo para executar a sentença nesta parte, podendo requerer que o precatório, quando necessário, seja expedido em seu favor. Esse é o entendimento do STJ ao julgar o REsp 1.134.725-MG, relatado pela Ministra Fátima Nancy Andrighi, em 14.06.2011, *in verbis*: "*Aquele que deu causa ao processo deve restituir os valores despendidos pela outra parte com os honorários contratuais, que integram o valor devido a título de perdas e danos, nos termos dos arts. 389 , 395 e 404 do CC/2002*". Assim sendo, em ação indenizatória, deverá o autor provar os danos que sofreu em decorrência do inadimplemento e incluir no seu pedido os honorários advocatícios contratados, para que no final da demanda possa ser ressarcido do seu efetivo prejuízo, ficando para o advogado as verbas sucumbenciais, quando devida, por força do art. 23 da Lei 8.906/1994.

8.5 A cláusula penal: uma comparação com as *astreintes* e a multa descrita no art. 475-J do CPC

Neste item será analisada a multa cominatória, também denominada sanção cominatória, pena pecuniária, *astreinte*, multa diária ou multa por tempo de atraso, estabelecida pelo juiz de direito em decisão judicial que determina o cumprimento de uma obrigação de dar coisa certa ou incerta (exceto as pecuniárias), obrigação de fazer (exceto quando a coerção exercida sobre o devedor violar direito da personalidade) ou, ainda, obrigação de não fazer.

Explica Fernando Noronha[44] que a multa cominatória nasceu na França, por criação jurisprudencial, no século XIX, em que os juízes recorriam, em circunstâncias excepcionais, quando não viam outro meio de dobrar a vontade do devedor, a uma medida substitutiva da pena que corresponderia a um crime de desobediência a ordens judiciais. No direito anglo-saxão existe uma medida semelhante denominada *injunction*, que é aplicada quando de desrespeito pela autoridade judicial (*contempt of court*). Em Portugal, ela ficou conhecida como sanção pecuniária compulsória e, na França, como *astreinte*.

Explica Marilda Neves Gebrim[45] que a palavra *astreinte* deriva do latim *astringere*, de *ad* e *stringere*, que significa apertar, compelir, pressionar: daí o termo francês *astreinte* e o vernáculo *estringente*. A autora a conceitua como a penalidade imposta ao devedor, consistente numa prestação periódica, que vai sendo acrescida enquanto o montante global do débito não é pago.

No direito brasileiro o instituto foi introduzido pelo Código de Processo Civil de 1939. Atualmente, está disciplinado nos arts. 287, 461, § 2.º, 461-A, § 3.º, 644 e 645 do CPC vigente e na Lei 9.099/1995, que regulamenta os Juizados Especiais, no art. 52, V e VI.

Estas normas permitem que o magistrado possa agir *ex officio*, podendo estabelecer as *astreintes* tanto em sentença condenatória, quanto em fase de execução, ou em tutela antecipada.

Mário Júlio de Almeida Costa[46] explica que as *astreintes* são classificadas em duas espécies. A primeira, chamada de *astreinte provisória*, é a modalidade originária e típica, sempre que o juiz reservar a possibilidade de modificá-la, para mais ou para menos, quando da respectiva liquidação, inclusive a pedido de qualquer das partes. A segunda, denominada *astreinte definitiva*, quando o tribunal renuncia a essa faculdade de revisão. Embora permitida, a *astreinte definitiva* é raríssima e medida excepcional.

---

44. Noronha, Fernando. *Direito das obrigações*, vol. 1, p. 169.

45. Gebrim, Marilda Neves. Astreintes. *Revista da Escola Superior da Magistratura*, p. 69.

46. Costa, Mário Júlio de Almeida. *Direito das obrigações*. 9. ed. Coimbra: Almedina, 2006. p. 992.

Carlos Alberto da Mota Pinto[47] nos mostra que as *astreintes* independem de prejuízo que o credor sofra, assim como a cláusula penal, mas que tal característica comum não irá igualar os dois institutos, que são distintos e independentes.

Arnaldo Rizzardo[48] explica que há distinção entre *astreinte* e cláusula penal, mas, logo em seguida, afirma que a primeira é uma espécie da segunda. Discorda-se de tal pensamento, haja vista que, como ele mesmo explica em sua obra, a redução da *astreinte* não se dá de acordo com o art. 413 do CC/2002, mas, sim, conforme o parágrafo único do art. 645 do CPC. Isso demonstra que a *astreinte* não pode ser uma espécie de cláusula penal, já que possui regras próprias, previstas na legislação processual, e que não se subordinam à legislação civil, motivo pelo qual são tratadas como institutos autônomos.

A razão está com Fernando Noronha,[49] para quem a multa cominatória, ou *astreinte*, não deve ser confundida com a cláusula penal, já que a primeira é estabelecida pelo juiz para a hipótese de o devedor se recusar a cumprir a decisão judicial e, em princípio, não está sujeita a limites. Já a cláusula penal é fixada pelas partes em negócio jurídico, sendo exigível quando ocorrer inadimplemento imputável ao devedor, desde que não exceda os valores permitidos por lei.

A jurisprudência brasileira[50] também reconhece a diferença entre a *astreinte* e a cláusula penal. Entretanto, recentemente surgiu um novo

---

47. Pinto, Carlos Alberto da Mota. *Teoria geral do direito civil*,p. 185.

48. Rizzardo, Arnaldo. *Direito das obrigações* cit., p. 542.

49. Noronha, Fernando. *Direito das obrigações* cit., p. 169.

50. "Há diferença nítida entre a cláusula penal, pouco importando seja a multa nela prevista moratória e compensatória, e a multa cominatória, própria para garantir o processo por meio do qual pretende a parte a execução de uma obrigação de fazer ou não fazer. E a diferença é, exatamente, a incidência de regras jurídicas específicas para cada qual. Se o juiz condena a parte ré ao pagamento de multa prevista na cláusula penal avençada pelas partes, está presente a limitação contida no art. 920 do Código Civil [CC/1916]. Se, ao contrário, cuida-se de multa cominatória em obrigação de fazer ou não fazer, decorrente de título judicial, para garantir a efetividade do processo, ou seja, o cumprimento da obrigação, está presente o art. 644 do CPC, com o que não há teto para a cominação" (STJ, 3.ª T., REsp, 196.262/RJ, rel.

instituto de direito processual civil, com o advento da Lei 11.232, de 22.12.2005, que incluiu o art. 475-J no CPC, que assim dispõe:

"Art. 475-J. Caso o devedor, condenado ao pagamento de quantia certa ou já fixada em liquidação, não o efetue no prazo de 15 (quinze) dias, o montante da condenação será acrescido de multa no percentual de 10% (dez por cento) e, a requerimento do credor e observado o disposto no art. 614, inciso II, desta Lei, expedir-se-á mandado de penhora e avaliação".

Em decorrência da aludida alteração legislativa, a doutrina está discutindo qual a natureza desta multa.

Entende-se que a multa do 475-J do CPC não se confunde com a cláusula penal, nem com a *astreinte*, por ter finalidade específica prevista em lei, ou seja, estimular o cumprimento da sentença condenatória, de quantia certa ou já determinada em processo de liquidação, dentro do prazo de 15 dias, motivo pelo qual não estará sujeita à redução do art. 413 do CC/2002, nem tampouco poderá ser fixada até o valor da obrigação principal, consoante o art. 412 deste mesmo diploma legal.

Urge consultar a doutrina processualista para saber se a referida multa seria uma multa cominatória (*astreinte*).

Já se manifestou Daniel Amorim Assumpção Neves,[51] em artigo dedicado ao tema, que a doutrina foi unânime em apontar sua natureza punitiva, servindo, portanto, como sanção processual àquela parte que se nega a cumprir sua obrigação de pagar quantia certa já reconhecida em sentença. Esse entendimento é o mais correto, não sendo adequado acreditar que se trata tal multa de *astreinte*, medida de pressão psicológica para que o próprio devedor cumpra suas obrigações e prevista como forma de execução indireta nas condenações de fazer, não fazer e entregar coisa.

Min. Carlos Alberto Direito, *DJ* 11.09.2000). Obs.: O art. 920 do CC/1916 corresponde ao art. 412 do CC/2002.

51. Neves, Daniel Amorim Assumpção. Início do cumprimento da sentença. In: _____; Ramos, Glauco Gumerato; Freire, Rodrigo da Cunha Lima; Mazzei, Rodrigo. *Reforma do CPC*, p. 218-219.

Entende-se, também, que não há relação da referida multa com a *astreinte*, já que, na primeira, o patamar de 10% é fixado pela lei, sendo devido após o decurso do prazo de 15 dias, não cabendo ao magistrado reduzi-la. Na segunda, a fixação é feita livremente pelo magistrado, seguindo o critério da razoabilidade.

Verifica-se, com isso, que a referida multa não se confunde com a cláusula penal, nem tampouco com a *astreinte*, fazendo com que haja mais uma modalidade de multa, denominada *multa punitiva*, além da *multa convencional* (cláusula penal) e da *multa cominatória* (*astreinte*). Por esse motivo, esses conceitos nunca poderão ser utilizados como sinônimos.

9
Demais aspectos relevantes da cláusula penal

SUMÁRIO: 9.1 A criação da cláusula penal segundo o Código Civil – 9.2 A cláusula penal e a pluralidade de devedores – 9.3 Requisitos de exigibilidade da cláusula penal – 9.4 Possibilidade de renúncia da cláusula penal – 9.5 A cláusula penal e os contratos de adesão – 9.6 A cláusula penal e o comportamento contraditório (*venire contra factum proprium*).

9.1 A criação da cláusula penal segundo o Código Civil

Obrigatoriamente a cláusula penal deve ser criada em negócio jurídico escrito, haja vista que ela deve estar sempre expressa, demonstrando a real intenção das partes, o que veda a possibilidade de existência de cláusula penal tácita. Reforça essa ideia Paulo Luiz Netto Lôbo,[1] ao ensinar que, dada a sua natureza de pena, deve a cláusula penal sempre ser declarada expressamente.

O Código Civil de 1916[2] estabelecia que a cláusula penal poderia ser instituída com a obrigação ou em ato posterior. A referida regra foi mantida na primeira parte do art. 409 do CC/2002.[3]

O art. 409 do CC/2002 possui correspondência no direito estrangeiro nos arts. 1.226 e 1.227 do Código Civil francês, 1.382 do Código Civil italiano, 652 do Código Civil argentino, 1.363 do Código Civil

1. LÔBO, Paulo Luiz Netto. *Teoria geral das obrigações* cit., p. 304.
2. "Art. 916. A cláusula penal pode ser estipulada conjuntamente com a obrigação ou em ato posterior."
3. "Art. 409. A cláusula penal estipulada conjuntamente com a obrigação, ou em ato posterior, pode referir-se à inexecução completa da obrigação, à de alguma cláusula especial ou simplesmente à mora."

uruguaio, 1.535 do Código Civil chileno, § 339 do Código Civil alemão e 1.344.º do Código Civil peruano.[4]

No entanto, o art. 409 do CC/2002 é digno de crítica, como corretamente salientou Caio Mário da Silva Pereira,[5] em razão da sua imprecisão redacional, que, de forma radical, aparentemente veda a criação da cláusula penal em documento apartado, já que menciona que sua criação será conjuntamente com a obrigação principal.

O que pretende o citado dispositivo é permitir que a cláusula penal seja estipulada no mesmo instrumento da obrigação principal, como uma de suas cláusulas, ou em ato autônomo, seja posterior ou simultâneo, identificando a acessoriedade da cláusula penal.

Dessa forma, mesmo com a incorreta redação do dispositivo, pode-se convencionar a cláusula penal em documento separado e simultâneo ao da obrigação principal, desde que antes da ocorrência do inadimplemento, pois, do contrário, ela se tornaria uma transação referente à liquidação dos danos.

Entende-se que a cláusula penal pode ser estipulada antes da obrigação principal, desde que aquela seja dependente desta no momento de sua criação. Entendem dessa forma Pontes de Miranda[6] e Jorge Cesa Ferreira da Silva.[7]

Discordava de tal entendimento Silvio Rodrigues,[8] que julgava ser inconcebível a estipulação da cláusula penal que antecede a obrigação principal.

Caio Mário da Silva Pereira[9] entendia que o Código Civil de 2002 repetiu a imprecisão do Código anterior, eis que para a pena convencional ser estipulada em ato posterior ela deverá ser feita antes do

---

4. "Artículo 1344.º – La cláusula penal puede ser estipulada conjuntamente con la obligación o por acto posterior."
5. Pereira, Caio Mário da Silva. *Instituições de direito civil – Teoria geral das obrigações* cit., p. 145.
6. Pontes de Miranda, F. C. *Tratado de direito privado* cit., vol. 24, p. 62.
7. Silva, Jorge Cesa Ferreira da. *Inadimplemento das obrigações* cit., p. 254.
8. Rodrigues, Silvio. *Direito civil – Parte geral das obrigações* cit., vol. 2, p. 263.
9. Pereira, Caio Mário da Silva. *Instituições de direito civil – Teoria geral das obrigações* cit., p. 146.

descumprimento, sob pena de perder sua finalidade econômica, que, segundo ele, era a liquidação prévia do dano, ou seja, reforça a obrigação, que, se já tiver sido descumprida, é como colocar uma fechadura em uma porta arrombada.

Judith Martins-Costa[10] defende que a cláusula penal deve ser estipulada com a obrigação principal, em regra, para demonstrar, de fato, a sua acessoriedade com relação à obrigação principal, em veneração ao *princípio da gravitação jurídica*, no qual o acessório sempre segue a sorte do principal, para que a nulidade da obrigação principal gere a nulidade da cláusula penal. A referida professora entende ser este o motivo para ser mantida a regra do art. 922 do CC/1916, mesmo estando o dispositivo revogado.

Para Francisco Amaral[11] a relação de acessoriedade existe entre coisas e direitos, como no caso da cláusula penal no direito obrigacional.

Tanto é verdade a existência desta acessoriedade que Paulo Luiz Netto Lôbo[12] explica que, no caso de cessão de crédito, há também cessão da cláusula penal, como estabelece o art. 287 do CC/2002.[13]

Jorge Cesa Ferreira da Silva[14] afirma que a cláusula penal é acessória a um dever principal, dele se tornando dependente.

Entretanto, há precedentes em outros países, que não existem no Brasil, de que a invalidade da obrigação principal pode não alterar a cláusula penal. Nesta linha, pode-se citar o Código Civil argentino[15] e o Código Civil uruguaio.[16]

---

10. Martins-Costa, Judith. *Do inadimplemento das obrigações* cit., p. 435.
11. Amaral, Francisco. *Direito civil – Introdução*, p. 329.
12. Lôbo, Paulo Luiz Netto. *Teoria geral das obrigações* cit., p. 303.
13. "Art. 287. Salvo disposição em contrário, na cessão de um crédito abrangem-se todos os seus acessórios."
14. Silva, Jorge Cesa Ferreira da. *Inadimplemento das obrigações* cit., p. 234.
15. "Artículo 666 – La cláusula penal tendrá efecto, aunque sea puesta para asegurar el cumplimiento de una obligación que no pueda exigirse judicialmente, siempre que no sea reprobada por la ley."
16. "Artículo 1.365 – La cláusula penal es válida aun cuando se agrega a obligación cuyo cumplimiento no puede exigirse judicialmente, pero que no es reprobada por derecho."

Na doutrina brasileira, Miguel Maria de Serpa Lopes[17] entendia e Silvio de Salvo Venosa[18] também propugna que a cláusula penal pode sobreviver à invalidade da obrigação principal.

Para os referidos autores, pode ocorrer que, em certos casos, a cláusula penal tenha validade, mesmo que a obrigação principal seja nula, desde que tal nulidade dê lugar a uma ação de indenização por perdas e danos. É o que ocorre, por exemplo, com a cláusula penal estipulada em contrato de compra e venda de coisa alheia, em que, sendo esse fato ignorado pelo comprador, a cláusula penal, sendo o equivalente do dano, será devida por se tratar de matéria inerente ao prejuízo e não ao contrato.

Maria Helena Diniz[19] discorda de tal posicionamento, pois, em razão da acessoriedade, a invalidade da obrigação principal invalida a cláusula penal. No exemplo citado pela ilustre doutrinadora, entende-se que será necessária a propositura de ação indenizatória para se apurar as perdas e danos, até mesmo por uma questão de equidade, já que o valor da cláusula penal, neste caso, pode ser inferior às perdas e danos, o que, se mantida a cláusula, poderia acarretar uma grande injustiça.

O pensamento de Silvio Rodrigues[20] também reforça essa tese quando aponta que o fato de o Código Civil de 2002 não ter reproduzido o art. 922 do CC/1916, que previa a nulidade da cláusula penal se a obrigação principal fosse nula, deve-se a tal disposição ser demasiadamente evidente.

No entanto, o inverso não é verdadeiro, como explica Nelson Rosenvald,[21] já que a invalidade da cláusula penal, se esta foi fixada mediante coação, por exemplo, não invalida a obrigação principal.

---

17. Lopes, Miguel Maria de Serpa. *Curso de direito civil – Obrigações em geral* cit., vol. 2, p. 157.
18. Venosa, Silvio de Salvo. *Direito civil – Teoria geral das obrigações e teoria geral dos contratos* cit., p. 368.
19. Diniz, Maria Helena. *Curso de direito civil brasileiro – Teoria geral das obrigações* cit., p. 408.
20. Rodrigues, Silvio. *Direito civil – Parte geral das obrigações* cit., vol. 2, p. 263.
21. Rosenvald, Nelson. *Direito das obrigações* cit., p. 307.

Um exemplo disso é que não são admitidas cláusulas penais relativas ao estado ou à personalidade, como a que estabelece, em pacto antenupcial, a perda de todos os bens relativos à meação, para o cônjuge que pedir a separação ou o divórcio.

Para Judith Martins-Costa,[22] o art. 409 do CC/2002, ao estabelecer que a cláusula penal será *estipulada*, acaba permitindo que ela seja inserida em negócios jurídicos bilaterais, como no caso dos contratos, mas também em negócios unilaterais, como em promessas unilaterais. Clóvis Beviláqua[23] defendia a possibilidade de inserção de uma cláusula penal em testamento, para estimular o herdeiro à fiel execução do legado.

Paulo Luiz Netto Lôbo[24] reafirma a possibilidade de inserção de cláusula penal em negócio jurídico unilateral, como na promessa de recompensa, na qual o promitente oferece recompensa e se sujeita a uma cláusula penal em caso de incumprimento.

Por isso é que a cláusula penal não tem somente natureza contratual, mas, sim, negocial.

Cumpre apontar, porém, a oportuna reflexão de Renan Lotufo[25] acerca da existência ou não de requisito formal para a elaboração da cláusula penal em documento apartado, justificando que não se vê no presente artigo qualquer exigência quanto à forma, mas é decorrência lógica dele que ela deve acompanhar a da obrigação principal quando conjunto o nascimento. Entretanto, não se interpreta o artigo como exigente da mesma forma da obrigação principal e antecedente, se criada em ato posterior, conforme o art. 107 do CC/2002.[26]

De fato, o referido artigo nada menciona sobre se há necessidade de a cláusula penal, feita em documento apartado, ter de ser criada em negócio jurídico com a mesma forma do principal, ou seja: se o negócio

---

22. Martins-Costa, Judith. *Do inadimplemento das obrigações* cit., p. 435.
23. Beviláqua, Clóvis. *Código Civil dos Estados Unidos do Brasil comentado* cit., p. 54.
24. Lôbo, Paulo Luiz Netto. *Teoria geral das obrigações* cit., p. 303.
25. Lotufo, Renan. *Código Civil comentado – Obrigações – Parte geral* cit., p. 471.
26. "Art. 107. A validade da declaração de vontade não dependerá de forma especial, senão quando a lei expressamente a exigir."

principal for solene, ao se pactuar em apartado a cláusula penal, o negócio deverá ser formal, igual ao do principal, ou poderá ser não solene?

Entende-se que o negócio jurídico posterior que cria a cláusula penal não terá que ter forma solene, mesmo se a obrigação principal tiver sido criada em documento formal, uma vez que o Código Civil de 2002 estabelece no art. 107 ser necessária solenidade somente em casos expressos em lei, o que não se daria nessa circunstância. Este também é o entendimento de Nelson Rosenvald.[27]

Entendia de forma diversa Pontes de Miranda,[28] para quem a cláusula penal posterior deve ter a mesma forma exigida ao negócio jurídico a que está conectada.

9.2 A cláusula penal e a pluralidade de devedores

Sendo a obrigação indivisível (espécie de obrigação composta quanto ao sujeito que possui vários credores e/ou vários devedores), determina o art. 414 do CC/2002[29] que todos os devedores ficarão responsáveis pelo pagamento da cláusula penal, em razão da natureza da obrigação, em caso de inadimplemento. Entretanto, somente se responsabilizam pela sua cota parte, haja vista que o art. 263 do CC/2002[30] determina que perde a qualidade de indivisível a obrigação que for convertida em perdas e danos. O mesmo dispositivo, porém, garante o direito de regresso dos codevedores em face do devedor culpado. Caso o credor queira, pode cobrar a dívida integral do codevedor culpado.

Afirmou Caio Mário da Silva Pereira[31] que se aplica, neste caso, o princípio que impera nas obrigações divisíveis do *concursu partes fiunt*, em que cada um responde pela sua cota parte.

---

27. Rosenvald, Nelson. *Direito das obrigações* cit., p. 307.
28. Pontes de Miranda, F. C. *Tratado de direito privado* cit., vol. 24, p. 64.
29. "Art. 414. Sendo indivisível a obrigação, todos os devedores, caindo em falta um deles, incorrerão na pena; mas esta só se poderá demandar integralmente do culpado, respondendo cada um dos outros somente pela sua quota."
30. "Art. 263. Perde a qualidade de indivisível a obrigação que se resolver em perdas e danos."
31. Pereira, Caio Mário da Silva. *Instituições de direito civil – Teoria geral das obrigações* cit., p. 163.

Isso se dá pelo fato de o inadimplemento da obrigação consistir numa modalidade de ilícito civil, que exige o cumprimento integral da obrigação, incluindo a cláusula penal. A divisibilidade da pena convencional permite, porém, que cada coobrigado não culpado pleiteie a cota parte que teve de desembolsar em razão de o incumprimento ter ocorrido pela culpa de apenas um dos devedores.

A totalidade da cláusula penal só poderá ser cobrada do codevedor culpado pelo inadimplemento. Entretanto, não será possível aplicar a referida regra se a cláusula penal estabelecer obrigação indivisível. Neste caso, todos os coobrigados respondem integralmente pela pena, ressalvada a via regressiva contra o culpado pelo inadimplemento.

Os arts. 661 e 662 do Código Civil argentino[32] tornam os devedores, e os herdeiros de devedores, de uma obrigação indivisível responsáveis pela totalidade da cláusula penal somente quando esta for simultaneamente indivisível e solidária.

O art. 414 do CC/2002 tem origem no art. 925 do CC/1916, que por sua vez encontra raízes no art. 1.232 do Código Civil francês,[33] repetido nos arts. 1.371 do Código Civil uruguaio,[34] 1.261 do Código

---

32. "Artículo 661 – Sea divisible o indivisible la obligación principal, cada uno de los codeudores o de los herederos del deudor, no incurrirá en la pena sino en proporción de su parte, siempre que sea divisible la obligación de la cláusula penal."

    "Artículo 662 – Si la obligación de la cláusula penal fuere indivisible, o si fuere solidaria aunque divisible, cada uno de los codeudores, o de los coherederos del deudor, queda obligado a satisfacer la pena entera."

33. "Article 1.232 – Lorsque l'obligation primitive contractée avec une clause pénale est d'une chose indivisible, la peine est encourue par la contravention d'un seul des héritiers du débiteur, et elle peut être demandée soit en totalité contre celui qui a fait la contravention, soit contre chacun des cohéritiers pour leur part et portion, et hypothécairement pour le tout, sauf leur recours contre celui qui a fait encourir la peine."

34. "Artículo 1.371 – Cuando la obligación primitiva contraída con cláusula penal, es de cosa indivisible y son varios los deudores por sucesión o por contrato, se incurre en la pena por la contravención de uno solo de los deudores y puede ser exigida por entero del contraventor o de cada uno de los codeudores por su parte y porción, salvo el derecho de estos para exigir del contraventor que les devuelva lo que pagaron por su culpa."

Civil venezuelano,[35] 1.348 do Código Civil peruano,[36] 661 e 662 do Código Civil argentino e 1.540 do Código Civil chileno.

Já o art. 415 do CC/2002[37] determina que, se a obrigação for divisível, só se responsabiliza pelo pagamento da cláusula penal o devedor ou seu herdeiro que infringir a obrigação, e proporcionalmente à sua cota parte.

Dessa forma, como cada codevedor responde pela sua parte na obrigação, somente o culpado é quem será responsabilizado, proporcionalmente, pelo seu inadimplemento, ficando os demais devedores isentos de tal responsabilidade.

No entanto, como afirmava Caio Mário da Silva Pereira,[38] a responsabilidade do inadimplente, pela parte proporcional na multa, é transmitida aos herdeiros do devedor. Cumpre ressaltar, porém, que tal responsabilidade, de acordo com as regras sucessórias[39] do Código Civil de 2002, não pode ser superior às forças da herança.

O presente dispositivo tem origem no art. 926 do Código Beviláqua, que encontrou inspiração no art. 1.233 do Código Civil francês,[40]

---

35. "Artículo 1.261 – Cuando la obligación principal contraída con cláusula penal sea indivisible, se incurre en la pena por contravención de uno solo de los herederos del deudor; y puede demandársela, ya íntegramente al contraventor, ya a cada heredero por su parte correspondiente, salvo siempre el recurso contra aquél por cuyo hecho se ha incurrido en la pena."

36. "Artículo 1.348 – Si la cláusula penal es indivisible, cada uno de los deudores y de sus herederos queda obligado a satisfacer integralmente la pena."

37. "Art. 415. Quando a obrigação for divisível, só incorre na pena o devedor ou o herdeiro do devedor que a infringir, e proporcionalmente à sua parte na obrigação."

38. Pereira, Caio Mário da Silva. *Instituições de direito civil – Teoria geral das obrigações* cit., p. 164.

39. "Art. 1.792. O herdeiro não responde por encargos superiores às forças da herança; incumbe-lhe, porém, a prova do excesso, salvo se houver inventário que a escuse, demonstrando o valor dos bens herdados."

40. "Article 1.233 – Lorsque l'obligation primitive contractée sous une peine est divisible, la peine n'est encourue que par celui des héritiers du débiteur qui contrevient à cette obligation, et pour la part seulement dont il était tenu dans l'obligation principale, sans qu'il y ait d'action contre ceux qui l'ont exécutée. Cette règle reçoit exception lorsque, la clause pénale ayant

que inspirou também os arts. 1.373 do Código Civil uruguaio,[41] 1.262 do Código Civil venezuelano,[42] 1.347 do Código Civil peruano,[43] 661 do Código Civil argentino e 1.540 do Código Civil chileno.

Neste caso, a dúvida que se estabelece na doutrina é a seguinte: se, numa obrigação divisível, for convencionada a sua indivisibilidade pelas partes, será que se poderia dividir a cláusula penal?

Clóvis Beviláqua[44] apontou que não, inspirado no que estabelecem outras codificações alienígenas, já que diversos códigos acrescentam que, se a obrigação for indivisível *solutione tantum*, isto é, se na intenção das partes, o pagamento divisível proceder-se-á como se fosse substancialmente indivisível, aplicando-se a regra do art. 414 do CC/2002.

été ajoutée dans l'intention que le paiement ne pût se faire partiellement, un cohéritier a empêché l'exécution de l'obligation pour la totalité. En ce cas, la peine entière peut être exigée contre lui, et contre les autres cohéritiers pour leur portion seulement, sauf leur recours."

41. "Artículo 1.373 – Cuando la obligación primitiva con cláusula penal es divisible, sólo se incurre en la pena por aquel de los herederos del deudor que contraviniere a la obligación y sólo por la parte que le toca en la obligación principal, sin que haya acción contra los que la han cumplido. Esta regla admite excepción, cuando habiéndose agregado la cláusula penal con el fin expreso de que la paga no pudiese verificarse por partes, un coheredero ha impedido el cumplimiento de la obligación en su totalidad."

42. "Artículo 1.262 – Cuando la obligación principal contraída con cláusula penal es divisible no se incurre en la pena sino por el heredero del deudor que contraviniere a la obligación, y sólo por la parte que le corresponde cumplir en la obligación principal, sin que pueda obrar contra los que la han cumplido. Esto no sucede cuando habiéndose establecido la cláusula penal para que no pueda hacerse parcialmente el pago, un coheredero ha impedido que la obligación se cumpla totalmente. En este caso puede exigirse de él la pena íntegra, o bien a los demás herederos la porción correspondiente, salvo a éstos la acción de regreso contra aquél por cuyo hecho se haya incurrido en la pena."

43. "Artículo 1.347 – Cada uno de los deudores o de los herederos del deudor esta obligado a satisfacer la pena en proporción a su parte, siempre que la cláusula penal sea divisible, aunque la obligación sea indivisible".

44. Beviláqua, Clóvis. *Código Civil dos Estados Unidos do Brasil comentado* cit., p. 61.

Rubens Limongi França,[45] quando afirmou que esta questão permanece somente no plano especulativo, acabou seguindo a linha do pensamento de Clóvis Beviláqua, salientando que a indivisibilidade *solutione tantum* não poderá ser perpétua, mas temporária, quando fixada pelo doador ou testador, conforme estabelece o § 2.º do art. 1.320 do CC/2002.

Finalmente, nas obrigações solidárias, explica Flávio Augusto Monteiro de Barros[46] que, se um dos devedores incorre em culpa, só este arcará com as perdas e danos, já que a regra descrita no art. 279 do CC/2002 deve ser aplicada analogicamente à cláusula penal.

9.3 Requisitos de exigibilidade da cláusula penal

Para Flávio Augusto Monteiro de Barros,[47] a cláusula penal só poderá ser exigida se preenchidos os seguintes requisitos:

a) Existência de obrigação principal válida

A cláusula penal tem caráter acessório e a invalidade da obrigação principal, por via reflexa, gera a invalidade da cláusula penal.

Como já apontado anteriormente, alguns autores sustentam, como explicita Maria Helena Diniz,[48] que, se a invalidade acarretar a obrigação de ressarcir as perdas e danos, como na venda de coisa alheia, a cláusula penal deve prevalecer, pois terá função indenizatória.

Acredita-se não ser esta a melhor solução, como já foi citado anteriormente neste capítulo, pois, no caso do exemplo dado, o vendedor pode induzir o comprador a aceitar a fixação de cláusula penal mínima, já que sabe que terá de pagá-la.

Assim, correto está o pensamento de Maria Helena Diniz,[49] que, ao comentar o art. 92 do CC/2002, descreve, claramente, que, se a obrigação principal for nula, nula será a cláusula penal.

---

45. França, Rubens Limongi. *Teoria e prática da cláusula penal* cit., p. 213.
46. Barros, Flávio Augusto Monteiro de. *Manual de direito civil* cit., p. 186.
47. Idem, p. 185.
48. Diniz, Maria Helena. *Curso de direito civil brasileiro – Teoria geral das obrigações* cit., p. 408.
49. Diniz, Maria Helena. *Código Civil anotado*, p. 131.

b) Inadimplemento culposo da obrigação

O art. 410 do CC/2002, que trata da cláusula penal compensatória, exige para a sua incidência o inadimplemento total da obrigação, enquanto o art. 411 do referido ordenamento, que trata da cláusula penal moratória, menciona a necessidade da ocorrência da mora. No entanto, nenhum deles aborda a possibilidade de se exigir a cláusula penal em caso de inadimplemento parcial.

Dessa forma, questiona-se: seria possível exigir a cláusula penal em caso de inadimplemento parcial da obrigação? A questão merece uma reflexão, pois se entende que o inadimplemento parcial pode estar incluído ou no inadimplemento total ou na mora.

O inadimplemento parcial está ligado à ideia de uma obrigação complexa, que engloba uma multiplicidade de prestações, como a cumulativa, e a de uma mesma obrigação poder ser dividida em vários objetos distintos.

Como o Código Civil de 2002 estabelece, no art. 314, que, mesmo sendo divisível a obrigação, não pode o credor ser obrigado a receber em partes, nem o devedor a pagar em partes, se assim não se convencionou, verifica-se que, na ausência de convenção autorizando o pagamento parcial, se este ocorrer, a cláusula penal pode ser exigida integralmente. Além disso, ela não poderá ser reduzida em razão de a obrigação ter sido cumprida em parte, nos moldes do art. 413 do referido diploma legal, desde que o credor a recuse. O cumprimento parcial pode acarretar o inadimplemento absoluto ou relativo, dependendo da utilidade do restante da prestação ao credor.

Um exemplo que se pode citar é o do cumprimento inexato da obrigação. Considere-se uma obrigação de fazer reforma na cozinha de uma casa. Se o devedor fizer esta reforma de forma diversa da requisitada pelo credor, pode-se dizer que a obrigação de prestação de serviço foi cumprida (construção de algo), mas não a contento, motivo pelo qual a cláusula penal, caso exista, poderá ser exigida no referido caso.

Este tipo de cumprimento inexato é repelido pelo Código Civil de 2002, que trata, no art. 477, da *exceptio non rite adimpleti contractus*, que desobriga a parte de contrato sinalagmático de cumprir com sua obrigação se a outra a cumpriu de forma imprecisa.

Judith Martins-Costa[50] menciona que o *adimplemento ruim*, ou *cumprimento defeituoso*, é espécie de inadimplemento que não se refere ao cumprimento parcial, mas, sim, à espécie de dever descumprido.

A diferenciação entre inadimplemento total e adimplemento insatisfatório, para se verificar a incidência ou não da cláusula penal, depende do caso concreto. Para o credor exigir a cláusula penal compensatória, caso entenda que o cumprimento defeituoso é inútil para ele (fez reforma de forma diversa da pactuada), ele deve se recusar a receber a prestação.

c) Constituição em mora do devedor

Pode se dar automaticamente se a obrigação tiver vencimento, mora *ex re*, pela aplicação da regra do *dies interpellat pro homine*, descrita no art. 397 do CC/2002, ou mediante interpelação judicial ou extrajudicial, mora *ex persona*.

Se não ocorrerem todos os seus requisitos, a cláusula penal será inexigível.

Em caso de obrigação alternativa – aquela em que há mais de uma prestação e sua extinção se dará com o cumprimento de apenas uma delas –, se uma das prestações perecer involuntariamente, sem culpa do devedor, não será devida a cláusula penal, pois a obrigação poderá ser cumprida com a(s) prestação(ões) remanescente(s).

Se a obrigação for facultativa, aquela em que o devedor pode substituir a prestação devida por outra, a cláusula penal não poderá ser exigida se o devedor se utilizar da sua faculdade, já que isso extinguirá a obrigação.

Existindo uma obrigação condicional, a cláusula penal somente poderá ser exigida após o implemento da condição, caso a obrigação não seja cumprida. Como exemplo, pode-se citar a doação subordinada ao casamento do donatário, sob pena de pagamento de multa de R$ 1.000,00. A referida cláusula penal só poderá ser exigida após a ocorrência do casamento, que condiciona o vencimento da obrigação e a constituição em mora do devedor, no caso o doador.

---

50. Martins-Costa, Judith. *Do inadimplemento das obrigações* cit., p. 439.

Não se pode esquecer que toda cláusula penal está subordinada à característica da condicionalidade, como nos explica Maria Helena Diniz,[51] haja vista que a exigibilidade de cláusula penal depende da ocorrência de um evento futuro e incerto, denominado inadimplemento.

No entanto, se a obrigação for extinta por uma dação em pagamento e ocorrer a evicção da coisa entregue, determina o art. 359 do CC/2002 que a obrigação se restabelece (obrigação principal) e com ela a cláusula penal (obrigação acessória), que poderá ser exigida do devedor.

9.4 Possibilidade de renúncia da cláusula penal

Pretende-se abordar neste tópico a possibilidade ou não da renúncia à cláusula penal. Será que há possibilidade de se admitir que o credor deseja renunciar ao recebimento da cláusula penal, mesmo tendo ocorrido o inadimplemento?

Entende-se que afirmativa é a resposta, já que a renúncia da cláusula penal pode ser fruto de uma transação, descrita no art. 840 do CC/2002, na qual haverá concessões mútuas com o intuito de prevenir ou terminar litígios. O intuito seria, numa determinada negociação, conseguir o adimplemento da obrigação em mora, evitando-se a necessidade de propositura de ação judicial.

Por se tratar de direitos patrimoniais de caráter privado, não haveria qualquer empecilho à renúncia. Sendo possível a renúncia, não se questionaria a renúncia expressa, na qual, por ato inequívoco, o credor manifesta o seu desejo de não receber a cláusula penal.

No entanto, vale a pena questionar se existe a possibilidade de renúncia tácita da cláusula penal.

Novamente, afirmativa é a resposta, já que a cláusula penal é obrigação acessória à principal e a quitação do principal presume a quitação do acessório.

---

51. Diniz, Maria Helena. *Curso de direito civil brasileiro – Teoria geral das obrigações* cit., p. 408.

Entendia dessa maneira Caio Mário da Silva Pereira,[52] para quem a aceitação do pagamento sem reserva quanto à multa faz presumir que o credor remitiu a cláusula penal.

Entende-se que pela falta de previsão legal expressa pode-se aplicar analogicamente o art. 323 do CC/2002, que estabelece a presunção de pagamento dos juros, se existirem, à quitação do capital. Tal dispositivo demonstra uma presunção de pagamento quanto aos juros, que é acessório, se houver quitação da obrigação principal.

Como a cláusula penal também é uma obrigação acessória, a prova de pagamento da obrigação principal presume a sua quitação.

Cumpre ressaltar, porém, que operada a renúncia da cláusula penal impossível será a propositura de ação indenizatória para pleitear as perdas e danos possivelmente existentes, haja vista que a mesma só poderá ocorrer na hipótese de liquidação da obrigação principal (pagamento direto ou transação).

9.5 A cláusula penal e os contratos de adesão

Deve-se analisar com muita cautela a cláusula penal que favorece o aderente em contrato de adesão. É muito oportuna a observação de Rodrigo Toscano de Brito,[53] que menciona o caso do contrato de incorporação imobiliária, na maioria das vezes celebrado na modalidade de adesão, no qual o incorporador, ao elaborar o contrato, estabelece cláusula penal no valor máximo, para o caso de inadimplemento do comprador, e cláusula penal irrisória para o caso de atraso na entrega da obra. Isso faz com que a cláusula penal não consiga atingir um dos seus objetivos, que é o de remunerar as perdas e danos, já que essas serão superiores ao montante estipulado em contrato.

Considerando que o contrato é de adesão, será que haveria disposição contratual expressa determinando que é possível pleitear indenização suplementar? Entende-se que não.

---

52. Pereira, Caio Mário da Silva. *Instituições de direito civil – Teoria geral das obrigações* cit., p. 164.

53. Brito, Rodrigo Toscano de. *Incorporação imobiliária à luz do CDC*, p. 297.

Dessa forma, correto está o entendimento de Rodrigo Toscano de Brito, para quem a cláusula penal nessas condições é nula de pleno direito, por se caracterizar cláusula abusiva que gera onerosidade excessiva, devendo ser invocados o inc. IV do art. 51 e o § 1.º, III, do mesmo artigo do CDC, já que na incorporação imobiliária, na maioria dos casos, há relação de consumo.

Cristiano Chaves de Farias e Nelson Rosenvald[54] afirmam que não se pode duvidar que a liberdade de contratar, guiada pela autonomia da vontade, sempre permitiu a elaboração de cláusulas penais abusivas, principalmente em razão do desequilíbrio das partes, fruto da necessidade de contratar; não sendo possível em muitos casos se furtar à formação do vínculo obrigacional, as partes submetem-se às cláusulas penais excessivas.

Claudia Lima Marques[55] explica que, na abusividade da cláusula contratual, é o desequilíbrio ou descompasso de direitos e obrigações entre as partes que impede a realização total do objetivo contratual, que frustra os interesses básicos das partes presentes, ao gerar autorização para atuação futura contrária à boa-fé, arbitrária ou lesiva aos interesses do outro contratante.

Para Jorge Cesa Ferreira da Silva,[56] há que restar claro que o caráter coativo da cláusula penal não traz consigo a liberdade de abuso ou a possibilidade de sanção desmedida, já que não se pode admitir que, numa economia centrada na autonomia privada, cometam-se excessos ao estipulá-la.

E se não houver relação de consumo em contrato de adesão e a parte que impõe o seu conteúdo fixar cláusula penal irrisória, como se deverá interpretar tal situação?

Flávio Tartuce aprovou enunciado na III Jornada de Direito Civil do Conselho da Justiça Federal, que recebeu o n. 171, que demonstra a existência de contratos de adesão civis, e não só de consumo. Prova

---

54. Farias, Cristiano Chaves de; Rosenvald, Nelson. *Direito das obrigações* cit., p. 433.

55. Marques, Claudia Lima. *Contratos no Código de Defesa do Consumidor*, p. 148.

56. Silva, Jorge Cesa Ferreira da. *Inadimplemento das obrigações* cit., p. 244.

disso é que o Código Civil de 2002 estabelece regras para contratos de adesão civis nos arts. 423 e 424.

Assim, a cláusula penal irrisória, imposta em contrato de adesão que desfavorece o aderente, é válida?

Entende-se que não, em decorrência da existência de um abuso de direito, repudiado pelo art. 187 do CC/2002.[57]

Conceitua o abuso de direito Inácio de Carvalho Neto[58] como o exercício, pelo seu titular, de um direito subjetivo fora de seus limites. A celebração de contrato de adesão e a fixação da cláusula penal, neste negócio jurídico, representam direito subjetivo. No entanto, ao exercê-lo, não se pode abusar, já que, neste tipo de contrato, uma das partes acaba impondo o conteúdo à outra parte, que não tem a possibilidade de modificá-lo. Aproveitando-se de tal situação é que a parte economicamente mais forte acaba fixando cláusula penal que lhe favoreça até o limite legal e cláusula penal irrisória quando for desfavorável.

Não se pode permitir que isto ocorra, já que tal conduta fere o princípio da função social do contrato, que, neste caso, ganha eficácia interna.

Assim, diante da inexistência de regulamentação específica, diferentemente do que ocorre nas relações de consumo em que há nulidade da cláusula, devem-se aplicar ao caso as regras do abuso de direito.

José de Oliveira Ascensão[59] entende que o abuso de direito poderá abranger situações jurídicas equivalentes, mas não poderes genéricos, como a faculdade de contratar.

Não seria esta a melhor saída, haja vista que o contrato de adesão é elaborado pela parte economicamente mais forte, que passa a ter o direito de impor o seu conteúdo ao aderente, de forma legítima, porém com reservas, para que não seja exercido de forma abusiva, motivo

---

57. "Art. 187. Também comete ato ilícito o titular de um direito que, ao exercê-lo, excede manifestamente os limites impostos pelo seu fim econômico ou social, pela boa-fé ou pelos bons costumes."

58. Carvalho Neto, Inácio de. *Abuso de direito*, p. 20.

59. Ascensão, José de Oliveira. A desconstrução do abuso de direito. In: Delgado, Mário Luiz; Alves, Jones Figueirêdo. *Questões controvertidas*, p. 39.

pelo qual se entende ser possível a ocorrência do abuso de direito em relações contratuais.

O abuso de direito, segundo o art. 927 do CC/2002, gera responsabilidade civil extracontratual, em razão do art. 187 do referido diploma legal, que o conceitua, dar a ele o mesmo efeito do ato ilícito.

Assim, é correto o entendimento de Flávio Tartuce,[60] para quem o conceito de abuso de direito está ligado a quatro cláusulas gerais, que devem ser preenchidas de acordo com o caso concreto, sendo elas: o fim social e econômico, a boa-fé e os bons costumes.

Entende-se que o fim social, no caso concreto, está ligado à função social, já que nenhum contrato, principalmente o de adesão, poderá ter uma visão individualista que proteja exclusivamente quem impõe o seu conteúdo, em detrimento da proteção à sociedade, que é colocada em risco por tais condutas.

Já o fim econômico está ligado ao prejuízo contundente que tal prática estabelece na nossa sociedade, bem como o enriquecimento sem causa, repudiado pelo art. 884 do CC/2002, que repercute financeiramente de forma negativa, evitando que se atinja um equilíbrio financeiro nas relações jurídicas.

A boa-fé objetiva é flagrantemente violada, pois quem adere a um contrato, sem poder modificar o seu conteúdo, acredita cegamente na outra parte, motivo pelo qual se estabelece um desrespeito aos deveres anexos, à lealdade, à confiança, à informação e à razoabilidade.

Quanto aos bons costumes, em virtude da crise da vontade decorrente da proliferação dos contratos de adesão, percebe-se que, pela opção do legislador em incluir os princípios contratuais da função social do contrato e da boa-fé objetiva como formas de controle da autonomia privada, objetiva-se valorizar os bons costumes para que eles impeçam a abusividade nas relações contratuais.

Dessa forma, entende-se que preenchidas as quatro cláusulas gerais acerca do abuso de direito, comprova-se sua aplicação nas relações contratuais.

---

60. Tartuce, Flávio. *Direito civil*, p. 265.

José Roberto de Castro Neves[61] afirma que a tendência em garantir a justiça contratual é fenômeno moderno e mundial, pois os sistemas jurídicos de muitos países adotam regras que visam evitar a ocorrência de abusos (como as cláusulas abusivas), protegendo a parte mais fraca. Com isso, ocorrendo tal fato, despreza-se o valor da cláusula penal irrisória, já que não haverá estipulação contratual expressa para se pleitear indenização suplementar, e parte-se para a responsabilidade extracontratual para se cobrar os prejuízos do inadimplemento, comprovando-se as perdas e os danos que deverão ser realmente indenizados.

Assim, em caso de relação de consumo, a cláusula penal irrisória, em contrato no qual inexiste a estipulação que permite pleitear a indenização suplementar, é nula, em decorrência do inc. IV do art. 51 e do § 1.º, III, do mesmo artigo, do CDC. Entretanto, nas relações civis, a questão se resolve por meio do abuso de direito, que fundamenta o dever de indenizar na responsabilidade civil extracontratual.

9.6 A cláusula penal e o comportamento contraditório (*venire contra factum proprium*)

Uma possibilidade que deve ser analisada, e comentada, é se há relação entre a cláusula penal e a tutela da confiança, que é dever anexo à boa-fé objetiva (*Treu und Glauben*), em que o princípio do *nemo potest venire contra factum proprium* se enquadra perfeitamente.

António Manuel da Rocha e Menezes Cordeiro[62] conceitua o princípio do *venire contra factum proprium* como a locução que traduz o exercício, tido como inadmissível, de uma posição jurídica em contradição com o comportamento assumido anteriormente pelo seu exercente.

Explica Anderson Schreiber[63] que a tutela da confiança atribui ao *venire* um conteúdo substancial, pois deixa de se tratar de uma proibi-

61. Neves, José Roberto de Castro. *O Código do Consumidor e as cláusulas penais* cit., p. 242.
62. Cordeiro, António Manuel da Rocha e Menezes. *Da boa-fé no direito civil*, p. 742.
63. Schreiber, Anderson. *A proibição de comportamento contraditório – Tutela da confiança e venire contra factum proprium*, p. 95.

ção à incoerência por si só, para se tornar um princípio de proibição à ruptura da confiança, por meio da incoerência. A incompatibilidade ou contradição de comportamentos em si deixa de ser vista como o objeto da repressão para passar a ser tão somente o instrumento pelo qual se atenta contra aquilo que verdadeiramente se protege: a legítima confiança depositada por outrem, em consonância com a boa-fé, na manutenção do comportamento inicial.

Percebe-se que o princípio do *venire contra factum proprium* consagra a valorização da confiança, que é despertada nas partes durante a execução de uma determinada relação jurídica.

Por esse princípio, pode-se dizer que se valorizam muito mais a confiança do que as regras descritas num contrato, já que tal confiança irá acarretar uma espécie de *aditivo contratual* na relação jurídica, em razão da expectativa que determinada conduta cria para a outra parte.

São pressupostos da ocorrência de um comportamento contraditório:[64]

a) um *factum proprium*, isto é, uma conduta inicial;

b) a legítima confiança de outrem na conservação do sentido objetivo desta conduta;

c) um comportamento contraditório com este sentido objetivo (e, por isso mesmo, violador da legítima confiança);

d) um dano ou, no mínimo, um potencial de dano a partir da contradição.

O princípio do *venire contra factum proprium* vem sendo aplicado no Brasil, e, para provar isto, é oportuna a análise de algumas decisões jurisprudenciais que merecem ser comentadas.

No primeiro caso,[65] o Tribunal de Justiça do Estado de São Paulo entendeu ser aplicável o princípio do *venire contra factum proprium* no

---

64. Idem, p. 271.

65. "Dano moral – Responsabilidade civil – Negativação no Serasa e constrangimento pela recusa do cartão de crédito, cancelado pela ré – Caracterização – Boa-fé objetiva – *Venire contra factum proprium* – Administradora que aceitava pagamento das faturas com atraso – Cobrança dos encargos da mora – Ocorrência – Repentinamente invoca cláusula contratual para

caso de uma administradora de cartão de crédito que sempre permitiu o pagamento em atraso da fatura mensal, cobrando os encargos pactuados para o caso de inadimplemento, e, repentinamente, invocou cláusula contratual que permite o cancelamento do cartão em caso de atraso no pagamento da fatura.

Nesse caso, nítida é a possibilidade de aplicação do princípio do *venire contra factum proprium*. Se a administradora do cartão sempre permitiu que a fatura fosse paga com atraso, inclusive cobrando os encargos pactuados para o caso, fica claro o desejo de renunciar à cláusula contratual que permite a extinção do contrato, com o consequente cancelamento do cartão, já que sua conduta (permitir o pagamento em atraso da fatura por várias vezes) é incompatível com a referida disposição contratual.

Isso sem contar que tal conduta gerou expectativa na outra parte na sua mantença, ou seja, de que o devedor pudesse pagar *sempre* a fatura do cartão de crédito com o acréscimo dos encargos devidos.

Dessa forma, tem-se um *factum proprium*, que é a tolerância em receber o pagamento por várias vezes após o vencimento com a cobrança de encargos; a legítima confiança do devedor na conservação da referida conduta permissiva; um comportamento contraditório do credor que é o de invocar cláusula que permite a extinção do contrato em caso de atraso no pagamento da fatura, violando a confiança criada; e um dano à outra parte de ver o seu cartão de crédito extinto.

Outro caso que pode ser citado[66] foi julgado pelo Tribunal de Justiça do Distrito Federal, no qual se reconheceu a aplicação do

---

considerar o contrato rescindido, a conta encerrada e o débito vencido antecipadamente – Simultaneamente providencia a inclusão do nome do titular no Serasa – Inadmissibilidade – Inversão do comportamento anteriormente adotado e exercício abusivo da posição jurídica – Recurso improvido" (TJSP, ApCiv 174.305-4/2-00, 3.ª Câm. Dir. Priv., j. 16.12.2005, rel. Des. Enéas Costa Garcia, v.u., voto n. 309).

66. "*Civil e processo civil – Ação de cobrança – Taxas de condomínio – Obrigação propter rem – Proprietário – Arrematação – Ônus do pagamento que se transmite ao arrematante – Suppressio – Surrectio – Princípios da boa-fé objetiva, da confiança, do abuso de direito e do venire contra factum proprium (teoria dos 'fatos próprios')*. 1. Segundo o entendimento predominante no STJ, a

princípio do *venire contra factum proprium*, no caso de um condomínio edilício que ficou quase vinte anos sem cobrar do proprietário as cotas condominiais que estavam em atraso, vindo buscar tal possibilidade após tão longo lapso temporal, depois de o imóvel ter sido adquirido por outra pessoa.

Na vigência do Código Civil de 1916, o prazo prescricional para se cobrar cota condominial que estava em atraso era de vinte anos, tendo o referido prazo sido reduzido para dez anos na atual legislação (art. 205 do CC/2002).

No entanto, no caso citado, o condomínio deixou fluir tal prazo de maneira inerte, como se não quisesse cobrar a dívida do proprietário, para invocar tal possibilidade próximo ao seu término, somente porque houve a transferência da propriedade do imóvel, e por saber que a referida dívida era uma obrigação *propter rem*, que segue a coisa por tratar-se de obrigação híbrida, que mescla direito pessoal com direito real.

Nesse caso, com a alegação da aplicação do princípio do *venire contra factum proprium*, o Tribunal também menciona a ocorrência da *suppressio* e da *surrectio*.

António Manuel da Rocha e Menezes Cordeiro[67] conceitua a *suppressio*, ou *Verwirkung*, como a situação do direito que, não tendo sido exercido, em certas circunstâncias, durante um determinado lapso de tempo, não pode mais sê-lo por, de outra forma, contrariar a boa-fé. Explica o autor que a *suppressio* tem origem jurisprudencial

---

responsabilidade pelo pagamento das cotas de condomínio transmitem-se ao adquirente, ainda que a alienação tenha se dado em arrematação judicial. 2. Constitui abuso de direito e violação aos princípios da boa-fé objetiva, e da confiança, a cobrança de cotas condominiais a despeito de ter o condomínio deixado de cobrá-las do devedor originário durante quase vinte anos, vedada, segundo a teoria da *suppressio/surrectio*, a sua cobrança, exclusivamente em relação ao arrematante, após esse tempo, ainda que não implementado o prazo prescricional vintenário. 3. Recurso do autor improvido, maioria. Recurso da ré não conhecido, unânime" (TJDF, ApCiv 20020110912155, 4.ª T. Civ., j. 30.06.2005, rel. Des. Cruz Macedo, *DJ* 20.09.2005, p. 136).

67. Cordeiro, António Manuel da Rocha e Menezes. *Da boa-fé no direito civil* cit., p. 796.

na Alemanha como forma de manifestação da boa-fé objetiva e que foi a grande responsável pelo ressurgimento do *venire contra factum proprium*, já que se trata de forma de proscrever os comportamentos contraditórios. Na medida em que o titular não exerce determinado direito, cria confiança na parte contrária que não deseja mais exercê-lo, que, se frustrada, gera um comportamento contraditório.

Na mesma obra, António Manuel da Rocha e Menezes Cordeiro[68] conceitua a *Surrectio*, ou *Erwirkung*, como forma de constituição de um novo direito subjetivo, no qual o beneficiário da *suppressio* pode se encontrar, tendo se livrado de uma adstrição antes existente, conquistando uma vantagem particular, que lhe dá uma permissão específica de aproveitamento.

Observou bem Carlyle Popp[69] que a *suppressio* e a *surrectio* são faces da mesma moeda. Note-se, no citado caso, que o condomínio perdeu um direito ao não exercitá-lo, gerando a *suppressio*, e o novo adquirente ganhou um direito que não era previsto anteriormente, originando a *surrectio* como consequência.

Para correlacionar os referidos institutos com a cláusula penal, que é o objeto deste estudo, propõe-se a análise do seguinte caso.

Supondo uma relação locatícia de imóvel urbano, na qual o aluguel tenha de ser pago no primeiro dia de cada mês, sob pena de multa pecuniária de 10%, se for péssima a data de vencimento para o locatário, e este efetuar o pagamento ao locador todo dia 10 de cada mês, sem a incidência da cláusula penal, tampouco dos juros moratórios, o que isso poderia representar?

Se a prática se repetir por 15 meses consecutivos sem oposição do locatário, e, no décimo sexto mês, o locador recusar o recebimento no dia 10, alegando que o aluguel está em atraso e que deverá ser pago com os acréscimos devidos, sob pena de ser proposta ação de despejo por falta e pagamento, indaga-se: há mora? É legítima a conduta do

68. Idem, p. 821.

69. Popp, Carlyle. *Responsabilidade civil pré-negocial: o rompimento das tratativas*, p. 132.

locador em invocar o dispositivo contratual para exigir a cláusula penal, após tudo o que ocorreu?

Entende-se que não, haja vista não haver mora na hipótese aventada. Como o locador de forma reiterada aceitou o pagamento fora do prazo acordado, sem o acréscimo da cláusula penal, supõe-se que ele não queria mais exigi-la. Isso faz com que ocorra uma mudança no vencimento da locação, em que a conduta do locador irá se sobrepor ao dispositivo contratual. Pode-se dizer que a conduta atuará como aditivo contratual na questão, modificando o vencimento da locação.

Assim, ocorrerá a *suppressio* contra o locador, que perderá a oportunidade de invocar cláusula contratual que lhe dava um direito subjetivo, pela conduta que foi adotada no transcorrer do contrato, geradora de expectativa para a outra parte. Dessa forma, seria um comportamento contraditório exigir a incidência da cláusula penal após tanto tempo de aceite, que será regida pelo princípio do *nemo potest venire contra factum proprium*. Ocorrerá, também, a *surrectio* favoravelmente ao locatário, que ganhará um direito subjetivo de continuar efetuando o pagamento da locação em data diversa da descrita no contrato.

Entende-se ser plenamente possível a aplicação dos institutos do *venire contra factum proprium*, *suppressio* e *surrectio* nesses casos, independentemente do tipo de cláusula penal existente e do tipo de contrato, se civil ou consumerista, para prestigiar o princípio da boa-fé objetiva, que está positivado em lei, e que estabelece regras de conduta baseadas em deveres anexos de confiança, lealdade, segurança, informação, dentre outros.

10
Uma análise da cláusula penal no condomínio edilício e na Lei de Locação de Imóvel Urbano (Lei 8.245/1991)

SUMÁRIO: 10.1 A modificação do percentual máximo da cláusula penal no condomínio edilício pelo Código Civil de 2002 – 10.2 A ilegalidade da cumulação da "cláusula de bonificação" ou "abono de pontualidade" com a cláusula penal – 10.3 A cláusula penal e a Lei de Locação de Imóvel Urbano: redução quando o locatário devolver o imóvel na vigência do prazo determinado.

10.1 A modificação do percentual máximo da cláusula penal no condomínio edilício pelo Código Civil de 2002

A Lei 4.591/1964 disciplinou, até o início da vigência do Código Civil de 2002, a normatização do condomínio edilício. A referida lei determinava,[1] no seu art. 12, § 3.º, que a convenção de condomínio poderia estabelecer qual seria o percentual a ser cobrado a título de cláusula penal em caso de inadimplemento da cota condominial, desde que respeitado o máximo de 20%.

Verifica-se, portanto, que o percentual máximo que poderia ser estabelecido na convenção condominial, como cláusula penal, no caso de atraso no pagamento da cota condominial, era de 20%.

Ocorre, porém, que o Código vigente tratou de disciplinar o condomínio edilício no Capítulo VII do Título III do Livro III da

---

1. "Art. 12. (...) § 3.º O condômino que não pagar a sua contribuição no prazo fixado na Convenção fica sujeito ao juro moratório de 1% (um por cento) ao mês, *e multa de até 20% (vinte por cento) sobre o débito*, que será atualizado, se o estipular a Convenção, com a aplicação dos índices de correção monetária levantados pelo Conselho Nacional de Economia, no caso de mora por período igual ou superior a 6 (seis) meses. (...)" (grifo nosso).

Parte Especial, estabelecendo um novo percentual máximo,[2] de 2%, a ser cobrado nesta hipótese, ou seja, de atraso no pagamento de cota condominial.

Com a referida mudança na legislação uma polêmica se instaurou na nossa doutrina acerca das convenções celebradas sob a égide da lei de 1964, que disciplinavam multa de até 20%.

Isso se deu em razão da comprovação de que a inadimplência dos condôminos aumentou, em aproximadamente 30%, com a nova legislação. Estes dados[3] foram apresentados pela Associação das Administradoras de Bens Imóveis e Condomínio – AABIC, que apura o inadimplemento por meio do Índice Periódico de Mora e Inadimplência Condominial:

IPEMIC – Índice Periódico de Mora e Inadimplência Condominial		
Mês	Índice sobre Mora*	Índice sobre Inadimplência**
Novembro/2002	7,13%	4,24%
Dezembro/2002	7,34%	5,08%
Janeiro/2003	7,50%	4,92%
Fevereiro/2003	8,08%	5,02%
Março/2003	8,93%	4,96%
Abril/2003	9,32%	5,98%
Maio/2003	8,87%	6,12%
Junho/2003	9,98%	5,53%
Julho/2003	9,37%	-
Agosto/2003	9,63%	-

* Mora – fruto de valores emitidos com vencimento no mês e não pagos dentro do próprio mês.

** Inadimplência – fruto de valores emitidos com vencimento no mês e não pagos até o último dia do segundo mês posterior ao vencimento.

2. "Art. 1.336. São deveres do condômino: (...) § 1.º O condômino que não pagar a sua contribuição ficará sujeito aos juros moratórios convencionados ou, não sendo previstos, os de 1% (um por cento) ao mês e multa de até 2% (dois por cento) sobre o débito".
3. Estes dados foram retirados de Maluf, Carlos Alberto Dabus; Marques, Márcio Antero Motta Ramos. *O condomínio edilício no novo Código Civil*, p. 76.

As primeiras impressões doutrinárias foram de Carlos Alberto Dabus Maluf e Márcio Antero Motta Ramos Marques,[4] ao afirmarem que nas convenções já existentes, por serem atos jurídicos perfeitos e não tratarem de normas de ordem pública, a multa está nelas prevista – 20% –, de acordo com a Lei 4.591/1964, ainda em vigor.

Inicialmente, a jurisprudência do Tribunal de Justiça do Estado de São Paulo[5] inclinou-se a seguir a opinião referida anteriormente, porém a doutrina discute há tempos qual a natureza jurídica da convenção condominial, a fim de saber se ela é ou não um ato jurídico perfeito que goza de proteção constitucional. Orlando Gomes[6] entendia ter a convenção de condomínio natureza contratual. Já Marco Aurélio da Silva Viana[7] entende que a natureza jurídica é estatutária.

Entendemos que, por se tratar de um negócio jurídico, a convenção de condomínio deve ser estudada sob os planos da validade e eficácia. O ato jurídico perfeito está ligado ao plano da validade, que gozará de proteção constitucional. Quanto ao plano da eficácia, porém, esse se refere à produção de efeitos, e não podemos ignorar que a convenção condominial os produz diuturnamente. A cláusula penal somente será efeito da convenção de condomínio quando ocorrer o inadimplemento de algum condômino.

Observa-se isso, nitidamente, no *caput* do art. 2.035 do CC/2002, no qual a validade dos negócios e demais atos jurídicos, constituídos antes da entrada em vigor do Código Civil de 2002, obedece ao disposto nas leis anteriores, mas os seus efeitos, produzidos após a vigência do Código em questão, aos preceitos dele se subordinam, salvo se for prevista pelas partes determinada forma de execução.

O referido artigo mostra que, quanto à validade do negócio jurídico, em veneração à proteção constitucional ao ato jurídico perfeito,

4. Idem, p. 79.

5. "*Condomínio – Cobrança de cotas do rateio – Multa prevista em convenção – Ato* jurídico aperfeiçoado antes da vigência do atual Código Civil – Prevalência da previsão convencional – Apelação provida" (Extinto 2.º TACiv-SP, Ap sem Rev 854.914-0/6, 9.ª Câm., j. 28.07.2004, rel. Juiz Sá Duarte, v.u.).

6. Gomes, Orlando. *Direitos reais*, p. 227.

7. Viana, Marco Aurélio da Silva. *Comentários ao novo Código Civil*, vol. 14, p. 413.

deve-se observar a legislação aplicável no momento da sua elaboração, porém, quanto aos seus efeitos, plano da eficácia, é preciso verificar a legislação vigente no momento da produção dos seus efeitos, sem ocorrer retroatividade da lei.

Assim, o correto é a aplicação imediata do novo percentual máximo da cláusula penal, para o caso de atraso do condômino no pagamento da cota condominial, tanto para as novas convenções, celebradas após a vigência do atual Código, quanto para os atrasos posteriores a essa data, mesmo que a convenção do condomínio estabeleça 20% (vinte por cento), protegendo o ato jurídico perfeito, e mantendo o percentual descrito somente para os casos de inadimplência ocorrida na vigência da lei de 1964. Este é o entendimento do STJ.[8]

Em 2004 houve uma tentativa do Legislativo de modificar o percentual máximo da cláusula penal a fim de melhorar a questão da inadimplência dos condomínios, que foi vetada pelo Presidente da República Luiz Inácio Lula da Silva. O Projeto de Lei 47 (2.109/1999) provocaria as seguintes mudanças:

Código Civil de 2002	Projeto de Lei 47 de 2004
§ 1.º O condômino que não pagar a sua contribuição ficará sujeito aos juros moratórios convencionados ou, não sendo previstos, os de 1% (um por cento) ao mês e multa de até 2% (dois por cento) sobre o débito.	§ 1.º O condômino que não pagar a sua contribuição ficará sujeito aos juros moratórios convencionados, ou, não sendo previstos, o de 1% (um por cento) ao mês e multa sobre o débito aplicada progressiva e diariamente à taxa de 0,33% (trinta e três centésimos por cento) por dia de atraso, até o limite estipulado pela Convenção do Condomínio, não podendo ser superior a 10% (dez por cento).

Curiosas foram as justificativas do Presidente da República.

8. "*Despesas de condomínio – Multa – Aplicação do Código Civil de 2002, art. 1.336, § 1.º – Precedentes da Corte.* 1. A natureza estatutária da convenção de condomínio autoriza a imediata aplicação do regime jurídico previsto no novo Código Civil, regendo-se a multa pelo disposto no respectivo art. 1.336, § 1.º. 2. A juntada da cópia integral da convenção de condomínio em grau de apelação não viola o art. 397 do CPC. 3. Recurso especial conhecido e provido, em parte" (STJ, REsp 718217/SP, 3.ª T., j. 14.06.2005, rel. Min. Carlos Alberto Menezes Direito, *DJ* 01.07.2005, p. 532).

Inicialmente, ele afirmou que "o novo Código Civil estabeleceu o teto de dois por cento para as multas condominiais, adequando-as ao já usual em relações de direito privado".

Invalida-se tal argumento, pois o percentual máximo da cláusula penal descrito no Código Civil não se acomoda às relações usuais de direito privado, uma vez que o limite para a cláusula penal descrito no Código Civil de 2002 é de 100%, no art. 412, e não 2%.

Parece que o Presidente entendeu haver relação de consumo entre o condômino e o condomínio, já que foi o Código de Defesa do Consumidor o precursor deste percentual de multa no direito privado. Se o raciocínio foi esse, não se coaduna com nossa jurisprudência dominante,[9] que entende inexistir relação de consumo em relação locatícia.

Outro argumento utilizado para justificar o veto presidencial foi o de que não há razão para apenar com multa elevada o condômino que atrasar o pagamento durante poucas semanas por causa de dificuldade financeira momentânea.

Argumento novamente equivocado, pois, se a preocupação era com o condômino que atrasa o pagamento por poucos dias, o projeto, se convertido em lei, resolveria tal problema, já que a multa seria *pro rata die*.

As razões do veto ainda diziam que o condomínio já tem, na redação em vigor, a opção de aumentar o valor dos juros moratórios

---

9. "*Locação – Despesas de condomínio – Multa – Código de Defesa do Consumidor – Inaplicabilidade.* I – As relações locatícias possuem lei própria que as regule. Ademais, faltam-lhes as características delineadoras da relação de consumo apontadas nos arts. 2.º e 3.º da Lei 8.078/1990. II – Não é relação de consumo a que se estabelece entre condôminos para efeitos de pagamento de despesas em comum. III – O Código de Defesa do Consumidor não é aplicável no que se refere à multa pelo atraso no pagamento de aluguéis e de quotas condominiais. IV – Ausente o prequestionamento da matéria objeto do recurso na parte referente ao percentual de juros, tendo em vista que não foi debatida no acórdão recorrido, não merece conhecimento o recurso especial interposto (Súmulas 282 e 356 do STF). Recurso não conhecido" (STJ, REsp 239578/SP, 5.ª T., j. 08.02.2000, rel. Min. Felix Fischer, *DJ* 28.02.2000, p. 122, *RT* 781/205).

como mecanismo de combate a eventual inadimplência causada por má-fé. E, nesse ponto, residia outro problema da alteração: aumenta-se o teto da multa ao mesmo tempo em que se mantém a possibilidade de o condomínio inflar livremente o valor dos juros de mora, abrindo-se as portas para excessos, dizia também a justificativa do Presidente da República.

Dois novos equívocos surgem dessa argumentação.

Primeiro, que a má-fé não é levada em consideração para se responsabilizar civilmente o condômino que atrasar o pagamento da cota condominial, mas, sim, o simples inadimplemento, que acarretará as mesmas sanções ao condômino de boa-fé que também atrasar o pagamento.

Segundo, que não se podem inflar livremente os juros de mora para compensar a redução do percentual mínimo da multa condominial, por caracterizar usura, que é repudiada pelo nosso ordenamento.

Dessa forma, perdeu-se uma grande oportunidade de equacionar o problema de uma forma mais justa para não sacrificar o devedor esporádico, mas, sim, o contumaz.

10.2 A ilegalidade da cumulação da "cláusula de bonificação" ou "abono de pontualidade" com a cláusula penal

Muitos condomínios tentaram buscar uma alternativa para resolver o problema do aumento da inadimplência que a redução do percentual da cláusula penal lhes causou. Uma saída muito utilizada por vários deles foi lançar mão da cláusula de bonificação ou abono de pontualidade, que constitui uma sanção premial.

Miguel Reale[10] afirmava que, ao lado das sanções penais, existem as sanções premiais, as quais oferecem um benefício ao destinatário, por exemplo, um desconto ao contribuinte que pagar o tributo antes da data do vencimento.

O abono de pontualidade é um desconto, geralmente de 10%, para o condômino que pagar a taxa condominial até o dia do vencimento,

---

10. Reale, Miguel. *Lições preliminares de direito*, p. 76.

ou seja, tem o condão de estimular os condôminos a pagarem em dia as despesas mensais do condomínio.

Silvio de Salvo Venosa[11] afirma que o abono pontualidade caracteriza uma cláusula penal às avessas. Vale ressaltar que o referido abono cumulado com cláusula penal é ilegal.

Como a lei estabelece que o condômino que não pagar sua quota no prazo fixado fica sujeito à multa prevista na convenção mais juros de 1% ao mês, esse abono de pontualidade pode agravar a penalidade do condômino que efetuar o pagamento fora do prazo. Isso porque, se o condômino atrasar o pagamento, além de perder o desconto, estará sujeito ao pagamento da multa prevista na convenção. Por exemplo: se a multa for de 2%, o condômino terá de pagar o valor do condomínio acrescido em 12% (2% da multa mais os 10% do desconto que não usufruiu por não ter pagado a taxa condominial até o vencimento), e essa porcentagem extrapola o limite da multa, que é de, no máximo, 2%, segundo a lei civil.[12]

Para João Batista Lopes,[13] o referido abono pode diminuir o valor da taxa condominial para um condômino (adimplente) e aumentar para outro (inadimplente), o que seria ilegal, já que o valor da taxa condominial deve ser igual para todos os condôminos, pois todos são obrigados a pagar a cota-parte que lhes couber no rateio, isto é, não podem pagar menos, nem são obrigados a pagar mais, salvo hipótese de

---

11. Venosa, Silvio de Salvo. *Direito civil – Teoria geral das obrigações e teoria geral dos contratos* cit., p. 368.

12. "*Apelação – Ação de despejo cumulada com cobrança de aluguéis – Reconvenção – Revisão de cláusula contratual – Desconto de pontualidade – Multa moratória – Cláusula penal – Rigor excessivo – Adequação.* Considerando os princípios da boa-fé e da conservação dos contratos, que norteiam a interpretação dos negócios jurídicos, as cláusulas contratuais entabuladas pelas partes devem ser vistas de forma sistemática e conforme o que usualmente se prevê nos contratos da espécie. Inteligência dos arts. 112 e 113 do CC/2002. O desconto de pontualidade, *in casu*, possui nítido caráter de multa moratória de patamar elevado, portanto, a cláusula penal não pode ser aplicada em face do pagamento serôdio, por constituir *bis in idem*" (TJDF, ApCiv 2006.07.1.002770-2, 2.ª T. Civ., rel. Des. Carmelita Brasil, p. 1475).

13. Lopes, João Batista. *Condomínio*. 8. ed. São Paulo: Ed. RT, 2003. p. 161.

impontualidade. Ora, o chamado abono pontualidade significa redução do valor a que está sujeito o condômino, o que a lei não permite. No entanto, a admissibilidade desse "prêmio" implicará aumento no valor da cota-parte dos condôminos que não desfrutaram da vantagem – além da multa devida –, o que não pode ser admitido.

A jurisprudência também entende ser ilegal a cumulação do abono pontualidade e da cláusula penal.[14] Ilegalidade que se estende também às relações locatícias, por estabelecer uma dupla sanção, um *bis in idem*, que seria a perda do abono e o pagamento da multa.[15]

10.3 A cláusula penal e a Lei de Locação de Imóvel Urbano: redução quando o locatário devolver o imóvel na vigência do prazo determinado

O art. 4.º da Lei de Locação, com redação alterada pela Lei 12.112/2009, autoriza ao locatário, e só a ele, não cumprir o prazo determinado na locação, podendo devolver o imóvel antes do termo fixado, mediante o pagamento de uma multa:

---

14. "Condomínio – Despesas condominiais – Desconto pontualidade e multa moratória – Cumulação – Inadmissibilidade. Não se pode cumular a multa por inadimplemento das despesas condominiais com a perda do abono de pontualidade, sob pena de penalizar duplamente o condômino em atraso" (TJSP, Ap sem Rev 879.016-00/0, 26.ª Câm., j. 21.02.2005, rel. Des. Gilberto dos Santos,).

    "Condomínio – Despesas condominiais – Moratória e abono por pontualidade – Cumulação – Inadmissibilidade – Recurso parcialmente provido" (TJSP, Ap sem Rev 890.803-00/6, 26.ª Câm. Dir. Priv., j. 22.08.2005, rel. Des. Norival Oliva, v.u.).

15. "Apelação cível – Ação de despejo c/c cobrança – Contratação do desconto por pontualidade e da multa contratual compensatória – Cumulação indevida – Fiança – Renovação contratual por prazo indeterminado sem o consentimento da fiadora – Exoneração que se impõe – Precedentes desta Corte e do STJ – Recurso conhecido e desprovido. 1. Inadmissível a cumulação da multa moratória com o abono por pontualidade, pois a perda deste já encerra verdadeira penalidade, não sendo possível a incidência de nova multa. (Acórdão 4173, rel. Juiz Wilde Pugliese). 2. A renovação do contrato por prazo indeterminado, sem a anuência dos fiadores, enseja a exoneração da fiança" (TJPR, ApCiv 0283906-7, 18.ª Câm. Civ., j. 01.03.2005, rel. Des. Luiz Sérgio Neiva de L Vieira).

"Art. 4.º Durante o prazo estipulado para a duração do contrato, não poderá o locador reaver o imóvel alugado. O locatário, todavia, poderá devolvê-lo, pagando a multa pactuada, proporcionalmente ao período de cumprimento do contrato, ou, na sua falta, a que for judicialmente estipulada".

No mesmo artigo, o legislador permite a redução da cláusula penal, uma vez que ela é estipulada genericamente para um total descumprimento e, por menor que seja, algum prazo é cumprido, não sendo justo cobrar a multa por inteiro.

Na redação original do referido artigo, o legislador furtou-se em estabelecer qual seria o critério redutor, permitindo que o fizesse o art. 924 do CC/1916: "Art. 924. Quando se cumprir em parte a obrigação, poderá o juiz reduzir *proporcionalmente* a pena estipulada para o caso de mora, ou de inadimplemento" (grifo nosso).

O revogado Código estabelecia que a multa deveria ser reduzida proporcionalmente, ou seja, adotava o critério da proporcionalidade. Para esse critério, bastava uma conta matemática, assim disposta:

Prazo da locação	3 anos
Multa	3 aluguéis
Período cumprido pelo locatário	1 ano
Valor a pagar da multa	o equivalente a 2 aluguéis (já que a multa será de um aluguel por ano não cumprido)

No entanto, com o advento da atual codificação, o critério foi alterado para a equidade, conforme visto anteriormente, no capítulo que trata da análise da redução equitativa da cláusula penal.

Com relação à revogação do critério da proporcionalidade contido no Código Beviláqua, há uma questão interessante a ser aqui analisada.

O art. 924 do CC/1916 era aplicado nos casos de locação de imóvel urbano, por autorização expressa da Lei do Inquilinato (Lei 8.245/1991). Um caso hipotético que pode ser citado para compreender a questão é o do contrato de locação de um imóvel urbano, celebrado pelo prazo de três anos, que possui cláusula penal de estilo, que todos os negócios jurídicos nesse sentido apresentam, de três aluguéis pelo não cumprimento do prazo ajustado pelo locatário. Como a cláusula é genérica, se o locatário devolver o imóvel nos primeiros seis meses da locação, ou no primeiro ano, ou no segundo, ou faltando seis meses para terminar o prazo estipulado, será obrigado, em todos os casos, a pagar três aluguéis?

Negativa deve ser a resposta, sob pena de se cometerem injustiças. É notório que os prejuízos causados pelos locatários, nas diversas situações apresentadas, são completamente distintos um do outro, motivo pelo qual a legislação inquilinária determina a redução consoante o art. 924 do Código revogado.

Com a revogação do art. 924 do CC/1916, solução que era apresentada expressamente pela Lei de Locação para o caso da redução da cláusula penal, houve modificação na aplicação do critério da proporcionalidade, que era o previsto anteriormente, já que a redação antiga do art. 4.º da referida lei não estabelecia a solução para o referido caso, ao prever que o Código Civil de 1916 disciplinaria o assunto.

Como a Lei do Inquilinato não estabelecia o critério redutor, permitindo que o Código Civil o fizesse, inclusive citando o art. 924 expressamente, entende-se que a mudança da codificação civil afetou a lei especial inquilinária.

Assim afirmou José Fernando Simão,[16] antes da vigência da Lei 12.112/2009, para quem, com a nova disposição de lei, o juiz deve, nos casos de devolução do imóvel, reduzir a multa por equidade e não mais pela proporção estabelecida pela lei revogada.

Em razão desse posicionamento, Flávio Tartuce propôs, na IV Jornada de Direito Civil do Conselho da Justiça Federal, um enunciado, justificando que o art. 572 do CC/2002 é norma especial, motivo pelo qual deve ser aplicado somente para a locação de coisas. Para ele, aplicava-se o art. 413, já que este substituiu o art. 924 do CC/1916, descrito expressamente na Lei de Locação como a norma que iria determinar o critério de redução da cláusula penal no caso em tela. Outro argumento é de que o art. 413 determina o dever do magistrado de reduzir a multa, e o art. 572 estabelece ao magistrado uma faculdade.

---

16. Simão, José Fernando. A influência do Código Civil de 2002 sobre a Lei 8.245/91 – Lei de Locação. In: _____; Paschoal, Frederico A. (coord.). *Contribuições ao estudo do novo direito civil*, p. 138.

Assim, continua o referido autor, não se pode contrariar a função social do contrato, já que um dos principais aspectos desse princípio, elevado a preceito de ordem pública pelo art. 2.035, parágrafo único, do CC/2002, é a redução equitativa da cláusula penal como um dever do magistrado (redução *ex officio*).[17]

Acresce-se a isso o fato de que o art. 2.046 do CC/2002 estabelece importante norma de direito intertemporal, ao determinar que todas as remissões, em diplomas legislativos, ao Código Civil de 1916 e à primeira parte do Código Comercial, que foram revogados, consideram-se feitas às disposições correspondentes do Código Civil de 2002.

Dessa forma, todas as menções constantes de leis especiais em relação ao Código Civil de 1916 e ao Código Comercial devem ser consideradas de acordo com os dispositivos correspondentes ao novo Código Civil. Como o art. 4.º da Lei de Locação faz referência ao art. 924 do CC/1916, que equivale parcialmente ao art. 413 do CC/2002, não se pode entender que se aplica o art. 572 do atual Código Civil, por não ter ele correspondente na codificação anterior.[18]

Na IV Jornada de Direito Civil do CJF, a referida proposta foi aprovada pelo plenário, tornando-se o Enunciado 357,[19] para estabe-

---

17. Quanto à redução de ofício da cláusula penal, são os seguintes os comentários de Judith Martins-Costa ao art. 413 do CC/2002: "Pelo fato de o Código ter atribuído ao juiz o dever de proceder à revisão, quando configurados os pressupostos previstos abstratamente na regra, não é requisito da revisão do pedido do interessado a ação é procedida de ofício, não cabendo invocar, em nosso juízo, o princípio dispositivo. Na doutrina alemã, em face dos termos do § 343 do BGB – segundo o qual pode ser prudencialmente reduzida por petição do devedor –, é a própria lei que encerra a questão. Omisso o nosso Código acerca da imposição do ônus ao devedor, cremos não poder ser este atribuído exclusivamente ao interessado: o juiz deve reduzir de ofício, mas nada impede, por óbvio, que o devedor interessado peça a revisão" (*Do inadimplemento das obrigações* cit., vol. 5, t. II, p. 466).

18. Fonte CJF. As justificativas dos enunciados propostos foram enviadas por *e-mail* para todos os que tiveram proposições selecionadas pelo Conselho e participaram da referida jornada.

19. Enunciado 357: "Art. 413. O art. 413 do Código Civil é o que complementa o art. 4.º da Lei 8.245/1991. Revogado o Enunciado 179 da III Jornada".

lecer que a norma que complementava o art. 4.º da Lei de Locação é a descrita no art. 413 do CC/2002.

Dever-se-ia, portanto, aplicar o novo critério fixado pelo Código Civil de 2002, como o desejou o legislador, por ser um critério mais justo, já que nada impede o magistrado de entender que a equidade pode ser alcançada utilizando-se a proporcionalidade, e que, da forma como era, o julgador ficava "engessado", dada a objetividade do critério.

Tal medida permite ao magistrado analisar caso a caso o *quantum* da multa que deve ser paga, proporcionando ao contrato o alcance de sua função social, conforme preceitua o art. 421 do CC/2002.

Ademais, cumpre ressaltar que os enunciados propostos na IV Jornada de Direito Civil acerca da cláusula penal,[20] e que foram aprovados pelo plenário, são plenamente aplicáveis aos contratos de locação de imóvel urbano, como já fora dito alhures.

Tal entendimento foi modificado com a alteração promovida pela Lei 12.112/2009 na Lei do Inquilinato, que passou a estabelecer o critério redutor da cláusula penal nas locações de imóvel urbano.

Determina a nova redação do art. 4.º que o locatário poderá devolver o imóvel locado pagando a multa pactuada proporcionalmente ao período de cumprimento do contrato, ou, na sua falta, a que for judicialmente estipulada.

Com essa alteração fica estabelecido o critério da proporcionalidade para a redução da cláusula penal quando o locatário tiver cumprido parcialmente a obrigação contratual, por ter o desejo de devolver o imóvel locado antes do prazo.

Entendemos que essa alteração foi um retrocesso, pois ressuscita um critério já revogado pelo Código Civil de 1916.

Porém, com a referida modificação, a pergunta que passa a ser feita é se o art. 413 do CC ainda tem aplicabilidade nas relações locatícias.

---

20. Enunciado 355. "Art. 413. Não podem as partes renunciar à possibilidade de redução da cláusula penal se ocorrer qualquer das hipóteses previstas no art. 413 do Código Civil, por se tratar de preceito de ordem pública".
Enunciado 356: "Art. 413. Nas hipóteses previstas no art. 413 do Código Civil, o juiz deverá reduzir a cláusula penal de ofício".

Entendemos que sim, já que no citado artigo há duas hipóteses para a redução equitativa da cláusula penal.

A primeira hipótese refere-se à redução se a obrigação tiver sido cumprida em parte. Nesse caso, entendemos que não será aplicado o Código Civil em razão da regra expressa do art. 4.º da Lei de Locação, que consagra o critério da proporcionalidade, já que a lei posterior prevalece sobre a lei anterior.

Na segunda hipótese a redução equitativa tem lugar quando o montante da penalidade for manifestamente excessivo, tendo-se em vista a natureza e a finalidade do negócio.

Cumpre lembrar que a Lei de Locação não estabelece o valor máximo que pode ser estabelecido como cláusula penal para a hipótese de o locatário desejar devolver o imóvel antes de findo o prazo contratual, motivo pelo qual o teto será estabelecido pelo art. 412 do CC, que autoriza a estipulação de multa no mesmo valor da obrigação principal. Na locação de imóvel urbano deve-se multiplicar o aluguel mensal pelo prazo descrito no contrato para se obter o valor da obrigação principal. A título de exemplo, numa locação de 30 meses, com aluguel de R$ 1.000,00 mensais, o citado artigo autoriza a cobrança de R$ 30.000,00 de multa. Mesmo sendo praxe no mercado imobiliário cobrar o equivalente a três meses de aluguel, a cobrança do citado valor é lícita e autorizada por lei.

No caso em tela, teríamos um exemplo de multa dentro dos parâmetros previstos em lei, mas que se configura como manifestamente excessivo, o que autoriza a redução equitativa, de acordo com o art. 413 do CC.

Assim, verifica-se que o art. 413 do CC ainda é aplicado nas relações locatícias, já que não foi totalmente afastado dela com a modificação feita pela Lei 12.112/2009, ou seja, no caso de cumprimento parcial da obrigação, aplica-se o art. 4.º da Lei do Inquilinato, que estabelece o critério da proporcionalidade, mas, na hipótese de a cláusula penal ser excessiva, pode ser aplicado o art. 413 do CC.

Dessa forma, entendemos que o Enunciado 357 do CJF não foi revogado, pois o art. 413 do CC continua completando a Lei de Locação, não na hipótese de cumprimento parcial da obrigação, mas no caso de multa manifestamente excessiva.

Porém, questão que causa estranheza é que, na nova redação do art. 4.º da Lei do Inquilinato, o dispositivo autoriza ao juiz estipular uma multa na hipótese de não haver cláusula penal fixada no contrato e o locatário desejar devolver o imóvel antes do prazo ajustado. Ora, como vimos anteriormente nessa obra, a cláusula penal exige estipulação contratual feita pelas partes contratantes, o que não ocorre no caso em tela, já que a sua fixação é feita pelo juiz em razão da ausência de cláusula penal expressa. Verifica-se, portanto, a opção do legislador por criar e adotar uma nova modalidade de multa fixada pelo juiz. Defendemos anteriormente neste livro que a multa fixada pelo juiz não é cláusula penal, mas multa punitiva (Capítulo 8, item 8.5), como a prevista no art. 475-J do CPC.

Entendemos que a melhor solução para o caso de o locatário querer devolver o imóvel antes do prazo estabelecido no contrato, e não existir multa pactuada expressamente, deveria passar pela necessidade de o locador propor ação indenizatória para apurar as perdas e danos que tal inadimplemento causou, a fim de que ele pudesse ser indenizado na plenitude dos seus prejuízos.

Por esse motivo podemos questionar se seria lícita a convenção em que locador e locatário, expressamente, manifestam que a inexistência de multa pactuada se deve ao fato de que o locador não deseja receber nenhuma quantia em caso de devolução do imóvel antes do prazo. Acreditamos ser plenamente possível tal estipulação, que autorizaria o locatário a não cumprir com o prazo descrito no contrato sem nenhuma sanção. A única hipótese que impediria tal cláusula, e que seria rara, é se o contrato de locação fosse celebrado na modalidade de adesão, sendo o aderente o locador e não o locatário (o que seria o normal), por vedação expressa contida no art. 424 do CC, que veda renúncia do aderente a direito resultante da natureza do negócio, como o de receber multa estipulada judicialmente.

Assim, se o valor da multa fixada pelo juiz for excessivo, na hipótese de não haver cláusula penal no contrato de locação, entendemos que é possível aplicar analogicamente o art. 413 do CC para reduzi-la a patamares justos, em razão da ausência de regra nesse sentido, por autorização do art. 4.º da LICC, que veda o *non liquet*.

Por fim, questiona-se a possibilidade de se convencionar multa em uma locação de imóvel urbano, caso o locatário não devolva o imóvel no final do prazo do contrato. Tal estipulação teria por objetivo estabelecer, de antemão, o desejo do locador de não extinguir o contrato de locação quando findo o seu prazo.

Nossa jurisprudência[21] entendeu ser nula tal estipulação, já que a prorrogação por prazo indeterminado da locação de imóvel urbano é um direito do locatário, desde que o locador não manifeste, de forma inequívoca, ao final do contrato, seu desejo de não prorrogá-lo. Como este direito é dado pelo art. 46, § 1.º, da Lei de Locação, entende-se que ele não poderia ser retirado no momento da elaboração do contrato, motivo pelo qual não se incluiria cláusula penal para o caso de descumprimento de tal preceito.

21. Extinto 2.º TACiv-SP, 10.ª Câm. Civ, ApCiv 423.793-00/7, j. 22.02.1995.

11
A cláusula penal fora do Código Civil: uma análise de sua normatização em leis especiais

11.1 A cláusula penal e as relações de consumo

11.1.1 A cláusula de decaimento

O Código de Defesa do Consumidor decorre do mandamento constitucional descrito no art. 5.º, XXXII, da CF, estabelecendo a necessidade de o Estado promover, na forma da lei, a defesa do consumidor. Essa lei, exigida pela Constituição Federal (art. 48 do ADCT), ganhou o n. 8.078 em 11.09.1990, recebendo a nomenclatura de Código de Defesa do Consumidor, e visa tutelar as relações de consumo.

Para que se estabeleça uma relação de consumo, a ser regrada pelo Código de Defesa do Consumidor, deve-se observar a existência de um consumidor[1] e de um fornecedor de produtos ou serviços, conforme conceitos obtidos na própria legislação consumerista.

No entanto, a aplicação do Código de Defesa do Consumidor às relações de consumo não exclui a aplicação do Código Civil, como

1. "Art. 2.º Consumidor é toda pessoa física ou jurídica que adquire ou utiliza produto ou serviço como destinatário final. Parágrafo único. Equipara-se a consumidor a coletividade de pessoas, ainda que indetermináveis, que haja intervindo nas relações de consumo."

explica Claudia Lima Marques[2] a respeito da tese do "diálogo das fontes", segundo a qual os códigos devem ser aplicados de forma conjunta, simultânea, coordenada e coerente, como plúrimas fontes legislativas convergentes que exercem influências recíprocas.

Ao discorrer sobre a necessidade desse diálogo, Nelson Nery Jr. e Rosa Maria de Andrade Nery[3] afirmam que o Código Civil regula as relações jurídicas civis e comerciais e o Código de Defesa do Consumidor fixa o regime jurídico das relações de consumo.

Dessa forma, é preciso analisar o instituto da cláusula penal no âmbito consumerista, refletindo sobre os dispositivos legais que tratam do assunto na referida legislação especial.

Inicialmente, observa-se que o Código de Defesa do Consumidor proíbe que o consumidor que assinou contrato de compra e venda de trato sucessivo, ou de alienação fiduciária em garantia, de bens móveis ou imóveis, perca, a título de cláusula penal, todas as parcelas pagas, podendo pleitear a restituição do valor pago, deduzidos, obviamente, os prejuízos causados pelo inadimplemento.

O art. 53 da lei consumerista fulmina de nulidade tal cláusula, conhecida como cláusula de decaimento, que pode ser arguida por meio de ação ou de exceção, e inclusive ser reconhecida de ofício pelo juiz ou pelo tribunal, a qualquer tempo e grau de jurisdição, sendo classificada como abusiva, nos seguintes termos:

"Art. 53. Nos contratos de compra e venda de móveis ou imóveis mediante pagamento em prestações, bem como nas alienações fiduciárias em garantia, consideram-se nulas de pleno direito as cláusulas que estabeleçam a perda total das prestações pagas em benefício do credor que, em razão do inadimplemento, pleitear a resolução do contrato e a retomada do produto alienado".

Para Roberto Senise Lisboa,[4] a cláusula que estipula a perda das parcelas pagas em contrato de trato sucessivo é inviável, uma vez que

---

2. Marques, Claudia Lima; Benjamim, Antônio Herman V.; Miragem, Bruno. *Comentários ao Código de Defesa do Consumidor*, p. 28.

3. Nery Jr., Nelson; Nery, Rosa Maria de Andrade. *Código Civil anotado e legislação extravagante*, p. 907.

4. Lisboa, Roberto Senise. *Contratos difusos e coletivos*, p. 176-177.

impede a fixação de cláusula penal pelo inadimplemento do aderente, sem proporcionar a mesma sanção civil ao predisponente, quando da verificação de sua mora, por inteligência dos arts. 4.º, III, *in fine* ("equilíbrio nas relações entre consumidores e fornecedores"), e 6.º, V, primeira parte, do CDC.

Nelson Rosenvald[5] entende que a cláusula de decaimento é nula, em razão do disposto no art. 53 do CDC.

Aliás, no direito civil era muito comum a utilização da referida cláusula, justificada sob o manto de um pacto adjeto à compra e venda denominado pacto comissório,[6] que estava previsto no Código de 1916, mas que não foi reproduzido na legislação civil vigente. O referido pacto permitia que, em caso de inadimplemento, a venda fosse desfeita e o suposto bem vendido, que era a própria garantia, fosse retomado pelo credor. Considera-se nula tanto a cláusula que permite a perda das parcelas pagas quanto o pacto comissório, se estipulado.

Se houver cláusula nula nesse sentido, deverá ou ser apurado o valor das perdas e danos que o credor teve com o inadimplemento, ou se buscar uma forma equitativa de recompensá-lo pela participação no contrato, aplicando subsidiariamente o art. 413 do CC/2002, para se estabelecer o valor da devolução, feita tal dedução. Este também é o pensamento de Arnaldo Rizzardo.[7]

Ocorre que a referida cláusula beneficiava o promitente vendedor, como, por exemplo, na hipótese em que, durante o prazo de pagamento do valor do imóvel por parte do comprador, o bem se valorizava em patamares superiores ao valor da cláusula penal estipulada no contrato, o que tornava mais interessante ao vendedor a resolução do contrato com o consequente pagamento da cláusula penal, por ter esta multa um valor inferior ao lucro que seria obtido com a valorização do imóvel.

---

5. Rosenvald, Nelson. *Direito das obrigações* cit., p. 314.
6. "Art. 1.163. Ajustado que se desfaça a venda, não se pagando o preço até certo dia, poderá o vendedor, não pago, desfazer o contrato, ou pedir o preço."
7. Rizzardo, Arnaldo. *Direito das obrigações* cit., p. 554.

Nossa jurisprudência[8] entende ser razoável, como limite de retenção, o percentual de 10%.

Paulo Luiz Netto Lôbo[9] explica que, nesse caso, a cláusula de decaimento assume papel de cláusula penal, porém, se tornada excessiva, deve ser reduzida equitativamente pelo juiz, conforme o art. 413 do CC/2002.

Pela análise da referida ementa, verifica-se que tal cláusula era muito utilizada nos contratos de incorporação imobiliária.

Em razão disso é que explica Everaldo Augusto Cambler[10] ser necessário, para obter a devolução de parte das parcelas pagas ao incorporador, o adquirente pleitear, em caso de resolução do compromisso de compra e venda, a restituição mediante a propositura de ação própria, ou por intermédio de reconvenção em processo promovido pelo vendedor, na qual seja discutida a subsistência do contrato firmado pelas partes.

Por existir relação de consumo no contrato de incorporação imobiliária, explica Rodrigo Toscano de Brito[11] que a cláusula de decaimento deve ser completamente afastada, pois estabelece uma dupla vantagem ao incorporador: ficar com o imóvel que será novamente objeto de venda, além de obter o dinheiro das parcelas pagas, o que acarretaria um enriquecimento sem causa a seu favor.

Arnaldo Rizzardo[12] assevera que os contratos de incorporação imobiliária continham cláusula resolutiva para o caso de o vendedor

---

8. "*Civil – Compromisso de compra e venda de imóvel – Perda de parte das prestações pagas – Código de Defesa do Consumidor*. A regra contida no art. 53 do CDC impede a aplicação de cláusula contida em contrato de promessa de compra e venda de imóvel que prevê a perda total das prestações já pagas, mas não desautoriza a retenção de um certo percentual que, pelas peculiaridades da espécie, fica estipulado em 10%. Recurso conhecido mas parcialmente provido" (STJ, REsp 85182/PE, 4.ª T., j. 14.04.1997, rel. Min. Fontes de Alencar, rel. p/ ac. Min. Cesar Asfor Rocha).

9. Lôbo, Paulo Luiz Netto. *Teoria geral das obrigações* cit., p. 311.

10. Cambler, Everaldo Augusto. *Responsabilidade civil na incorporação imobiliária*, p. 309-312.

11. Brito, Rodrigo Toscano de. *Incorporação imobiliária à luz do CDC* cit., p. 282.

12. Rizzardo, Arnaldo. *Direito das obrigações* cit., p. 552-553.

do imóvel não cumprir com sua obrigação de outorga de escritura definitiva após o pagamento integral por parte do promitente comprador, estipulada com uma cláusula penal pela extinção do contrato, que ocasionaria, nesse caso, a devolução das parcelas pagas.

Em razão dos motivos acima expostos, o Supremo Tribunal Federal criou a Súmula 166, que determina ser indemissível o arrependimento no compromisso de compra e venda sujeito ao regime do Dec.-lei 58, de 10.12.1937, que dá ao promitente comprador o direito real à aquisição do imóvel por meio da ação de adjudicação compulsória.

Este raciocínio também se aplica aos contratos do sistema de consórcio, sendo, também, devidos os prejuízos causados pelo consorciado ao grupo.

Não perde o consorciado desistente, ou inadimplente, tudo o que pagou pela extinção do contrato, mas, em decorrência do art. 53, § 2.º, do CDC, nos referidos contratos a compensação ou a restituição das parcelas pagas terá descontados, além da vantagem econômica auferida com a fruição, os prejuízos que o desistente ou inadimplente causar ao grupo.

11.1.2 A cláusula penal moratória no Código de Defesa do Consumidor

O Código de Defesa do Consumidor estabelece, no § 1.º do art. 52,[13] uma limitação de 2% para a multa moratória.

No seu dispositivo originário, o limite fixado era de 10% do total da prestação descrita no contrato de consumo. A Lei 9.298/1996, publicada no *Diário Oficial da União*, em 02.08.1996, reduziu o percentual para 2%, vigente até hoje.

A Súmula 285 do STJ determina que a cláusula penal moratória, nos contratos bancários, deve respeitar o limite descrito no Código de Defesa do Consumidor, desde que tenham sido celebrados após o início da sua vigência.

---

13. "Art. 52. (...) § 1.º As multas de mora decorrentes do inadimplemento de obrigação no seu termo não poderão ser superiores a 2% (dois por cento) do valor da prestação."

Arruda Alvim[14] menciona que se trata de uma grande conquista do consumidor, já que não será aplicado à cláusula penal moratória em relações de consumo o limite fixado no Código Civil, ou na Lei de Usura, mas, sim, o patamar previsto no Código de Defesa do Consumidor, sob pena de nulidade em caso de desrespeito, conforme seu art. 51, XV.

No entanto, muito pertinente é a crítica de Luiz Antonio Rizzatto Nunes,[15] ao afirmar que é salutar a redução da multa para 2%, mas não suficiente, já que o mais importante para favorecer o consumidor seria reduzir as elevadas taxas de juros cobradas pelas instituições financeiras, que, por entendimento da Súmula 596 do STF,[16] não se subordinam à Lei de Usura.

O Código de Defesa do Consumidor não utiliza a expressão cláusula penal, mas, sim, multa moratória, como sinônima. Contudo, como a cláusula penal pode ser compensatória e moratória, entende-se que o legislador consumerista desejou referir-se somente à cláusula penal moratória, aquela estipulada em caso de simples mora.

Para a cláusula penal compensatória, deve ser considerado o teto fixado no art. 412 do CC (valor da obrigação principal), aplicando-se o diálogo das fontes, com possibilidade de redução equitativa caso ela seja desproporcional ao valor da obrigação oposta (art. 413 do CC). Esse é o entendimento da jurisprudência[17] do Superior Tribunal de Justiça.

---

14. Arruda Alvim, J. M. et al. *Código do Consumidor comentado*. 2. ed. São Paulo: Ed. RT, 1995. p. 259.

15. Nunes, Luiz Antonio Rizzatto. *Curso de direito do consumidor*. São Paulo: Saraiva, 2004. p. 658.

16. Súmula 596 do STF: "As disposições do Decreto 22.626/1933 não se aplicam às taxas de juros e aos outros encargos cobrados nas operações realizadas por instituições públicas ou privadas que integram o sistema financeiro nacional".

17. "Reconhecido pelas instâncias ordinárias que, embora intentada a ação de rescisão pelo comprador, foi ele, na verdade, quem deu causa à rescisão do contrato de compra e venda de veículo para entrega futura, o desfazimento da avença, com a restituição das parcelas já pagas, implica a retenção de parte delas, em face da cláusula penal amparada no art. 916 e ss. do CC anterior, cujo percentual não fica sujeito, obrigatoriamente, aos 2% previstos no art. 52, § 1.º, do CDC, por ser de outra espécie, podendo, todavia, sofrer redução, para afastar a abusividade, segundo diretriz contida na mesma Lei 8.078/1990" (STJ, REsp 505.629/MG).

Uma dúvida que surge é se poderíamos, num contrato de consumo no qual a cláusula penal moratória é limitada a 2%, estabelecer cláusula que permita, se o valor da multa convencional for insuficiente para remunerar as perdas e danos, ao credor pleitear judicialmente indenização suplementar.

Por se acreditar na tese do diálogo das fontes, por meio da qual se busca uma sistematização harmoniosa entre as plúrimas fontes legislativas, entende-se que o Código Civil se aplica às relações de consumo.

Dessa forma, a legislação autoriza convencionar, sendo insuficiente a cláusula penal moratória para remunerar as perdas e danos, que o credor está autorizado a propor ação indenizatória para pleitear indenização suplementar. Porém, como dissemos anteriormente, tal possibilidade é inconstitucional.

Tal entendimento se aplica a qualquer limite imposto pela lei, a fim de se estabelecer uma sistematização sobre o assunto.

No entanto, em se tratando de contrato de adesão, considera-se *impossível*, também, efetuar tal estipulação, em razão do art. 424 do CC/2002, que estabelece ser nula a disposição que importe a renúncia de direito resultante da natureza do negócio.

Cuida-se, certamente, de um direito que advém da natureza do contrato a possibilidade de não ser acionado judicialmente, se existir cláusula penal, pela assunção de risco por ela caracterizada.

11.2 A cláusula penal e a Lei de Parcelamento do Solo Urbano (Lei de Loteamento)

É muito comum encontrar nas promessas de imóveis loteados e não loteados cláusula penal relativa ao inadimplemento do promitente comprador do imóvel. Todavia, é preciso analisar cautelosamente esta cláusula penal, bem como se o contrato refere-se a imóvel loteado ou não loteado, pois para cada caso há uma solução diferente.

De início, deve ser analisada a cláusula penal no contrato de imóvel loteado. O valor máximo da cláusula penal no caso de imóvel loteado não será o descrito no Código Civil, mas sim o que está disposto na Lei de Parcelamento do Solo Urbano, conhecida como Lei de Loteamento (n. 6.766/1979).

Determina a Lei de Parcelamento do Solo Urbano:

"Art. 26. Os compromissos de compra e venda, as cessões ou promessas de cessão poderão ser feitos por escritura pública ou por instrumento particular, de acordo com o modelo depositado na forma do inciso VI do art. 18 e conterão, pelo menos, as seguintes indicações: (...) V – taxa de juros incidentes sobre o débito em aberto e sobre as prestações vencidas e não pagas, bem como a cláusula penal, nunca excedente a 10% (dez por cento) do débito e só exigível nos casos de intervenção judicial ou de mora superior a 3 (três) meses; (...)".

Arnaldo Rizzardo[18] explica que o limite de 10% da cláusula penal é aplicado para as promessas de compra e venda de imóveis loteados, exceto naquelas em que se caracteriza a relação de consumo,[19] que deverá respeitar o percentual máximo descrito no art. 52, § 1.º, do CDC, que é de 2%.

Rubens Limongi França[20] afirmou que a referida norma é de ordem pública, motivo pelo qual não se admite que, pelo exercício da autonomia privada, se convencione percentual maior do que o estabelecido na lei, nem tampouco a chamada cláusula de decaimento, a qual estabelece a perda das parcelas pagas em caso de inadimplemento, infelizmente ainda muito frequente neste tipo de contrato e que tem por objetivo despejar um ônus gigantesco no promitente comprador.

Entretanto, ressalta Marco Aurélio S. Vianna[21] que a exigibilidade da cláusula penal está condicionada a dois aspectos: a) intervenção

---

18. Rizzardo, Arnaldo. *Promessa de compra e venda e parcelamento do solo urbano*, p. 129.

19. A relação de consumo, segundo o Código de Defesa do Consumidor, se caracteriza quando houver a presença de um consumidor, definido pelo art. 2.º da referida lei como a pessoa física ou jurídica que adquire ou utiliza produtos ou serviço como destinatário final, bem como de um fornecedor, definido, também, pelo citado código, como a pessoa física ou jurídica, pública ou privada, nacional ou estrangeira, bem como os entes despersonalizados, que desenvolvem atividades de produção, montagem, criação, construção, transformação, importação, exportação, distribuição ou comercialização de produtos ou prestação de serviços.

20. França, Rubens Limongi. *Teoria e prática da cláusula penal* cit., p. 234.

21. Viana, Marco Aurélio S. *Comentários à lei sobre o parcelamento do solo urbano – Doutrina, jurisprudência e prática*, p. 90.

judicial ou b) mora superior a três meses, independentemente de o procedimento ser administrativo ou judicial.

Assim, para o caso de cláusula penal em promessa de compra de imóvel não loteado, verifica-se que essa será regida pelo Código Civil de 2002. O limite será, então, regido pelo art. 412 do CC/2002, não podendo ultrapassar o valor da obrigação principal, a qual estará sujeita à redução judicial, consoante o critério da equidade adotado no art. 413 do mesmo diploma legal.

Neste caso será também nula a cláusula de decaimento, que estipula a perda das parcelas pagas em caso de inadimplemento, já que há limitação legal para o valor da cláusula penal. Havendo a referida cláusula, no intuito de substituir a cláusula penal, deverá o magistrado reduzi-la, de acordo com o art. 413 do CC/2002. Todavia, cumpre analisar qual será o critério redutor para o caso de haver, tanto na promessa de compra de imóvel loteado quanto não loteado, cláusula de decaimento.

Sabe-se que o critério é o da equidade; porém, mesmo não estando o juiz vinculado a qualquer outro critério, deve-se analisar qual é o parâmetro utilizado pela nossa jurisprudência.

Os tribunais estão adotando como parâmetro o art. 26, V, da Lei de Parcelamento de Solo Urbano, que estabelece 10% como limite para a fixação da cláusula penal em relações civis, e 2% em relações de consumo, em veneração ao art. 52, § 1.º, do CDC. [22]

22. No que tange aos juros estipulados pela Lei 4.380/1964, que institui a correção monetária nos contratos imobiliários de interesse social, o sistema financeiro para aquisição da casa própria, cria o Banco Nacional da Habitação (BNH), e Sociedades de Crédito Imobiliário, as Letras Imobiliárias, o Serviço Federal de Habitação e Urbanismo e dá outras providências, o art. 5.º estabelece que "Observado o disposto na presente Lei, os contratos de vendas ou construção de habitações para pagamento a prazo ou de empréstimos para aquisição ou construção de habitações poderão prever o reajustamento das prestações mensais de amortização e juros, com a consequente correção do valor monetário da dívida toda vez que o salário mínimo legal for alterado." Mas, por força do art. 6.º, essa regra somente se aplicará aos contratos de venda, promessa de venda, cessão ou promessa de cessão, ou empréstimos em que os juros convencionais não excedam a 10% (dez por cento) ao ano. Porém, sobre o tema, cumpre destacar que o STJ criou a Súmula 422, em março de 2010, estabelecendo que o teto de 10% não estabelece limitação aos juros remuneratórios nos contratos vinculados ao SFH.

Para o caso de contratos que envolvam imóveis loteados, a justificativa é a de que há expressa previsão legal que veda a estipulação de cláusula penal em montante superior.

Já para o caso de contratos que envolvam imóveis não loteados, sugere Arnaldo Rizzardo[23] que se aplique analogicamente o art. 26, V, da Lei de Parcelamento de Solo Urbano.

Não é adequada esta solução, uma vez que, como visto anteriormente, foi um clamor da doutrina a mudança do critério redutor da cláusula penal de algo objetivo, como era o caso de redução proporcional, para algo subjetivo, como é o caso da redução equitativa, que melhor atende aos anseios sociais, já que permite ao magistrado fazer justiça no caso concreto.

Dessa forma, se o juiz entender que fará justiça no caso concreto, estipulando a devolução de 90% do que foi pago, para que se tenha como multa penitencial os 10% estabelecidos na lei, estará agindo corretamente. Contudo, se o magistrado entender que o valor é excessivo ou insuficiente, não estará ele vinculado a decidir de acordo com a Lei de Parcelamento de Solo Urbano, já que o Código Civil de 2002 lhe dá uma cláusula geral para solucionar a questão à luz do art. 413.

Em 2011, um julgado polêmico do STJ reforma acórdão no Tribunal de Justiça do Rio de Janeiro, para estender a cláusula penal fixada em contrato de promessa de compra e venda de imóvel e que favorecia o promitente vendedor ao promitente comprador, segue a ementa:

"*Recurso especial. Contrato bilateral, oneroso e comutativo. Cláusula penal. Efeitos perante todos os contratantes. Redimensionamento do quantum debeatur. Necessidade. Recurso provido.* 1. A cláusula penal inserta em contratos bilaterais, onerosos e comutativos deve voltar-se aos contratantes indistintamente, ainda que redigida apenas em favor de uma das partes. 2. A cláusula penal não pode ultrapassar o conteúdo econômico da obrigação principal, cabendo ao magistrado, quando ela se tornar exorbitante, adequar o *quantum debeatur*. 3. Recurso provido (STJ, REsp 1119740/RJ, 3.ª T., j. 27.09.2011, rel. Min. Massami Uyeda, *DJ* 13.10.2011)."

---

23. RIZZARDO, Arnaldo. *Promessa de compra e venda e parcelamento do solo urbano* cit., p. 133.

O julgado é polêmico pois sabemos que a cláusula penal deve ser fixada expressamente em contrato, sob pena de não existir. Alegando princípios constitucionais, mormente o da isonomia, e os princípios contratuais sociais do Código Civil (função social do contrato e boa-fé objetiva), o Tribunal entendeu por bem estender a mesma cláusula penal que foi fixada com o intuito de estabelecer multa de 0,33% ao dia para o atraso no pagamento da parcela do financiamento habitacional, ao promitente vendedor que atrasou a entrega do imóvel em 30 anos.

Por se tratar de contrato bilateral de consumo, entendeu o STJ que a cláusula penal deve ser recíproca aos contratantes e que o contrato deve ser interpretado de maneira mais favorável ao consumidor, motivo pelo qual, em veneração à equivalência obrigacional existente no contrato e pela constante inexistência de cláusula penal que favoreça o promitente comprador, o justo, segundo o Tribunal, seria estender os efeitos da multa que favoreça uma das partes à outra.

11.3 A cláusula penal e o direito do trabalho

Leciona Claudia Lima Marques[24] que há inúmeras possibilidades de aplicação conjunta de várias fontes legislativas convergentes. Para a citada autora, deve ser feita uma coordenação flexível e útil (*effet utile*) das normas em conflito no sistema, a fim de se restabelecer a sua coerência, em um diálogo que irá permitir a convivência harmônica entre elas. Esse diálogo foi batizado de diálogo das fontes (*dialogue des sources*), que objetiva a aplicação de fontes plúrimas e convergentes de forma simultânea, complementar ou até mesmo subsidiária.

Será feita adiante uma análise do instituto da cláusula penal no âmbito trabalhista sob essa perspectiva.

11.3.1 A cláusula penal desportiva no contrato de trabalho

Assunto de grande importância atualmente refere-se à cláusula penal desportiva nos contratos de trabalho, que, após as modificações introduzidas pela Lei 12.395/2011, que alterou a Lei Pelé, passou a ter

24. Marques, Claudia Lima. Introdução. In: ______; Benjamim, Antônio Herman V.; Miragem, Bruno. *Comentários ao Código de Defesa do Consumidor* cit., p. 28.

duas espécies: cláusula indenizatória desportiva e cláusula compensatória desportiva.

Com o advento da Lei 9.615/1998, que ficou conhecida como Lei Pelé, o passe desportivo, que era a quantia devida por um empregador a outro, pela cessão do atleta durante a vigência do contrato ou depois do seu término, foi extinto.[25]

Assim, com o fim do passe, ao terminar o contrato de trabalho desportivo, nenhum valor deverá ser pago ao empregador, extinguindo-se, dessa maneira, a última forma de "escravidão" no Brasil.

A referida lei inovou, ao determinar:

"Art. 28. A atividade do atleta profissional é caracterizada por remuneração pactuada em contrato especial de trabalho desportivo, firmado com entidade de prática desportiva".

Note-se que, com a extinção do passe, a atividade de atleta profissional em qualquer modalidade desportiva, e não só no futebol, é formalizada por contrato de trabalho, regido pela CLT e pela Lei Pelé. Com isso, o art. 28, § 4.º, da Lei 9.615/1998 estabelece que devam ser aplicadas, ao atleta profissional, as normas gerais da legislação trabalhista e da Seguridade Social, ressalvadas as peculiaridades expressas na referida lei ou integrantes do respectivo contrato de trabalho.

Como o citado artigo descreve que todo contrato de trabalho desportivo deve ter uma cláusula penal, a indagação que cabe é se ela será regida pela Consolidação das Leis do Trabalho ou pelo Código Civil.

Como a Consolidação das Leis do Trabalho não tem por objetivo regulamentar as disposições gerais da cláusula penal, é preciso analisá-la para saber se o Código Civil pode ser aplicado de forma subsidiária. Ao examinar-se o art. 8.º e seu respectivo parágrafo único daquele diploma legal, conclui-se que afirmativa será a resposta:

"Art. 8.º As autoridades administrativas e a Justiça do Trabalho, na falta de disposições legais ou contratuais, decidirão, conforme o caso,

25. O conceito apresentado foi extraído do art. 11 da Lei 6.354/1976, que regulamentava o passe desportivo vinculando um atleta ao clube por contrato de trabalho com prazo determinado e que foi parcialmente revogada pela Lei Pelé (Lei 9.615/1998).

pela jurisprudência, por analogia, por equidade e outros princípios e normas gerais do direito, principalmente do direito do trabalho, e, ainda, de acordo com os usos e costumes, o direito comparado, mas sempre de maneira que nenhum interesse de classe ou particular prevaleça sobre o interesse público. Parágrafo único. *O direito comum será fonte subsidiária do direito do trabalho, naquilo em que não for incompatível com os princípios fundamentais deste*" (grifo nosso).

Dessa forma, observa-se que a cláusula penal desportiva, imprescindível aos contratos de trabalho de atletas profissionais, será regulamentada pela Lei Pelé quanto às suas disposições especiais; porém, na sua omissão, deverá ser aplicado o Código Civil de 2002, por força do dispositivo citado, que permite ao Direito Civil ser fonte subsidiária do Direito do Trabalho, no que com ele não for incompatível.

Cumpre, agora, estudar os dispositivos específicos da cláusula penal desportiva, para se entender sua aplicação.

O art. 28 da Lei Pelé, após a atualização da Lei 12.395/2011, estabelece que o contrato de trabalho desportivo deve, obrigatoriamente, conter cláusula penal desportiva, que poderá ser de duas espécies:

i) cláusula indenizatória desportiva – que é aquela devida exclusivamente à entidade de prática desportiva à qual está vinculado o atleta, nas seguintes hipóteses: "a) transferência do atleta para outra entidade, nacional ou estrangeira, durante a vigência do contrato especial de trabalho desportivo; ou b) por ocasião do retorno do atleta às atividades profissionais em outra entidade de prática desportiva, no prazo de até 30 (trinta) meses";

ii) cláusula compensatória desportiva – que é aquela devida pela entidade de prática desportiva ao atleta, nas seguintes hipóteses: a) "com a rescisão decorrente do inadimplemento salarial, de responsabilidade da entidade de prática desportiva empregadora"; b) "com a rescisão indireta, nas demais hipóteses previstas na legislação trabalhista"; c) "com a dispensa imotivada do atleta" (art. 28, § 5.º, incs. III a V).

No § 1.º do art. 28 da Lei Pelé, encontramos o limite para a *cláusula indenizatória desportiva*. O citado dispositivo determina que o valor da multa, nesse caso, será livremente pactuado pelas partes e expressamente quantificado no instrumento contratual, obedecendo os seguintes limites: a) "até o limite máximo de 2.000 (duas mil) vezes o valor médio do salário contratual, para as transferências nacionais"; b) "sem qualquer limitação, para as transferências internacionais".

Note-se, dessa forma, que no caso concreto não se aplica o limite do art. 412 do Código Civil, por disposição legal específica, que permite que o valor da cláusula penal seja superior ao da obrigação principal.

No entanto, um aspecto interessante que influenciará a fixação da cláusula penal é que as agremiações desportivas, para escapar da obrigatoriedade do pagamento de elevadas quantias referentes a encargos sociais e trabalhistas, acabam firmando com o atleta dois contratos: um de trabalho e outro de uso de imagem.

Somente servirá para o cômputo da cláusula penal desportiva o contrato de natureza trabalhista, excluindo-se o contrato de uso de imagem, que tem natureza civil e fixa a maior parte da remuneração do atleta.

Nesse caso, como alerta Álvaro Melo Filho,[26] a cláusula penal do contrato trabalhista terá o seu limite fixado pelo art. 28, § 3.º, da Lei Pelé, e a do contrato civil de uso de imagem, pelo art. 412 do CC/2002.

Questão interessante é que o § 2.º do art. 28 cria uma solidariedade legal, ao estabelecer que são solidariamente responsáveis pelo pagamento da cláusula indenizatória desportiva o atleta e a nova entidade de prática desportiva empregadora. Esse ponto da lei, acrescido pela Lei 12.395/2011, merece aplauso, pois, como afirmamos em edições anteriores dessa obra, é difícil o atleta ter condições financeiras de arcar com o pagamento da multa, que possui, na maioria das vezes valor elevado. Aliás, como citamos no Capítulo 8 dessa obra, a multa do jogador Robinho quando se transferiu do Santos para o Real Madrid em 2005 era de 50 milhões de dólares norte-americanos, quantia essa que foi paga pelo clube espanhol, e não pelo jogador, que não tinha patrimônio para arcar com tal montante. Como sabemos, por força do art. 265 do Código Civil a solidariedade não se presume, dependendo, para existir, da vontade das partes ou de previsão legal expressa, o que ocorreu no caso.

Já o valor da *cláusula compensatória desportiva* será livremente pactuado entre as partes e formalizado no contrato especial de trabalho

---

26. Melo Filho, Álvaro. *Novo regime jurídico do desporto*, p. 125.

desportivo, observando-se, como limite máximo, 400 vezes o valor do salário mensal no momento da rescisão e, como limite mínimo, o valor total de salários mensais a que teria direito o atleta até o término do referido contrato (art. 28, § 3.º).

"Art. 28. (...)

§ 5.º O vínculo desportivo do atleta com a entidade de prática desportiva contratante constitui-se com o registro do contrato especial de trabalho desportivo na entidade de administração do desporto, tendo natureza acessória ao respectivo vínculo empregatício, dissolvendo-se, para todos os efeitos legais:

I – com o término da vigência do contrato ou o seu distrato;

II – com o pagamento da cláusula indenizatória desportiva ou da cláusula compensatória desportiva;

III – com a rescisão decorrente do inadimplemento salarial, de responsabilidade da entidade de prática desportiva empregadora, nos termos desta Lei;

IV – com a rescisão indireta, nas demais hipóteses previstas na legislação trabalhista; e

V – com a dispensa imotivada do atleta."

"A entidade de prática desportiva poderá suspender o contrato especial de trabalho desportivo do atleta profissional, ficando dispensada do pagamento da remuneração nesse período, quando o atleta for impedido de atuar, por prazo ininterrupto superior a 90 (noventa) dias, em decorrência de ato ou evento de sua exclusiva responsabilidade, desvinculado da atividade profissional, conforme previsto no referido contrato" (art. 28, § 7.º), hipótese em que não se cogita o pagamento de multa.

Importante ressaltar, para os fins de multa, que o contrato especial de trabalho desportivo deverá conter cláusula expressa reguladora de sua prorrogação automática na ocorrência da hipótese prevista no § 7.º (art. 28, § 8.º).

"Quando o contrato especial de trabalho desportivo for por prazo inferior a 12 (doze) meses, o atleta profissional terá direito, por ocasião da rescisão contratual por culpa da entidade de prática desportiva empregadora, a tantos doze avos da remuneração mensal quantos forem os meses da vigência do contrato, referentes a férias, abono de férias e 13.º (décimo terceiro) salário" (art. 28, § 9.º). Questão interessante é saber se a multa prevista no § 9.º do art. 28 da Lei Pelé seria cláusula penal. Entendemos que não, pois se trata de multa decorrente de previsão legal, e não contratual, que não poderá ser reduzida, pois não sofre a incidência das regras gerais de cláusula penal, previstas no Código Civil. Trata-se da chamada multa simples, que já tratamos anteriormente nesse livro.

Alteração importante na Lei Pelé se deu por conta do § 10 do art. 28, que, expressamente, excluiu a aplicação dos arts. 479 e 480 da Consolidação das Leis do Trabalho – CLT do contrato especial de trabalho desportivo, que retirou a incidência da multa de 50% da remuneração devida até o final do contrato, na hipótese de dispensa sem justa causa antes de findo o prazo contratual estabelecido, que também não possui natureza de cláusula penal.

11.3.2 Outras aplicações para a cláusula penal no direito do trabalho

Explicam Pablo Stolze Gagliano e Rodolfo Pamplona Filho[27] que no processo do trabalho a busca por soluções autocompositivas é erigida em princípio, devendo o magistrado propugnar pela conciliação das partes, conforme determina o art. 846 da CLT.

Para garantir o cumprimento da obrigação, uma cláusula penal é estipulada no acordo entre as partes, homologado judicialmente, para o caso de incumprimento do devedor, geralmente a reclamada.

Outra aplicação da cláusula penal no direito do trabalho está nas convenções coletivas de trabalho, para o descumprimento de cláusula contratual, conforme determina a Consolidação das Leis do Trabalho:

"Art. 622. Os empregados e as empresas que celebrarem contratos individuais de trabalho, estabelecendo condições contrárias ao que tiver sido ajustado em Convenção ou Acordo que lhes for aplicável, serão passíveis da multa neles fixada.

---

27. Gagliano, Pablo Stolze; Pamplona Filho, Rodolfo. *Novo curso de direito civil – Obrigações* cit., p. 324.

Parágrafo único. A multa a ser imposta ao empregado não poderá exceder da metade daquela que, nas mesmas condições, seja estipulada para a empresa".

O referido dispositivo legal estabelece que haverá uma multa para o caso de o empregador desrespeitar a convenção coletiva, e outra para o caso de o empregado a desobedecer, que não poderá ser superior à metade do valor estabelecido para o empregador.

Como se trata de cláusula penal que garantirá o cumprimento de cláusula contratual em convenção coletiva de trabalho, deverão ser aplicadas todas as regras descritas no Código Civil.

Ademais, como já mencionamos anteriormente, cumpre salientar que a multa estipulada em sentença pelo juiz nas ações condenatórias não é cláusula penal, mas uma multa simples que possui caráter punitivo, haja vista que as partes não são consultadas sobre o patamar da sua fixação. A exemplo do que acontece na justiça cível, o magistrado da justiça do trabalho também se utiliza desse instituto, estabelecendo, em muitos casos, multas em percentuais altíssimos para gerar um efeito psicológico que iniba o inadimplemento.

Comunga do citado entendimento o Juiz do Trabalho na cidade do Rio de Janeiro, Marcelo Antonio de Oliveira Alves de Moura, que levou proposta de enunciado nesse sentido na V Jornada de Direito Civil do CJF (Conselho da Justiça Federal), utilizando-se dos seguintes argumentos:

"A regra do art. 613 da CLT cuida dos aspectos formais das Convenções e Acordos Coletivos de Trabalho, determinando a fixação de 'penalidades para os Sindicatos convenentes, os empregados e as empresas em caso de violação de seus dispositivos.' (inciso VIII, do art. 613). O conteúdo da Convenção Coletiva de Trabalho, bem como do Acordo Coletivo, observa a classificação quanto à natureza das cláusulas convencionadas. A mais aceita é aquela proposta por Alonso Garcia e adotada, entre outros, por Ruprecht, Relações Coletivas de Trabalho, 1995, p. 419; Godinho, Curso, jan.-2009, p. 1270-1271 e Rodrigues Pinto, Direito Sindical, 2002, p. 235. Segundo Alonso Garcia, apud Ruprech, 1995, p. 419, as cláusulas de um ajuste coletivo se classificam em obrigacionais, normativas, e de garantia, esta última com a finalidade de assegurar o cumprimento e a eficácia das anteriores, v.g., cláusulas sobre a vigência, multas e denúncia da Convenção ou do Acordo. Portanto, segundo Garcia, a multa convencionada para coibir o descumprimento das cláusulas obrigacionais e normativas (art. 622, *caput*, da CLT), é espécie de cláusula de garantia, cuja finalidade é assegurar o cumprimento e a eficácia das anteriores. No que diz respeito ao alcance e aplicação desta multa, se observará a teoria das obrigações do Direito Civil, como já defendeu Christiano Cassettari, referindo-se expressamente ao art. 622 da CLT: 'Como se trata de cláusula penal que garantirá o cumprimento de cláusula contratual em convenção coletiva de trabalho, deverão ser aplicadas todas as regras descritas no Código Civil.' (Multa Contratual, 2009, p. 209). Seguindo exatamente a ótica do Direito Civil, a multa fixada com o objetivo de compelir o devedor ao cumprimento da convenção ou do acordo coletivo de trabalho é classificada como cláusula penal, atraindo a incidência do artigo 413 do Código Civil."

Após amplos debates pelos juristas que compunham a comissão de obrigações na referida Jornada, a proposta foi aprovada e se tornou o enunciado 428 do CJF, com a seguinte redação:

"Art. 413. As multas previstas nos Acordos e Convenções Coletivas de Trabalho, cominadas para impedir o descumprimento das disposições normativas previstas nestes instrumentos, resultado da negociação coletiva dos sindicatos e empresas, têm natureza de cláusula penal e, portanto, podem ser reduzidas pelo Juiz do Trabalho, diante do cumprimento parcial da cláusula ajustada, ou quando se tornaram excessivas para o fim proposto, nos termos do art. 413 do Código Civil."

Ficamos muito entusiasmados com a aprovação do enunciado, que no dia pudemos defender e votar a favor, não apenas por já ter trabalhado tal ideia na primeira edição dessa obra, mas, também, porque acreditamos ser de grande importância para o Direito brasileiro essa simbiose entre Direito Civil e do Trabalho, mormente após a EC 45/2004, que alterou o art. 114 da Constituição Federal, no sentido de estender para a Justiça do Trabalho a competência para julgar ações de cunho indenizatório e contratual, dentre outras.

Bibliografia

Aguiar Jr., Ruy Rosado de. *Extinção dos contratos por incumprimento do devedor. Resolução*. 2. ed. Rio de Janeiro: Aide, 2004.

Almeida, Francisco de Paula Lacerda de. *Obrigações*. 2. ed. Rio de Janeiro: Typographia Revista dos Tribunaes, 1916.

Alves, José Carlos Moreira. *Direito romano*. 6. ed. Rio de Janeiro: Forense, 1998. vol. 2.

Alvim, Agostinho. *Da inexecução das obrigações e suas consequências*. 4. ed. São Paulo: Saraiva, 1972.

Amaral, Francisco. A equidade no Código Civil brasileiro. In: Arruda Alvim, J. M. de; César, Joaquim Portes de Cerqueira; Rosas, Roberto (coord.). *Aspectos controvertidos do novo Código Civil – Escritos em homenagem ao Ministro José Carlos Moreira Alves*. São Paulo: Ed. RT, 2003.

______. *Direito civil – Introdução*. 6. ed. Rio de Janeiro: Renovar, 2006.

______. O direito civil na pós-modernidade. In: Fiúza, César; Sá, Maria de Fátima Freire de; Naves, Bruno Torquato de Oliveira. *Direito civil – Atualidades*. Belo Horizonte: Del Rey, 2003.

Arruda Alvim, J. M. de et al. *Código do Consumidor comentado*. 2. ed. São Paulo: Ed. RT, 1995.

Ascensão, José de Oliveira. A desconstrução do abuso de direito. In: Delgado, Mário Luiz; Alves, Jones Figueirêdo. *Questões controvertidas*. São Paulo: Método, 2005. vol. 4. (Série Grandes Temas de Direito Privado)

Azevedo, Álvaro Villaça. *Teoria geral das obrigações – Responsabilidade civil*. 10. ed. São Paulo: Atlas, 2004.

Barbosa, Rui. *Oração aos moços*. São Paulo: Ediouro, 2002.

Barros, Flávio Augusto Monteiro de. *Manual de direito civil*. São Paulo: Método, 2005. vol. 2.

Bessone, Darcy. *Do contrato – Teoria geral*. 3. ed. Rio de Janeiro: Forense, 1987.

Beviláqua, Clóvis. *Código Civil dos Estados Unidos do Brasil comentado*. Rio de Janeiro: Ed. Rio, 1977. vol. 2.

______. *Direito das obrigações*. Rio de Janeiro: Rio, 1977. (Edição histórica)

Bittar, Carlos Alberto. *Direito das obrigações*. 2. ed. Rio de Janeiro: Forense Universitária, 2004.

BRITO, Rodrigo Toscano de. Função social dos contratos como princípio orientador na interpretação das arras. In: DELGADO, Mário Luiz; ALVES, Jones Figueirêdo. *Questões controvertidas*. São Paulo: Método, 2004. vol. 2. (Série Grandes Temas de Direito Privado)

______. *Incorporação imobiliária à luz do CDC*. São Paulo: Saraiva, 2002.

CAHALI, Yussef Said. *Dano moral*. 3. ed. São Paulo: Ed. RT, 2005.

CAMBLER, Everaldo Augusto. *Curso avançado de direito civil – Direito das obrigações*. São Paulo: Ed. RT, 2001. vol. 2.

______. *Responsabilidade civil na incorporação imobiliária*. São Paulo: Ed. RT, 1997.

CANARIS, Claus-Wilhelm. *Pensamento sistemático e conceito de sistema na ciência do direito*. 3. ed. Trad. A. Menezes Cordeiro. Lisboa: Fundação Calouste Gulbenkian, 2002.

CANOTILHO, J. J. Gomes. *Estudos sobre direitos fundamentais*. Coimbra: Coimbra Ed., 2004.

CARBONNIER, Jean. *Droit civil 4 – Les obligations*. 13. ed. Paris: PUF, 1988.

CARVALHO NETO, Inácio de. *Abuso de direito*. 3. ed. Curitiba: Juruá, 2005.

CARVALHO SANTOS, J. M. *Código Civil brasileiro interpretado – Direito das obrigações*. 2. ed. Rio de Janeiro: Freitas Bastos, 1937. vol. 11.

CASSETTARI, Christiano. *Elementos de direito civil*. 2. ed. São Paulo: Saraiva, 2013.

CASTRO, Guilherme Couto de. *A responsabilidade civil objetiva no direito brasileiro*. Rio de Janeiro: Forense, 2000.

CATALAN, Marcos Jorge. *Descumprimento contratual: modalidades, consequências e hipóteses de exclusão do dever de indenizar*. Curitiba: Juruá, 2005.

CAVALIERI FILHO, Sérgio. *Programa de responsabilidade civil*. 6. ed. São Paulo: Malheiros, 2005.

COELHO, Fábio Ulhoa. *Curso de direito civil*. São Paulo: Saraiva, 2004. vol. 2.

CORDEIRO, António Manuel da Rocha e Menezes. *Da boa-fé no direito civil*. Coimbra: Almedina, 1983. (Coleção Teses)

COSTA, Mário Júlio de Almeida. *Direito das obrigações*. 9. ed. Coimbra: Almedina, 2006.

______. *Noções fundamentais de direito civil*. 4. ed. Coimbra: Almedina, 2001.

DE MATTIA, Fábio Maria. Cláusula penal pura e cláusula penal não pura. *RT* 383/35, São Paulo, Ed. RT, 1967.

DELGADO, Mário Luiz et al. *Novo Código Civil comentado*. 5. ed. São Paulo: Método, 2006.

______; ALVES, Jones Figueirêdo. *Código Civil anotado: inovações comentadas artigo por artigo*. São Paulo: Método, 2005.

DIAS, José de Aguiar. *Cláusula de não indenizar*. 3. ed. Rio de Janeiro: Forense, 1976.

______. *Da responsabilidade civil*. 10. ed. Rio de Janeiro: Forense, 1995. vol. 1.

Diniz, Maria Helena. *Código Civil anotado*. 12. ed. São Paulo: Saraiva, 2006.

______. *Curso de direito civil brasileiro – Teoria geral das obrigações*. 20. ed. São Paulo: Saraiva, 2004. vol. 2.

Dower, Nelson Godoy Bassil. *Curso moderno de direito civil – Direito das obrigações*. 4. ed. São Paulo: Nelpa, 2004. vol. 2.

Engisch, Karl. *Introdução ao pensamento jurídico*. 8. ed. Trad. J. Batista Machado. Lisboa: Fundação Calouste Gulbenkian, 2001.

Espínola, Eduardo. *Garantia e extinção das obrigações*. Atual. Francisco José Galvão Bruno. Campinas: Bookseller, 2005.

Farias, Cristiano Chaves de. Miradas sobre a cláusula penal no direito contemporâneo: à luz do direito civil-constitucional, do novo Código Civil e do Código de Defesa do Consumidor. *RT* 797/43, São Paulo, Ed. RT, 2002.

______; Rosenvald, Nelson. *Direito das obrigações*. Rio de Janeiro: Lumen Juris, 2006.

Fiuza, César. *Direito civil – Curso completo*. 8. ed. Belo Horizonte: Del Rey, 2004.

Fiuza, Ricardo. *O novo Código Civil e as propostas de aperfeiçoamento*. São Paulo: Saraiva, 2004.

Florence, Tatiana Magalhães. Aspectos pontuais da cláusula penal. In: Tepedino, Gustavo (coord.). *Obrigações – Estudos na perspectiva civil-constitucional*. Rio de Janeiro: Renovar, 2005.

França, Rubens Limongi. *Instituições de direito civil*. São Paulo: Saraiva, 1988.

______. *Teoria e prática da cláusula penal*. São Paulo: Saraiva, 1988.

Freitas, Augusto Teixeira de. *Código Civil – Esboço*. Brasília: Ministério da Justiça / Fundação Universidade de Brasília, 1983. vol. 1.

______. *Consolidação das leis civis*. Rio de Janeiro: Garnier, 1876. vol. 1.

Fulgêncio, Tito. *Das modalidades das obrigações*. 2. ed. Rio de Janeiro: Forense, 1958.

Gagliano, Pablo Stolze; Pamplona Filho, Rodolfo. *Novo curso de direito civil – Obrigações*. 7. ed. São Paulo: Saraiva, 2006. vol. 2.

Gebrim, Marilda Neves. Astreintes. *Revista da Escola Superior da Magistratura*, Porto Alegre, 1996.

Gilmore, Grant. *La morte del contratto*. Trad. Andrea Fusaro. Milano: Giuffrè, 1988.

Gomes, Orlando. *Direitos reais*. 9. ed. Rio de Janeiro: Forense, 1985.

______. *Obrigações*. 8. ed. Rio de Janeiro: Forense, 1986.

Gonçalves, Carlos Roberto. *Direito civil brasileiro – Teoria geral das obrigações*. São Paulo: Saraiva, 2004. vol. 2.

______. *Responsabilidade civil*. 8. ed. São Paulo: Saraiva, 2003.

GORLA, Gino. *Il contratto – Problemi fondamentali trattati con il metodo comparativo e casistico*. Milano: Giuffrè, 1954. vol. 1.

HIRONAKA, Giselda Maria Fernandes Novaes. Direito das obrigações: o caráter de permanência dos seus institutos, as alterações produzidas pela lei civil brasileira de 2002 e a tutela das gerações futuras. In: DELGADO, Mário Luiz; ALVES, Jones Figueirêdo. *Questões controvertidas*. São Paulo: Método, 2005. vol. 4. (Série Grandes Temas de Direito Privado).

JUSTINIANUS, Flavius Petrus Sabbatius. *Institutas do imperador Justiniano*. Trad. J. Cretella Jr. e Agnes Cretella. 2. ed. São Paulo: Ed. RT, 2005.

LARENZ, Karl. *Derecho de obligaciones*. Trad. Jaime Santos Briz. Madrid: Revista de Derecho Privado, 1958. t. I.

LISBOA, Roberto Senise. *Contratos difusos e coletivos*. 2. ed. São Paulo: Ed. RT, 2000.

______. *Manual de direito civil – Obrigações e responsabilidade civil*. 3. ed. São Paulo: Ed. RT, 2004. vol. 2.

LÔBO, Paulo Luiz Netto. Constitucionalização do direito civil. In: FIÚZA, César; SÁ, Maria de Fátima Freire de; NAVES, Bruno Torquato de Oliveira. *Direito civil – Atualidades*. Belo Horizonte: Del Rey, 2003.

______. *Teoria geral das obrigações*. São Paulo: Saraiva, 2005.

LOPES, João Batista. *Condomínio*. 8. ed. São Paulo: Ed. RT, 2003.

LOPES, Miguel Maria de Serpa. *Curso de direito civil – Fontes das obrigações – Contratos*. 7. ed. Rio de Janeiro: Freitas Bastos, 2001. vol. 2.

______. *Curso de direito civil – Obrigações em geral*. 7. ed. Rio de Janeiro: Freitas Bastos, 2000. vol. 2.

LORENZETTI, Ricardo Luis. *Fundamentos do direito privado*. Trad. Vera Maria Jacob de Fradera. São Paulo: Ed. RT, 1998.

LOTUFO, Renan. *Código Civil comentado – Obrigações – Parte geral*. São Paulo: Saraiva, 2003.

LOUREIRO, Lourenço Trigo de. *Instituições de direito civil brasileiro*. Rio de Janeiro: Garnier, 1872. t. II.

MALUF, Carlos Alberto Dabus; MARQUES, Márcio Antero Motta Ramos. *O condomínio edilício no novo Código Civil*. 2. ed. São Paulo: Saraiva, 2005.

MARKY, Thomas. *Curso elementar de direito romano*. 8. ed. São Paulo: Saraiva, 1995.

MARQUES, Claudia Lima. *Contratos no Código de Defesa do Consumidor*. 4. ed. São Paulo: Ed. RT, 2004.

______; BENJAMIM, Antônio Herman V.; MIRAGEM, Bruno. *Comentários ao Código de Defesa do Consumidor*. 2. ed. São Paulo: Ed. RT, 2006.

MARTINS-COSTA, Judith. *Do inadimplemento das obrigações*. In: TEIXEIRA, Sálvio de Figueiredo (coord.). *Comentários ao novo Código Civil*. Rio de Janeiro: Forense, 2004. vol. 5, t. II.

MEIRA, Silvio A. B. *Instituições de direito romano*. 4. ed. São Paulo: Max Limonad, 1971. vol. 2.

______. *Teixeira de Freitas: o jurisconsulto do império – Vida e obra*. 2. ed. Brasília: Cegraf, 1983.

MELO FILHO, Álvaro. *Novo regime jurídico do desporto*. Brasília: Brasília Jurídica, 2001.

MONTEIRO, Antonio Joaquim de Matos Pinto. *Cláusula penal e indemnização*. Coimbra: Almedina, 1990. (Coleção Teses)

MONTEIRO, Washington de Barros. *Curso de direito civil – Direito das obrigações – 1.ª Parte*. 29. ed. São Paulo: Saraiva, 1997. vol. 4.

NADER, Paulo. *Curso de direito civil – Obrigações*. Rio de Janeiro: Forense, 2005. vol. 2.

NANNI, Giovanni Ettore. *Enriquecimento sem causa*. São Paulo: Saraiva, 2004.

NERY JR., Nelson; NERY, Rosa Maria de Andrade. *Código Civil anotado e legislação extravagante*. 2. ed. São Paulo: Ed. RT, 2003.

NEVES, Daniel Amorim Assumpção. Início do cumprimento da sentença. In: ______; RAMOS, Glauco Gumerato; FREIRE, Rodrigo da Cunha Lima; MAZZEI, Rodrigo. *Reforma do CPC*. São Paulo: Ed. RT, 2006. p. 210-238.

NEVES, José Roberto de Castro. *O Código do Consumidor e as cláusulas penais*. 2. ed. Rio de Janeiro: Forense, 2006.

NONATO, Orosimbo. *Curso de obrigações*. Rio de Janeiro: Forense, 1959. vol. 2.

NORONHA, Fernando. *Direito das obrigações*. São Paulo: Saraiva, 2003. vol. 1.

NUNES, Luiz Antonio Rizzatto. *Curso de direito do consumidor*. São Paulo: Saraiva, 2004.

OLIVEIRA, J. M. Leoni Lopes de. *Novo Código Civil anotado – Direito das obrigações*. 2. ed. Rio de Janeiro: Lumen Juris, 2003. vol. 2.

PAULA, Carlos Alberto Reis de. Do inadimplemento das obrigações. In: FRANCIULLI NETTO, Domingos; MENDES, Gilmar Ferreira; MARTINS FILHO, Ives Gandra da Silva (coord.). *O novo Código Civil – Estudos em homenagem ao Prof. Miguel Reale*. São Paulo: LTr, 2003.

PEREIRA, Caio Mário da Silva. *Instituições de direito civil – Teoria geral das obrigações*. 20. ed. Rio de Janeiro: Forense, 2004. vol. 2.

PERLINGIERI, Pietro. *Perfis do direito civil – Introdução ao direito civil constitucional*. 2. ed. Rio de Janeiro: Renovar, 2002.

PINTO, Carlos Alberto da Mota. *Teoria geral do direito civil*. 3. ed. Coimbra: Coimbra Ed., 1996.

PONTES DE MIRANDA, F. C. *Tratado de direito privado*. 3. ed. São Paulo: Ed. RT, 1984. vol. 24.

______. *Tratado de direito privado*. 2. ed. Rio de Janeiro: Borsoi, 1959. vol. 26.

Popp, Carlyle. *Responsabilidade civil pré-negocial: o rompimento das tratativas*. Curitiba: Juruá, 2001.

Pothier, Robert Joseph. *Tratado das obrigações*. Campinas: Servanda, 2002.

Prata, Ana. *Cláusulas de exclusão e limitação da responsabilidade contratual*. Coimbra: Almedina, 1985.

Reale, Miguel. *História do novo Código Civil*. São Paulo: Ed. RT, 2005.

______. *Lições preliminares de direito*. 22. ed. São Paulo: Saraiva, 1995.

______. *O projeto do novo Código Civil*. 2. ed. São Paulo: Saraiva, 1999.

Ribas, Antonio Joaquim. *Curso de direito civil brasileiro – Parte geral*. Rio de Janeiro: Garnier, 1880. t. II.

Rizzardo, Arnaldo. *Direito das obrigações*. 2. ed. Rio de Janeiro: Forense, 2004.

______. *Promessa de compra e venda e parcelamento do solo urbano*. 6. ed. São Paulo: Ed. RT, 2003.

Rocha, M. A. Coelho da. *Instituições de direito civil portuguez*. 4. ed. Coimbra: Coimbra Ed., 1857.

Rodrigues, Silvio. *Direito civil – Parte geral das obrigações*. 30. ed. São Paulo: Saraiva, 2002. vol. 2.

______. *Direito civil – Responsabilidade civil*. 19. ed. São Paulo: Saraiva, 2002. vol. 4.

Rosenvald, Nelson. *Direito das obrigações*. 3. ed. Rio de Janeiro: Impetus, 2004.

Sarlet, Ingo Wolfgang. *A eficácia dos direitos fundamentais*. 6. ed. Porto Alegre: Livraria do Advogado, 2006.

Sarmento, Daniel. *Direitos fundamentais e relações privadas*. 2. ed. Rio de Janeiro: Lumen Juris, 2006.

Scavone Jr., Luiz Antonio. Comentários aos arts. 389 a 420. In: Camillo, Carlos Eduardo Nicoletti et al (coord.). *Comentários ao Código Civil – Artigo por artigo*. São Paulo: Ed. RT, 2006.

______. *Juros no direito brasileiro*. São Paulo: Ed. RT, 2003.

______. *Obrigações – Abordagem didática*. 3. ed. São Paulo: Juarez de Oliveira, 2002; 4. ed., 2006.

Schreiber, Anderson. *A proibição de comportamento contraditório – Tutela da confiança e venire contra factum proprium*. Rio de Janeiro: Renovar, 2005.

Sécretan, Roger. *Étude sur la clause penal en droit suisse*. Lausanne: Faculté de Droit de L'Université de Lausanne, 1917.

Shakespeare, William. *O mercador de Veneza*. Dir. Michael Radford. Sony Pictures, 2004.

Silva, Clóvis V. do Couto e. *A obrigação como processo*. São Paulo: José Bushatsky, 1976.

SILVA, De Plácido e. *Vocabulário jurídico*. 25. ed. Rio de Janeiro: Forense, 2004.

SILVA, Jorge Cesa Ferreira da. *Inadimplemento das obrigações*. São Paulo: Ed. RT, 2006.

SIMÃO, José Fernando. A influência do Código Civil de 2002 sobre a Lei 8.245/91 – Lei de Locação. In: ______; PASCHOAL, Frederico A. (coord.). *Contribuições ao estudo do novo direito civil*. Campinas: Millennium, 2004.

SOARES, Mário Lúcio Quintão. *Teoria do estado – Introdução*. 2. ed. Belo Horizonte: Del Rey, 2004.

TARTUCE, Flávio. *A função social dos contratos do Código de Defesa do Consumidor ao novo Código Civil*. São Paulo: Método, 2005.

______. *Direito civil*. São Paulo: Método, 2005. vol. 2. (Série Concursos Públicos)

______. *Direito civil*. São Paulo: Método, 2006. vol. 3. (Série Concursos Públicos)

TEPEDINO, Gustavo. As relações de consumo e a nova teoria contratual. *Temas de direito civil*. 3. ed. Rio de Janeiro: Renovar, 2004.

______. Efeitos da crise econômica na execução dos contratos: elementos para a configuração de um direito na crise econômica. *Temas de direito civil*. 3. ed. Rio de Janeiro: Renovar, 2004.

______. Premissas metodológicas para constitucionalização do direito civil. *Temas de direito civil*. 3. ed. Rio de Janeiro: Renovar, 2004.

______; SCHREIBER, Anderson. As penas privadas no direito brasileiro. In: SARMENTO, Daniel; GALDINO, Flávio. *Direitos fundamentais – Estudos em homenagem ao professor Ricardo Lobo Torres*. Rio de Janeiro: Renovar, 2006.

TRABUCCHI, Alberto. *Istituizioni de direito civile*. 15. ed. Padova: Cedam, 1966.

VALLADÃO, Haroldo. Teixeira de Freitas, jurista excelso do Brasil, da América, do mundo. In: FREITAS, Augusto Teixeira de. *Código Civil – Esboço*. Brasília: Ministério da Justiça / Fundação Universidade de Brasília, 1983. vol. 1.

VARELA, João de Matos Antunes. *Das obrigações em geral*. 10. ed. Coimbra: Almedina, 2000. vol. 1.

______. *Das obrigações em geral*. 7. ed. Coimbra: Almedina, 1997. vol. 2.

VENOSA, Silvio de Salvo. *Direito civil – Teoria geral das obrigações e teoria geral dos contratos*. 5. ed. São Paulo: Atlas, 2005. vol. 2.

VIANA, Marco Aurélio da Silva. *Comentários ao novo Código Civil*. Rio de Janeiro: Forense, 2004. vol. 14.

______. *Comentários à lei sobre o parcelamento do solo urbano – Doutrina, jurisprudência e prática*. 2. ed. São Paulo: Saraiva, 1984.

WALD, Arnoldo. *Curso de direito civil brasileiro – Obrigações e contratos*. 16. ed. São Paulo: Saraiva, 2004.

WIEACKER, Franz. *História do direito privado moderno*. 3. ed. Lisboa: Fundação Calouste Gulbenkian, 1980.

ZAINAGHI, Domingos Sávio. As alterações na legislação desportiva e seus reflexos no direito do trabalho. Disponível em: <http://www.zainaghi.adv.br/ home/ view.asp?pa Numero=139>. Acesso em: 04.10.2006.

______. *Nova legislação desportiva – Aspectos trabalhistas*. 2. ed. São Paulo: LTr, 2004.

Outras obras do Autor

Elementos de Direito Civil. 2. ed. São Paulo: Saraiva, 2013.

Separação, Divórcio e Inventário por Escritura Pública: Teoria e Prática. 6. ed. São Paulo: Método, 2013.

Direito Agrário. São Paulo: Atlas, 2012.

Coordenação da Coleção Cartórios, publicada pela Editora Saraiva, em 2013, composta de vários livros que tratam de todas as especialidades registrais e notariais, tais como o registro de imóveis, registro civil de pessoa natural e jurídica, registro de títulos e documentos, tabelionato de notas e protestos.

Código de Normas da Corregedoria-Geral de Justiça de São Paulo: legislação estadual e municipal para cartórios. . São Paulo: Atlas, 2012.

Código de Normas da Corregedoria-Geral de Justiça do Rio de Janeiro: legislação extravagante para notários e registradores. São Paulo: Atlas, 2012.

Direito das sucessões. Em cocoordenação com Márcia Maria Menin. São Paulo: RT, 2008 (Direito civil, v. 8).

As consequências materiais, processuais, notariais e registrais da EC 66 de 2010 na separação e no divórcio. In: COLTRO, Antonio Carlos Mathias; DELGADO, Mário Luiz (Org.). *Separação, Divórcio, Partilhas e Inventários Extrajudiciais*: Questionamentos sobre a Lei 11.441/2007. 2. ed. São Paulo: Método, 2011.

Aspectos Notarias e Registrais do Contrato de Convivência Homossexual. In: DIAS, Maria Berenice (Org.). *Diversidade Sexual e Direito Homoafetivo*. São Paulo: RT, 2011.

Comentários aos artigos 1.517 a 1.524 do Código Civil. In: ALVES, Leonardo Barreto Moreira (Org.). *Código das Famílias Comentado*. 2 ed. Belo Horizonte: Del Rey, 2011.

As Consequências da Modificação do Regime de Bens no Casamento. *Famílias no Direito Contemporâneo* – Estudos em Homenagem a Paulo Luiz Netto Lôbo (vários autores). Salvador: Juspodivm, 2010.

O Abandono Afetivo dos Filhos como Fato Gerador da Responsabilidade Civil dos seus Pais – Uma Visão Constitucional. *Leituras Complementares de Direito Civil: Direito das Famílias* (vários autores). Salvador: Juspodivm, 2010.

A abrangência da expressão "ser consensual" como requisito para a separação e o divórcio extrajudiciais: a possibilidade de realizar escritura pública somente para dissolver o casamento e discutir judicialmente outras questões. *Família e Sucessões: Reflexões Atuais* (vários autores). Curitiba: Juruá, 2009.

Aspectos notariais e registrais do contrato de convivência homossexual. *Direito das Famílias* – Contributo do IBDFAM em homenagem a Rodrigo da Cunha Pereira (vários autores). São Paulo: RT, 2009.

Guarda compartilhada: uma análise da Lei 11.698/2008. *Guarda Compartilhada*. (vários autores). São Paulo: Método, 2009.

Uma análise do instituto descrito no art. 1.228, §§ 4.º e 5.º do Código Civil: pontos divergentes e convergentes. *Questões controvertidas*: direito das coisas (vários autores). São Paulo: Método, 2008. v. 8.

As consequências do processo judicial de modificação do regime de bens no casamento. *Direito civil e processo*: estudos em homenagem ao Professor Arruda Alvim (vários autores). São Paulo: RT, 2008. v. 1.

Aspectos práticos da responsabilidade civil contratual: uma análise da aplicação dos enunciados da IV Jornada do Conselho da Justiça Federal sobre a função social da cláusula penal. *Direito contratual*: temas atuais (vários autores). São Paulo: Método, 2007. v. 1.

As novas regras de prescrição após a Lei 11.280/2006: uma análise das dicotomias existentes em decorrência da revogação do artigo 194 do Código Civil. *Questões controvertidas*: Parte Geral do Código Civil (vários autores). São Paulo: Método, 2007. v. 6.

Aspectos controvertidos na sucessão decorrente da união estável: uma evolução histórica. *Introdução Crítica ao Código Civil* (vários autores). Rio de Janeiro: Forense, 2006. v. 1.

Direitos da personalidade: questões controvertidas acerca das técnicas de reprodução assistida e o problema da clonagem humana. *Arte jurídica* (vários autores). Curitiba: Juruá, 2006 (Biblioteca científica do direito civil e processo civil, v. 3).

A função social da obrigação: uma aproximação na perspectiva civil constitucional. Direito civil: direito patrimonial e existencial – *Estudos em homenagem à professora Giselda Maria Fernandes Novaes Hironaka* (vários autores). São Paulo: Método, 2006. v. 1.

A influência da principiologia da nova teoria geral dos contratos na análise dos efeitos do contrato de fiança locatícia. *Questões controvertidas no Código Civil no direito das obrigações e dos contratos* (vários autores). São Paulo: Método, 2005. v. 4.

Responsabilidade civil dos pais por abandono afetivo de seus filhos: dos deveres constitucionais. *A outra face do Poder Judiciário* (vários autores). Belo Horizonte: Del Rey, 2005. v. 1.

Diagramação eletrônica:
Editora Revista dos Tribunais Ltda., CNPJ 60.501.293/0001-12.
Impressão e encadernação:
Edelbra Indústria Gráfica e Editora Ltda., CNPJ 87.639.761/0001-76.

A.S. L7543